U0113314

国家社科基金项目《"一带一路"沿线国家金融合作研究》（项目号：16BJL091）

|国|研|文|库|

# "一带一路"
# 区域金融合作研究

杨 权———— 著

光明日报出版社

**图书在版编目（CIP）数据**

"一带一路"区域金融合作研究 / 杨权著 . -- 北京：光明日报出版社，2021.6

ISBN 978 - 7 - 5194 - 6093 - 8

Ⅰ. ①一… Ⅱ. ①杨… Ⅲ. ①国际金融—国际合作—研究 Ⅳ. ①F831.6

中国版本图书馆 CIP 数据核字（2021）第 086295 号

"一带一路"区域金融合作研究

**"YIDAIYILU" QUYU JINRONG HEZUO YANJIU**

著　者：杨　权

责任编辑：曹美娜　　　　　　　　　　责任校对：兰兆媛

封面设计：中联华文　　　　　　　　　责任印制：曹　净

出版发行：光明日报出版社

地　　址：北京市西城区永安路 106 号，100050

电　　话：010 - 63169890（咨询），010 - 63131930（邮购）

传　　真：010 - 63131930

网　　址：http://book.gmw.cn

E - mail：caomeina@gmw.cn

法律顾问：北京德恒律师事务所龚柳方律师

印　　刷：三河市华东印刷有限公司

装　　订：三河市华东印刷有限公司

本书如有破损、缺页、装订错误，请与本社联系调换，电话：010 - 63131930

开　　本：170mm×240mm

字　　数：267 千字　　　　　　　　　印　　张：17.5

版　　次：2021 年 6 月第 1 版　　　　印　　次：2021 年 6 月第 1 次印刷

书　　号：ISBN 978 - 7 - 5194 - 6093 - 8

定　　价：95.00 元

# 序

习近平总书记在 2013 年 9 月和 10 月出访中亚和东南亚国家时分别提出了共建"丝绸之路经济带"和"21 世纪海上丝绸之路"（以下简称"一带一路"）的倡议，得到"一带一路"沿线有关国家的积极响应。"一带一路"倡议着重于政策沟通、道路联通、贸易畅通、货币流通、民心相通五个方面，通过创新合作模式，推动沿线国家区域经济合作与金融合作的加速发展，实现所有参与成员"互利共赢"，构造世界经济新的增长极。"一带一路"倡议以共同发展、区域繁荣为主题，以经济合作为基础，以人文交流为重要支撑，以开放与包容作为主要合作理念，将东南亚—南亚—西亚—南欧及北非、中亚—俄罗斯—东欧—波罗的海、中亚—西亚—南欧等区域连接起来，组成一条相互联通的经济带，逐步构建形成一个区域经济合作大平台。

2013 年 10 月，中国国家主席习近平在亚太经合组织（APEC）印尼峰会提出设立"亚洲基础设施投资银行"，以进一步推动地区经济的发展。亚洲基础设施投资银行将是一个政府间性质的区域多边发展融资机构，按照多边发展银行的模式和原则运营，重点支持基础设施建设。亚洲基础设施投资银行旨在为"一带一路"有关沿线国家的基础设施建设提供资金支持，促进经济合作。根据 2014 年 10 月正式签署的《筹建亚洲基础设施投资银行的政府间框架备忘录》，亚洲基础设施投资银行注册资本金为 1000 亿美元，其中中国提供 500 亿美元资金。作为亚洲基础设施投资银行最大的出资方，中国的人民币或将成为亚洲基础设施投资银行贷款和投资的主要币种之一，将有利于推动人民币进一步国际化。2014 年 11 月 8 日，在加强互联互通伙伴关系对话会上，习近平宣布中国将出资400亿美元成立丝绸之路基金,为"一带一路"沿线国家基础设施、资源开发、产业合作和金融合作等与互联互通有关的项目提供投融资支持。

随着亚洲基础设施投资银行、丝绸之路基金筹建并进入正式运营,以及中国政府出台"一带一路"规划纲要,共建"一带一路"进入务实合作阶段。中国的"一带一路"倡议顺应和平、发展、合作、共赢的时代潮流,在经济全球化深入发展、区域经济一体化加快推进的大背景下,既满足了自身发展的合理需要,也有助于进一步激发沿线地区经济发展活力和合作潜力。"一带一路"倡议的提出契合沿线国家的共同发展需求,为沿线国家优势互补、开放发展开启了新的机遇之窗。

作为国际贸易活动的基础条件和国际经济活动中最为活跃的要素,金融的全球化和区域合作是经济全球化和区域一体化的重要组成部分。从全球层面看,中国虽然已经是世界第二大经济体,但是在国际金融体系中的影响还很有限。从区域合作层面看,"一带一路"沿线国家多为新兴市场和发展中国家,属于国际金融体系中的边缘国家,同欧洲、北美等发达地区相比,现有的区域金融合作机制和区域金融机构不够完善,应对风险能力较弱。为了减少外部风险的冲击,"一带一路"沿线国家应当加强合作,构建安全高效的金融体系和金融合作机制。加强"一带一路"沿线国家间的货币流通与金融合作,既有利于"一带一路"沿线国家建立更为紧密的经贸关系,也是共建"一带一路"的重要组成部分,具有重大意义。

关于区域货币合作与金融合作,已有的研究从国际经济一体化的角度,大多以特定地理区域内相邻的一组国家和地区为研究对象。而"一带一路"以特定经济带或国际贸易路线上的一系列国家和地区为研究对象,为区域货币合作与金融合作提供了一个全新的研究对象和研究视角。此外,"一带一路"沿线国家大多数是新兴市场和发展中国家,从研究对象上,针对这样一组国家和地区的区域金融合作研究,无论在理论上还是在实践上,都属于创新性尝试。首先,突破传统区域金融合作模式。"一带一路"倡议不追求现行区域金融合作制度安排,而是打造跨区域相对松散的金融合作方式。现有较成熟的区域金融合作当属欧洲货币联盟。欧洲货币联盟已经建立起超国家机构,联盟成员让渡各自货币主权，形成区域货币高度一体化。"一带一路"倡议之下的区域经济金融合作将是一种开放型合作新模式，突出包容性，不寻求紧密型区域合作组织，不设立高端目标，不排斥任何区域外经济合作，不打破既定制度安排。这种合作模式事实上是对现有区域金融合作模式的有效补充。其次，打破国际货币金融体系不利于发展中国家的格局。中国已成长为世界第二大经济体，新兴经济体的实力也在不断增强，旧的国际货币和金融体系越来越不适应国际经济发展的需要，改革势在必行。在2014年G20领导人会议上，习近平主席提出推动建立公平公正包容有序的国际金融体系，加快并切实落实国际货币基金组织改革方案，提高新兴市场和发展中国家的代表权和发言权，确保各国在国际经济合作中权利平等、机会平等、规则平等。在已有的以发展中国家为主体的金融合作机制，包括金砖银行及应急储备机制、亚洲基础设施投资银行和丝路基金等的基础上，加强"一带一路"沿线国家金融合作，形成"一带一路"国家金融合作机制，将对国际货币基金组织和世界银行起到重要的补充作用，增加国际货币和金融体系的多元性，从外部推动现行国际货币和金融体系的改革。

"一带一路"沿线区域是世界经济中最具活力的地区，多数国家后发优势明显，发展空间大，处于上升期。然而，"一带一路"沿线各国经济发展水平差距较大，金融市场发展水平差异也较大。这导致沿线国家对区域金融合作的需求也有较大差异。以中国—东盟为例，区域内各国经济发展水平差异较大，2014年，中国与东盟各国人均GDP的差距超过50倍，远高于欧盟内部16倍和北美自由贸易区内部30倍的差距水平。例如，新加坡作为发达国家，金融市场的发展程度较高，而老挝等国的资本市场尚未成型。这导致各国在制定金融政策时必然从本国利益出发，对于金融市场的开放步伐不一，金融政策协调难度增大，加大了实现区域货币金融合作的难度。

"一带一路"牵扯多个地缘政治势力范围，美国抛出的"新丝绸之路计划"、俄罗斯关于中亚地缘政治思维、日本的丝绸之路外交等，都增加了该区域合作关系的复杂性。在共建"一带一路"进程中，随着国际政治经济格局的演变，以上这些因素也处于动态演进过程之中。因此，"一带一路"沿线国家，一方面应践行"互利共赢"的开放发展理念，另一方面也要积极探索和应对动态变化中的国际政治经济环境。

"一带一路"沿线国家金融合作应分阶段实施：近期目标的重点是促进区域内国家金融市场发展与金融开放，推进区域债券市场建设，加强区域内货币在区内贸易投资中的使用，发展宏观经济监督机制；中期目标是在条件相对成熟的国家和地区，在加强宏观经济政策沟通和协调的基础上，朝汇率协调和稳定机制迈进；长期目标是建立覆盖东南亚、中亚、南亚、西亚、欧洲、非洲、拉美国家的区域金融合作机制。

合作路径可以采取次区域先行、多机制并行的方式。由于东盟地处海上丝绸之路的十字路口和必经之地，并且东盟地区与中国的区域经济合作已经相对较为成熟（现有机制包括中国—东盟自由贸易区，即 10＋1），可以考虑先从中国—东盟金融合作开始，进一步再考虑中国—南亚、中国—西亚北非，以及中国—东欧等。在合作内容上，可以先考虑开展发展融资区域金融机构的建立和功能完善，进一步考虑开展区域多边金融合作。

合作策略上，其一，要兼容并蓄，对接现有区域合作机制，找到各机制的互通性，协调配合，相互促进。其二，要扩大与各方的利益汇合点。我国应与沿线各国当地企业、西方企业以及相关国际机构合作开发，通过构建多方利益共同体，减少外界阻力和疑虑，降低政治风险，提高合作的可持续性。我国倡议的亚洲基础设施投资银行应采取开放式的合作模式，形成多边协作的金融平台。其三，要创新合作模式，实现与发展中国家的互利共赢。推进"一带一路"建设，要实现与发展中国家合作模式的转变，真正实现互利互惠。

本书聚焦于"一带一路"沿线国家区域金融合作，对以下四个方面进行了讨论：第一，"一带一路"沿线国家区域金融合作的国际政治经济背景分析，从国际经济治理的视角，对"一带一路"区域机制与全球经济治理机制的互补和竞争关系进行分析，进而探讨"一带一路"沿线国家区域金融合作机制的功能定位；第二，对"一带一路"沿线国家金融发展、金融体系稳健性和脆弱性、金融风险和金融危机预警和防范等，以及区域金融合作基础和环境条件等进行分析；第三，"一带一路"区域金融合作倡议及具体议程，包括对区域内金融一体化、跨境资本流动、区域发展融资机构、区域流动性救援机构、区域货币基金组织等的设想和设计；第四，针对共建"一带一路"中的债务可持续性问题进行现状、政策和对策分析。

第一章从量化角度探讨了全球政治经济格局现状及其动态演进趋势。以霸权稳定理论为视角，分别考察了国外若干有影响力的智库发布的国家权力指数及其所揭示的全球政治经济权力格局。综合有限的若干量化分析结果表明，美国霸权仍然在绝大多数领域拥有领先优势；美国霸权在军事、金融、创新等方面，以及结构性软实力方面仍然遥遥领先，美国霸权衰落是状态词，世界多极体系取代美国霸权仍需时日。中国崛起也是状态词，中国在硬实力方面仍然处于追赶状态，在软实力方面则尚需大力培育。量化分析显示"中国威胁论"纯属无稽之谈。

第二章以全球政治经济格局及其动态演进为背景探讨了"一带一路"经济合作平台在全球经济治理机制中的位置和作用。国际金融危机频仍的全球金融环境下，构筑全球金融安全网成为国际社会的共识。2008 年全球金融危机以来，北美、欧洲和东亚三大区域的区域金融安全网快速扩张，全球金融治理机制进一步朝着多层次多元化方向发展。以"一带一路"经济合作平台为基础，"一带一路"沿线国家开展金融合作，构筑"一带一路"沿线国家区域金融安全网，最终建立"一带一路"货币基金组织，将与现有区域金融安全网共同成为 IMF 这一全球金融流动性救援机制的重要补充，并共同构成更为完善有效的全球金融安全网。"一带一路"流动性救援机制一旦建立起来，应创新性地理解和运用区域金融资源，提高区域金融资源的使用效率，并正确处理好与 IMF 及其他区域融资安排的关系。

第三章提出"一带一路"区域金融合作倡议及其对区域金融稳定的作用。在"一带一路"区域经济合作的基础上，本书倡议建立"一带一路"沿线国家流动性救援机制，构筑区域金融安全网，终极目标是走向"一带一路"区域货币基金组织。如果把 WB 以及 AIIB 看作中长期发展融资机构，目的是成员国的经济发展，IMF 以及类似的区域多边货币基金组织可以看作短期融资机构，目的是维护全球和区域货币金融稳定及对金融危机的救援。"一带一路"区域流动性救援机制与 AIIB 发展融资将共同推进"一带一路"区域经济发展。"一带一路"沿线国家流动性救援机制的构建推进了区域金融合作和区域金融稳定与发展，与此同时，该机制能够为 AIIB 提供有效的融资风险防控，有助于 AIIB 良性发展与"一带一路"发展融资的深层次推进。

第四章探讨了"一带一路"沿线国家金融开放与经济波动之间的关系。金融开放是一条机遇与挑战并存的坎坷之途，对于急需资金发展的"一带一路"沿线国家而言，金融开放似乎是必然的，但由于金融开放可能带来的高风险，审慎稳健的金融开放进程也是必要的。本书以 1980—2014 年"一带一路"沿线国家和地区为样本，分析这些沿线国家和地区金融开放与经济波动之间的关系。实证结果表明，包含"一带一路"沿线国家和地区全样本的金融开放与经济波动没有显著关联，分组回归则得到高金融开放度沿线国家和地区的金融开放可以有效减缓经济波动，而低金融开放度沿线国家和地区的金融开放会加剧经济波动；阈值估计表明，十二个沿线国家尚未越过金融开放能够促进经济稳定的临界点，应审慎其金融开放进程防范金融风险。此外，独联体国家的金融开放与经济波动呈显著正相关，也应采取稳健的金融开放政策。

第五章探讨了"一带一路"金融发展、金融包容与经济增长的关系。"一带一路"倡议是汇集了亚、欧、非大陆在内的沿线国家一同构建区域经济合作共同体的重大战略部署。本书利用 2004—2014 年国际货币基金组织（IMF）的国际金融统计（IFS）数据库和金融可得性调查（FAS）数据库，采用差分广义矩估计方法，对"一带一路"沿线国家金融深化、金融包容的经济增长绩效进行了考察。实证结果发现，"一带一路"沿线国家的金融深化对经济增长的作用为正，尤其以金融部门授予私人部门信贷占 GDP 比重衡量的作用更为显著；而"一带一路"国家的金融包容对经济增长则为反向作用。研究结果对一带一路沿线国家金融合作具有重要指导意义。

第六章探讨了在外汇储备基础上区域合作背景下的双边货币互换在流动性冲击及其救援中的影响和作用。本章在开放经济条件下构建了国际资本流动性冲击及其救援模型，探讨存在流动性风险情形下外汇储备与双边货币互换对国际资本期望净产出的影响。在理论模型的基础上，进一步通过参数设定与模拟，分析双边货币互换的福利效应并确定货币互换最优规模。结果显示，当国际资本流动性冲击低于 0.5 时，外汇储备占国际资本的 24% 就能应付大部分的流动性风险。当国际资本流动性冲击处于 0.51 至 0.87 时，采取双边货币互换和外汇储备相结合的救援方式效果最佳，此时，外汇储备占国际资本的最优区间为 24.18%~25.55%，双边货币互换占国际资本的最优区间为 0.33%~35.54%。对照一国外汇储备量及其与中国、美联储签署的货币互换协议发现，外汇储备量和双边货币互换规模虽落入最优区间内，但综合两者的流动性提供功能，大部分国家仍不能应对 0.6 以上的流动性冲击。其中，大部分国家的外汇储备量偏低，只有巴西、丹麦、日本、韩国、俄罗斯、泰国的外汇储备量是相对足够的，同时，中国对哈萨克斯坦、土耳其和塞尔维亚所提供的双边货币互换协议额度都太低，很难提供遭受冲击时所需的流动性。

第七章探讨了中国签订本币双边互换协议的一系列影响因素。2008 年全球金融危机爆发以来，人民币货币互换协议发展迅速，其作为一种创新的货币工具被央行常态化使用，成为推动人民币国际化的工具之一。为了探讨影响与中国签订货币互换协议的驱动因素，本章对中国与互换对象国的经贸往来密切程度及互换对象国的国际收支情况等影响双边货币互换签订的影响因素进行实证研究。研究结果表明，双边贸易额、双边直接投资额、一国的外汇储备和一国政府外债及其是否处于"一带一路"沿线国家带上，是影响是否与中国签订货币互换协议的重要因素。

第八章探讨了金砖国家的估值效应的动态及其机制。估值效应作为外部均衡的金融调整渠道，随着金砖国家国际资产存量的扩大，发挥着越来越重要的作用。本书运用最新估值效应理论和方法，测算金砖国家 1970—2015 年估值效应规模。通过面板向量自回归模型，实证分析金砖国家的估值效应内部结构，结果表明，金砖国家资产价格变动是估值效应变化的最主要因素，汇率变动对估值效应变化作用不大。进一步对比分析发现，金砖国家国内资产价格变化和非状态依存型负债规模的扩大是导致其估值效应损失的主要原因。

第九章探讨了国际金融一体化背景下估值效应的国际消费风险分担效应。随着国际金融一体化的加深，国际消费风险分担水平不断提升，与此同时，各国的外部资产负债规模不断扩张，估值效应的规模与波动不断增加。估值效应与国际消费风险分担水平在长期与短期的一致变动说明两者存在密不可分的联系。本书基于索伦森（Sørensen）等（2007）的国际消费风险分担模型，从周期性趋势的视角对72个国家在1995—2016年的估值效应对国际消费风险分担的影响展开分析。结果表明：第一，世界国际消费风险分担水平明显提升。第二，发达国家风险分担程度高于非发达国家。第三，发达国家估值效应呈现逆周期趋势，非发达国家的估值效应顺周期变化。第四，估值效应渠道规模的扩大有利于各经济体国际消费风险分担水平的提高，尤其是估值效应逆周期的国家，该作用显著。第五，一国冲击持续性的增加将降低该国的国际消费风险分担水平。

第十章探讨了多边发展银行的发展融资项目执行效果的决定因素。发展项目是多边发展银行实现其发展目标的最重要的政策工具。本章在已有文献关于"好的东道国"与"好的项目"影响多边发展银行的项目执行效果研究的基础上，提出新的研究视角，即进一步探讨是否存在"好的多边发展银行"对发展项目执行效果的影响效应。在匹配了世界银行API数据库和IEG对世界银行发展项目的评价结果之后，结合世界银行WDI宏观数据和ICRG国家风险数据，本章采用有序Probit模型实证检验了世界银行1984—2016年发展项目执行效果的影响因素。在控制住"好的东道国"和"好的项目"因素之后，表示"好的多边发展银行"的因素，包括世界银行贷款政策调整、世界银行贷款来源、世界银行贷款项目行业类型和世界银行贷款项目区位选择等在内的世界银行贷款操作相关因素均会对发展项目的执行效果产生显著影响。本章实证检验表明，确实存在"好的多边发展银行"效应。

第十一章以柬埔寨、老挝和缅甸三个东南亚国家为例分析了东南亚国家外债风险和债务可持续性问题。本章应用国际货币基金组织—世界银行债务可持续性框架的LIC-DSA方法，对东南亚三个中低收入国家——柬埔寨、老挝、缅甸，进行了债务可持续性分析。结果表明：第一，三个国家的债务具有可持续性，债务风险评级为低，但是脆弱性较大；第二，在面临全球经济衰退和疫情冲击下，未来债务风险会有所提高，应该注重调整债务结构，加强与中国"一带一路"项目合作，加强国际沟通协调。

第十二章尝试对国际货币基金组织—世界银行债务可持续性框架的 LIC - DSA 方法进行修正。2002 年 IMF 为更好地识别一个国家可能发生的债务风险，提出了债务可持续分析框架（DSF）。虽然其核心模型经过多次改良，该方法在应用到"一带一路"沿线国家中仍然有修正和提升的空间。本章针对"一带一路"沿线国家大多数为低收入发展中国家的特点，采用"一带一路"国家数据，并对 LIC - DSA 方法原模型的系数进行重新拟合，并将得到的新模型系数与原模型系数进行对比分析，以及基于历史数据进行回测。在此基础上，本章尝试提出 LIC - DSA 方法适用于"一带一路"沿线国家债务可持续分析的改进方向和方法。

# 目 录
## CONTENTS

# 第一章

# 霸权及国际体系的发展趋势

根据全球语言监测机构（Global Language Monitor）的统计，通过追踪全球排名最靠前的 5 万个媒体源，"中国崛起"是 21 世纪以来出现频率最高的新闻报道，超过"9·11"恐怖袭击、伊拉克战争、奥巴马选举获胜和英国皇室婚礼等。与此同时，国际上"中国威胁论"也不绝于耳。中国自改革开放在经济、政治、军事等方面综合实力不断增强以来，便不断从美国等西方国家传来所谓的"中国威胁论"，凸显了西方社会对于中国的崛起会影响和威胁到其国家利益的担忧，该论断即试图通过这种舆论攻势减缓中国的发展速度或在国际舞台中孤立中国。新时期，"中国坚定不移走和平发展道路，始终不渝倡导合作共赢理念。但是，走和平发展道路是有底线的，这就是坚决维护国家核心利益"①。一些人把中国维护合理合法的国家利益说成是"强硬"，鼓吹"中国威胁"等论调，都是站不住脚的②。

针对中国崛起后，必将与美国、日本等旧霸权国家发生冲突的担忧，习近平主席在一次专访③中说，我们需要共同努力，避免落入修昔底德陷阱（Thucydides Trap），强国只能追求霸权的主张不适用于中国，中国没有实施这种

---

① 中共中央宣传部. 习近平总书记系列重要讲话读本［M］. 北京：学习出版社，2016：272.

② 中共中央宣传部. 习近平总书记系列重要讲话读本［M］. 北京：学习出版社，2016：273.

③ 2014 年 1 月，美国《赫芬顿邮报》旗下子报《世界邮报》创刊号刊登了对中国国家主席习近平的专访。

行动的基因。"修昔底德陷阱"① 是指一个新崛起大国必然要挑战既有的统治霸主,而既有霸主也必然会回应这种挑战,这样战争将变得不可避免②。中国的崛起不会导致它与外界的冲突——新兴大国与守成大国之间具有破坏性的紧张局势。

类似地,关于美国霸权也同样存在认识误区。随着美国绝对实力的下降,关于"美国霸权衰落"的认识和观点也不断出现。然而,这种观点是片面的。基钦恩(Kitchen,2011)指出,近年来关于美国权力衰落和"世界其余部分"权力上升的说法,所言非实,只是凸显了现实主义理论中"权力"这一概念已经落伍。归根结底,之所以会出现这种论断,美国结构性权力被忽视和低估是主因。如果考虑了美国的结构性权力,美国霸权会比"衰退论者"所断言的更为持久。约瑟夫·奈(Joseph S. Nye. Jr)是国际关系理论中新自由主义学派的代表人物,以最早提出"软实力"(Soft Power)概念而闻名。一个国家的软实力主要体现在文化、政治理念和外交政策三个方面,但要将三者整合在一起获得整体提升却绝非易事。考虑了软实力之后,奈认为,尽管随着中国、印度、巴西等国家的崛起,美国经济在世界经济中的比例有所下降,出现相对衰落。但是美国的衰落不是绝对的,美国仍然有自身的显著优势。中国与美国也仍有一定差距③。当然,也有为数不少的西方学者对意识形态、政治体制等进行了反思。尤其2008年全球金融危机以来,西方学者对长期以来西方引以为豪的政治和经济模式进行了反思。在2013年出版的由美国三位学者合作撰写的《政治泡沫:金融危机与美国民主的失败》一书中,他们提出,每个经济危机的背后都深藏着一个"政治泡沫",正如金融泡沫是由错误的信念、市场缺陷等一系列因素导致一样,政治泡沫也是由僵化的意识形态、迟钝而低效的政府机构及特殊

---

① 哈佛大学教授格雷厄姆·艾利森(Graham Allison)借用古希腊史学家修昔底德的理论创造了这个词。

② 自1500年以来,共出现过16次守成大国和新兴国家相对抗的情况,其中有12次最终导致了战争。

③ 摘录自2015年6月3日约瑟夫·奈在牛津大学马丁学院所作题为《2030年中国是否会超过美国》的演讲。转引自姜红.约瑟夫·奈:美国最大的威胁不是来自中国 [N].中国社会科学报,2015–08–20.

利益要求综合所致①。

21 世纪以来的动态表明，从经验证据上厘清国际政治经济力量的演化和动态具有极强的理论价值和现实含义。本章从霸权稳定理论出发，基于国外几个有影响的国家能力指数，再辅以国际金融权力指数，客观分析国际体系中国家力量对比关系，并以此考察国际政治经济权力格局及其更替的趋势。

### 一、霸权、霸权更替及霸权行为方式

关于国际体系变革的研究中，霸权稳定理论开创了一个新时代。20 世纪 70 年代，霸权理论取得了最重要的进展。金德尔伯格（Kindleberger，1973）检讨了 1929 年世界经济危机的国际和国内的主要原因。在这部不朽的著作里，金德尔伯格认为霸权是解释这个资本主义世界最大的一次经济危机的一个重要方面。具体来说，国际体系的稳定可以由一个占优势地位的权力（霸权）提供，这个霸权能够维持国际体系的规则和秩序，并给出必要的激励使得所有国家的行为方式都有益于自由化和一体化。克拉斯纳（Krasner，1976）在自己的开创性论文中则使用了人均收入、国民生产总值、对外贸易、对外投资四个经济指标来刻画美国和英国这两个新旧霸权在当时的力量对比。这也为其后国际权力格局研究提供了一个进行量化分析的可借鉴框架。

20 世纪两次世界大战期间恰好是一个特殊的转型时期。这个转型期是英国霸权衰落和美国霸权崛起的过渡时期，存在两个力量可能履行霸权职责，即英国和美国。根据金德尔伯格（1981）的研究，英国在 20 世纪 20 年代仍能胜任霸权的角色，但到了 30 年代已经有明确的证据表明它已经不能胜任；美国已经拥有占优势地位的权力，但国内缺乏意愿去采取行动以阻止当时各国竞相提高贸易壁垒的趋势。按照克拉斯纳（1976）的理论逻辑，在霸权更替时期，不论新旧霸权的行为方式都还锁定在旧有的状态，于是随着相对权力的此消彼长，英国仍有意愿承担霸权的职责，但已经缺乏相应的占优势地位的权力，而美国已经拥有了占优势地位的权力，但仍未有意识主动承担霸权职责。

---

① 张树华. 世界格局的变化与民主议程的转向 [J]. 国外社会科学，2013（4）：4 - 8.

按照金德尔伯格（1973，1981）和克拉斯纳（1976）的推演，迄今为止，美国霸权时期世界体系的演进与英国霸权时期及往前追溯的任何霸权并没有本质不同。当前，随着美国霸权过了其绝对巅峰时期，国际体系将进入霸权稳定论所揭示的一个非霸权格局（alternative status），该状态与20世纪两次世界大战期间的新旧霸权交替格局相同，是一个在位霸权衰落而新霸权尚未成长的格局，而稍有不同的是这一格局可能持续一个较长的时期。从近期美国贸易政策转向看，似乎也验证了克拉斯纳（1976）关于霸权更替的论述。自从特朗普当选美国总统以来，美国贸易政策发生了根本的转向，似乎验证了克拉斯纳（1976）提出的霸权更替过程中衰落霸权行为路径锁定于巅峰霸权时期，以及最终解锁和转向。特朗普一直奉行"美国优先"的政策，为了保护国内生产商及劳工利益，退出了TPP等多项贸易协定，并且挑起全球范围的贸易战。进而，世界贸易体系也进一步走向混沌状态。WTO多哈回合谈判的达成仍然遥遥无期。在2017年的G20财长及央行行长会议上，各国在贸易问题上出现了"倒退"，G20部长们并没有对长久以来支持的自由贸易进一步陈述，反而将2016年G20会议上提出的"反对任何形式保护主义"的措辞删除。此前G20所坚持的开放和包容的全球贸易体系面临"开倒车"风险。因此，近期美国贸易政策转向贸易保护主义，并非因为美国新一任总统特朗普的个体异质性及其政策偏好，而是霸权格局及国际权力格局动态演进的结果。

根据霸权稳定理论，存在一个处于上升期的霸权力量是世界稳定的条件。于是，问题就在于如何界定这样的一个霸权力量及国际体系，包括一个可以量化、可经检验的指标体系，以明确揭示霸权力量以及由此引致的维护国际体系稳定的行为。

## 二、若干国家权力指数比较分析

### （一）最简单化的替代变量

在考察国家权力指数之前，我们先来看看最简单化的显示国际权力格局的替代变量。克拉斯纳（1976）的开创性文献指出：国际关系的研究者们有一个惯用的变量集合用于表示国际政治体系中的权力分布。这些变量包括：GDP、人均收入、地理位置以及军队规模。这也是后面我们将要讨论的一些外国智库构建的国家权力指数的主要变量。但问题是，若出于便利和简化的目的，仅仅用 GDP 作为唯一的变量来表示国际政治体系中的权力分布，就会出现较大的误差，更有甚者，一些出于别有用心的考虑，往往将国家权力指数简化为仅仅用 GDP 作为替代变量，成为提出"中国威胁论"的所谓"证据"。比如，根据美国高盛证券公司的全球经济报告中的预言，中国可能会在 2041 年超过美国从而成为世界第一经济大国①。但是，这一数据只是用实际美元价格表示的 G7 国家与金砖国家 GDP 的一个预测，与国家权力指数所反映的世界权力格局仍有较大距离。类似的数据还可参考 IMF 的测算（参见表 1 - 1）。与美国高盛证券公司2003 年版本类似，IMF 按照购买力平价计算 GDP，中国在 2014 年就已经超越美国，成为全球第一大经济体，而按实际汇率，2014 年中国经济总量与美国还有较大差距。

表 1 - 1　全球主要国家 GDP 所占份额　　　　　单位:%

| 国家 | 各国在 IMF 中的份额 | 按实际汇率（2014） | 按实际汇率（2013） | 按购买力平价（2014） | 按购买力平价（2013） | 加权平均 GDP（2014） | 加权平均 GDP（2013） |
|---|---|---|---|---|---|---|---|
| 美国 | 17.398 | 22.187 | 22.111 | 16.267 | 16.733 | 19.819 | 19.960 |
| 日本 | 6.461 | 6.860 | 7.631 | 4.542 | 4.691 | 5.933 | 6.455 |
| 中国 | 6.390 | 13.005 | 11.918 | 16.532 | 15.727 | 14.416 | 13.442 |
| 德国 | 5.583 | 4.916 | 4.876 | 3.546 | 3.559 | 4.368 | 4.350 |
| 法国 | 4.225 | 3.681 | 3.706 | 2.472 | 2.577 | 3.197 | 3.254 |
| 英国 | 4.225 | 3.645 | 3.597 | 2.399 | 2.337 | 3.147 | 3.093 |
| 意大利 | 3.159 | 2.811 | 2.864 | 2.061 | 2.118 | 2.511 | 2.565 |
| 印度 | 2.749 | 2.557 | 2.613 | 6.636 | 6.597 | 4.189 | 4.207 |
| 俄罗斯 | 2.705 | 2.661 | 2.760 | 3.396 | 3.493 | 2.955 | 3.053 |
| 巴西 | 2.315 | 3.028 | 3.181 | 3.105 | 3.013 | 3.059 | 3.114 |

数据来源：IMF. Quota Data：Updated IMF Quota Formula Variables - September 2016 ［EB/OL］. imf,2016 - 12 - 31.

---

① SACHS G. Dreaming with BRICs：the Path to 2050 ［N］. Global Economics Paper, 2003 -10 - 01（99）.

目前中国崛起的影响力主要体现在经济方面，而在金融、军事、政治、文化等领域仍旧存在极大提升空间。即使仅就经济而言，随着中国经济进入新常态，潜在增速下降，中美两者差距缩小的速度有可能大幅下降。如高盛所预测的中国最终超越美国的日子，仍存在不确定性。在 2015 年年初，有些报道宣称："中国将在 2015 年取代美国的经济霸主地位。"① 美国哈佛大学肯尼迪政府学院弗兰克尔（Frankel，2015）撰文指出这种论断完全错误，美国作为世界第一大经济体的地位还有着相当大的优势。国际比较研究项目的数据是利用购买力平价来比较各国的 GDP，而非采用实际汇率。如果我们关注的是个人的生活水平，这样做是对的。但如果我们要测算某个国家在全球经济中的分量，则并不合适。比如，在衡量中国在世界上的地位时，必须要看人民币能够在世界市场上买到多少东西，但购买力平价所反映的则是人民币能够在中国国内买到多少产品和服务。

（二）几个国外智库构建的国家权力指数

对于关注实务的政治家和领导人而言，国家权力往往与拥有某种资源有关，政治领导人普遍将权力定义为资源的拥有，这些资源包括人口、领土、自然资源、经济资源、军队和政治稳定等②。不同的研究项目和学术机构均在寻求对世界各国国家能力的量化分析，这包括国家实质能力指数（Nature Material Capacity，NMC）、战争可能性研究项目的国家能力成分指数（Composite Index of National Capability，CINC）、国际未来的国家权力指数（International Futures' National Power Index，IFNPI）、国家安全研究基金会（the Foundation for National Security Research）的国家权力指数（National Power Index）、欧洲地缘战略研究所（European Geostrategy，EG）的主要大国监测（Audit of Major Powers，AMP），以及社会科学中心的综合国家权力指数（Comprehensive National Power，CNPI）。

---

① 这些媒体的依据是世界银行的国际比较研究项目（International Comparison Program，ICP）在 2015 年 4 月 29 日发布的一份报告。该报告用购买力平价为依据进行各国 GDP 的比较，预测中国按购买力平价的 GDP 将在 2015 年超过美国。

② NYE J S Jr. The Changing Nature of World Power [J]. Political Science Quarterly, 1990, 105 (2): 177 - 192.

表1-2列出了主要国家在以上几个国家权力指数的得分及排名。

表1-2 几个主要国家权力指数的结果及排序

| 国家 | NPI 排名 | NPI 得分 | CINC 排名 | CINC 得分 | AMP 排名 | AMP 得分 | HDI 排名 | HDI 得分 |
|------|---------|----------|-----------|-----------|----------|----------|----------|----------|
| 美国 | 1 | 1 | 2 | 0.71583 | 1 | 1 | 3 | 0.981152 |
| 日本 | 2 | 0.947358 | 4 | 0.2149 | 6 | 0.2 | 10 | 0.954974 |
| 德国 | 3 | 0.931508 | 7 | 0.12127 | 7 | 0.19 | 5 | 0.963351 |
| 中国 | 4 | 0.916614 | 1 | 1 | 4 | 0.376 | 101 | 0.731937 |
| 法国 | 5 | 0.907786 | 10 | 0.09529 | 3 | 0.39 | 20 | 0.935079 |
| 韩国 | 6 | 0.903289 | 8 | 0.012024 | 13 | 0.103 | 12 | 0.951832 |
| 意大利 | 7 | 0.898253 | 11 | 0.08772 | 11 | 0.135 | 25 | 0.922513 |
| 英国 | 8 | 0.896867 | 9 | 0.10654 | 2 | 0.486 | 26 | 0.91623 |
| 西班牙 | 9 | 0.887668 | 18 | 0.05735 | 12 | 0.134 | 23 | 0.926702 |
| 加拿大 | 10 | 0.887372 | 20 | 0.05379 | 9 | 0.167 | 11 | 0.953927 |
| 俄罗斯 | 11 | 0.885462 | 5 | 0.19777 | 5 | 0.303 | 55 | 0.825131 |
| 澳大利亚 | 12 | 0.879489 | 26 | 0.03581 | 8 | 0.176 | 2 | 0.982199 |

注：1. 表中各指标得分均为已经标准化之得分，由该指标实际得分按最高得分为1进行标准化的分值。

2. 世界银行发布的人类发展指数（Human Development Index，HDI）排行中，挪威排名第一，但其NPI得分仅位列全球第31名。

资料来源：CNIC、NPI数据来自nationalpower网站，2017年4月18日；HDI指标来自世界银行网站；AMP数据来自欧洲地缘政治研究网站。

最早的国家权力指数NMC构建于20世纪60年代初。起初，NMC只对主要国家进行描述和分析，到了80年代NMC数据扩展到整个世界体系中的所有国家。CNIC由戴维·辛格（J. David Singer）在1963年为战争可能性（Correlates of War）研究项目而创建。该指数采用了六个不同的指标，以每个指标相对于全球总量的百分比的均值表示。六个指标分别代表人口统计、经济、军事力量三个方面。每个指标均采用无量纲化的占全球总量的百分比形式表示，即每个指标值＝国家指标值/全球总量。据此定义，CNIC可根据下式计算而得：

$$CINC = (TPR + UPR + ISPR + ECR + MER + MPR)/6$$

其中：TPR为总人口的指标值，UPR为城市人口的指标值，ISPR为钢铁生产的指标值，ECR 为初级能源消费的指标值，MER 为军事支出的指标值，MPR 为军队人数的指标值。

CINC 提供了一个可供参考的指标，为我们揭示了各国拥有的物质基础相对多寡，这与各国所拥有的权力和发动战争的可能性密切相关。所以，这是一个考察霸权及其更替的一个参考指标。

然而，许多研究霸权转移和霸权稳定论的学者往往根据自己的理论特别关注某些资源而忽略其他资源。从 CNIC 所用的六个指标看：一方面，构建 CINC 所用的物质指标仍以 20 世纪五六十年代发动战争所需的物质基础——煤、钢为核心指标①，使得 CINC 所揭示的各国权力地位与实际情况相去甚远；另一方面，该指数只是代表了一个国家的硬实力，并不能完全反映一个国家的全部实力或真实的实力。例如，从权力结构及其全球分布的角度看，美国仍在增强（冯维江，2012）。

欧洲地缘战略研究所②的 AMP 强调一个国家通过政治、经济和金融等基础设施动员和配置资源的能力，而经济和人口指标则不是最重要的因素；相应地，他们也更强调各种军事力量的联合作战能力、技术水平和地缘政治战略所及的范围，而一国军事力量的绝对数字则不是最重要的因素③。这一点与众多其他指数的构建不同。2014 年年初，该机构发布了第一份主要大国监测报告。该报告分析了全球最具实力的 15 个国家的权力指数。目前来看，该报告的影响力尚难以定论，但其构建国家综合实力的思路和指标选取却是突破性的。对权力的理解，EG 认为它既是一种能力，同时也是一种生产性力量，它能够被用于改变或维持现有的地缘政治格局。罗杰斯、费奥托和西蒙（Rogers，Fiott&Simón，

---

① 欧洲一体化进程发轫于欧洲煤钢共同体，但是 1958 年成立的欧洲煤钢共同体之初衷是监控并能及时扼制住当时的西德再次发动战争所需的煤、钢之生产。

② 该机构由比利时布鲁塞尔的几位国际政治经济学者创建，2009 年创建之初的目的是研究欧洲的地缘政治状况，2013 年 11 月做了重大的"现代化"转型，其研究重心转向全球地缘政治战略。

③ 例如，英国和法国拥有的军队数量远比许多国家来得少，但是他们拥有更好的技术和全球机动能力，以及远距离和长期作战的能力。这种能力来自这两个国家泛区域的甚至是全球范围内的军事存在，而这种军事存在部分得益于这两个国家曾经在亚洲、非洲以及南美地区的殖民统治。

2014）认为之前所有基于国家权力指数的国家排名都令人难以接受，主要原因有二：第一，权力指数计算过于依赖经济和人口统计学指标，有陷入经济或人口决定论的嫌疑；第二，大多数现有权力指数计算过于关注各国军舰、潜艇、战机或军队人数的绝对数量，而这可能并不能准确描述一国的军事力量①。根据瑞典斯德哥尔摩国际和平研究所（Stockholm International Peace Research Institute，SIPRI）2015 年 3 月 16 日发布的一项研究，过去 5 年，中国武器出口增长143%，这令中国成为全球第三大武器贸易国。2010 年至 2014 年，全球军火贸易持续成长，美国依然是世界上最强军火供应商。虽然中国已经成为仅次于美国、俄罗斯的全球第三大军火出口国，但是，从量上看，中国在该时期的出口份额只占世界总额的 5%，远远低于美国的 31% 或俄罗斯的 27%。与此同时，中国也是全球第三大军火进口国。

AMP 选择了四个大类指标，分别是文化拉动力、外交影响力、经济强度和军事影响力，每个大类指标包括 5 个二级指标，对其按照其与其他指标的关系赋予权重。在每一个大类指标中，选取一个关键因素。在文化拉动力中，选取各国拥有的世界 100 强大学数量作为关键因素，原因是大学是世界上居于领先地位的国家在后工业化时代技术经济发展背后的驱动创新力量；在外交影响力方面，选取各个国家情报系统的能力，包括政府情报系统（信号的、人工的以及网络的情报），以及开放的智库（例如思想库和研究机构），因为这一情报能力使各个国家用自己的视角以便于更好地理解全球政治经济格局并采取战略性行为；在经济强度方面，不同于过去大多数研究采用的经济和人口统计学指标，选取各个国家所拥有的阿尔法级的世界性城市的数量，因为这些城市代表着世界经济的"指挥中心"，其中，以伦敦和纽约所拥有的支配地位为最高等级；在军事影响力方面，选取"实质性存在"作为关键因素，因为，对于一个国家来说，相对于拥有大规模的军事力量，指挥这些军事力量对敌作战以及运用这些军事力量防范对手，则是完全不同的。对这一能力设定的基准是：在全球任何

---

① 他们认为诸如俄罗斯、中国、朝鲜等国虽然拥有大规模的常规武装力量，但是这些武装力量在远距离战争中缺乏有效的手段加以指挥和调动，并且存在老旧、训练不足或缺乏实战经验等问题。

战场上，面对任何可能的假想敌，调动和维持 4 万兵力以进行一个长期战争的能力，也包括帮助一个远距离盟友的作战能力。

这套指数只对世界上最重要的 15 个国家进行计算。所选取的指标共计 20 个，每个指标的权重记为 $W_i$，按其重要性进行排序，其权重取值从最小取值 5%，即最不重要的指标（在这里为国际旅游者抵达人数）权重赋值 5%，按重要性逐个递增 5%，最重要的指标的权重取值 100%；每个国家在每个指标上的得分记为 $S_{ci}$，依然按照百分比赋值，先分别就每个指标对这 15 个国家进行排序，然后该指标排名第一的国家在该指标的得分为 100%，另外 14 个国家该指标得分按它们各自占排名第一的百分比表示；于是，每个国家的综合得分记为 $I_{ci}$，可得下式：

$$I_{ci} = \sum S_{ci} * W_i$$

在计算 $I_{ci}$ 的基础上，AMP 将 15 个国家归入以下四类。超级大国（世界上最强国家实力的 70% ~ 100%）：在世界上每一个大洲均拥有系统性的权力，包括广泛的全球性的军事存在，一个顶级的技术经济体系，巨大的外交影响力和文化影响力。全球性大国（世界上最强国家实力的 40% ~ 69%）：与超级大国相比，这类国家缺乏同样广度和深度的影响力，但仍然具备较大范围的国际影响力，也具备在大多数地缘政治舞台上活动的能力，尤其在中东、东南亚、东亚、非洲和南美等地。区域性大国（世界上最强国家实力的 15% ~ 39%）：这类国家不具备超级大国的属性特征，也不具备全球性大国的影响力，但是拥有较强的，并表现为高度集中的地区性影响力，甚或能够达到相邻地区的影响力。本地势力（世界上最强国家实力的 14% 及以下）：这类国家只对周边邻国拥有显著的影响力，或许成为超级大国追逐的对象。

当然，AMP 的作者们承认这一方法并非绝对可靠，因为他们所使用数据均来自公开的数据库，这些数据要不不够全面，要不不够可靠。另外，他们的指数也没有全面反映国家权力的各个方面。也就是说，AMP 的国家综合实力排名的思路值得借鉴，但这并不意味着其排名的正确性。在其排名中，美国霸权还遥遥领先于第二位的跟随者，这与当前美国霸权受到严重挑战的世界格局不符。

总体上，以上所有指数构建方法仍然介于最佳认知和最为接受的测定国家权力的方法。最佳认知方法所得指数是一个最优指数，可以完全反映世界权力结构状况，但是限于部分数据可得性和部分不可量化数据的主观赋值等因素，这种理想方法在实现上存在较大困难；最为接受方法则是在现有条件下最容易实现且最容易被接受的方法，但这种方法所获得的权力指数离真实反映全球权力结构的理想值仍有较大差距。因此，各类指数的量化结果（参见表 1－2）均有其参考价值，但他们与最佳认知结果相比仍有各不相同的差距。

值得注意的是，所有这些国家权力综合指数均未恰当地将一个国家的"软实力"包括进来①。国家软实力确实是一个国家的财富，但却很难直接使用。比如，国家文化实力可以通过各种途径和方法得以构建，但一个国家拥有了文化软实力之后，其对他国的影响力却不是通过该国主动实施来获得的。

此外，当前国际上有影响力的国家权力指数过分注重于总量指标，而一定程度上忽略了结构性指标。中国在这些国家综合实力指数中已经位列全球第二，仅次于美国，甚至在有些指数（诸如 CINC）中国已经位列全球第一。而这实际上严重高估了中国在全球的综合实力位置。EG 的 AMP 尽管在发布之后受到了诸多的批评，但是，其将英法两国排在美国之后、中国之前位列全球二、三位，也是有其道理的。EG 强调英法两国的军事力量的各军种的集成协同能力、全球机动能力和长期作战能力都远远超过俄罗斯和中国。英国能够打赢与阿根廷的马岛战争就是一个有力的证据。

### 三、国际金融权力分析

从以上分析中可以看出，各个国家权力指数在指标构建上往往忽略了金融权力。这在过去可能是恰当的，但是新一波全球化浪潮以来情况发生了极大变

---

① 在 EG 开发的主要国家力量监测中，他们考虑了国家软实力指标——文化拉力，但该指标虽被纳入，却是所有指标中权重最小的。他们认为软实力方面的国家权力虽然重要，却难以直接行使该力量，因此，在赋予权重时，应极其谨慎。

化，国际金融一体化获得了快速发展。理论上，国际货币金融领域的权力格局很大程度上影响着甚至决定了全球政治经济权力格局。阿瑞吉等人（2003）提出了高级金融能力（capacity of high finance）这一概念，用于解释 18 世纪到 20 世纪世界霸权兴衰。从国家与市场间相互关系的角度，货币国际竞争进而获得国际货币中心地位的背后是国家间在全球层面上所开展的政治、经济、军事、科技以及文化等各个方面竞争的结果。安德瑞斯（Andrews，2006）在其主编的《货币权力与货币治国之道》中提出了"国际货币权力"这一概念——由于在与其他国家的货币关系中处于优势地位，而具备的影响他国行为的一种能力。以下的分析将从国际货币金融体系及其治理机制的角度对国家权力指数进行修正。

（一）全球货币竞争格局

货币在本质上既是经济工具，也是社会、政治工具。国际储备货币的发行，不仅局限于一个国家的货币金融规模，而且与其国际实力及国际经济中的政治统治力紧密相关，可以说，美国的全球主导性和霸权都依赖于其货币的国际地位（亨瑞克·普拉斯切凯，2013）。因此，各国货币国际地位相对态势的变动，显示了全球政治经济格局的变动，从而揭示了霸权及新兴力量的权力格局。

货币竞争格局在评估国家权力指数的重要性毋庸置疑①。自从美国在第二次世界大战之后确立了全球霸权地位，美元也相应确立了国际货币体系主导货币的地位。2008 年全球金融危机之后，美元单极主导的国际货币体系已在观念上被彻底抛弃，但现实的变革仍需要漫长的时间过程。在全球金融危机之后，美元在全球货币支付市场中的份额受到了削弱，欧元在 2008 年全球金融危机之后一度超越美元成为全球第一支付货币，但是这种影响只会在长期趋势中得到体现，短期内美元地位仍会有所反弹，自 2012 年以来受欧洲债务危机的影响，美元超越欧元重回全球第一支付货币地位（如图 1 - 1 所示）。在美元欧元此消彼

---

① 例如，引起激烈讨论的畅销财经读物《货币战争》（宋鸿兵著，中信出版社，2007 年版）及其后同名系列的观点：谁控制了金融与货币，就相当于控制了全球政治与经济，所有战争都是肇因于国际货币之竞争。

长的过程中，新兴市场货币的市场占有率却实实在在有所提升，以人民币为例，从 2012 年 8 月至 2015 年 4 月，人民币从全球第十四大支付货币，超越了加元、瑞郎、澳元等发达国家货币，成为仅次于美元、欧元、英镑和日元的全球第五大支付货币（如图 1-2 所示）。正如历次世界经济霸权的更迭，从霸权达到巅峰开始走下坡路算起，直到霸权完全被一个新的霸权所取代[1]，需要经过 50 到 100 年的时间[2]。从现状看，美元仍维持着霸权地位。目前，美元主导的现行国际货币金融体系尽管受到了极大的挑战，但是，国际货币体系真正从美元单极体制转向多元国际货币体系仍需时日。

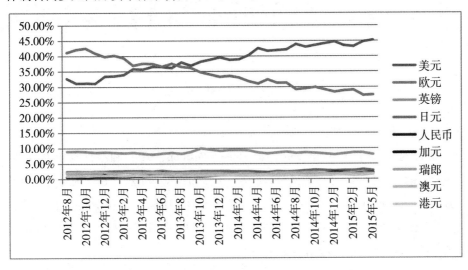

**图 1 - 1 全球主要支付货币的市场占有率**

*数据来源：www. swift. com*

---

① 从 1495 年哥伦布发现新大陆，世界经济真正开启，直到今天，世界经济霸权始终处于更替之中。但是，并不排除美国霸权之后，不一定是新的单极霸权体制取而代之，也可能出现新的多极体制，尤其在货币金融领域。

② 英国在 1880 年前后开始从其巅峰往下走，到 1945 年美国真正取而代之，大约经历了 65 年的时间。

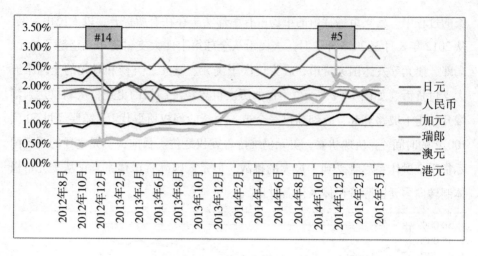

**图1-2 人民币的支付地位变迁**

数据来源：www.swift.com

## （二）美元霸权仍然"嚣张"

国际投资头寸（International Investment Position，IIP）和净外部资产（Net Foreign Assets，NFA，亦称为净外部财富，External Wealth）反映一国对全球资产的要求权（claim），是一个更为直观地反映一国财富实力和金融控制权的指标。[①] 长期以来，许多国家认为美元占据主导性的国际地位赋予了美国一种"嚣张的特权"（exorbitant privilege）。[②]

20世纪90年代以来，在经济全球化背景下，国际资本流动规模急遽上升，各国持有的外部金融资产与负债也随之大幅度提高。与之相应，NFA动态成为反映一个经济体内外平衡的重要因素。全球失衡是世界经济运行存在的突出问题。一方面，全球最大的经济体美国经常账户赤字占GDP的比重居高不下；另一方面，东亚经济体的经常账户持续盈余、外汇储备不断累积。尽管处于经常

---

[①] IIP和NFA在定义上都是一国的外部资产减去外部财富的国际投资头寸，但是IIP的计算直接取自一国的国际投资头寸表，而NFA的计算则考虑了国际投资资产和负债的估值效应（value effects），即存量资产和负债的资本利得或资本损失。

[②] 该说法最早由法国财政部长提出，后由法国总统戴高乐在多次演说中应用该词而为世人所熟知。

账户盈余状态的还包括一些石油输出国，但是东亚经济体，尤其是中国，常常被当作承担全球失衡治理责任的主要对象。对美国国际投资头寸的研究发现，由于美国拥有发达的金融市场和美元在国际货币体系中的主导地位，尽管美国净外债规模持续上升，但美国却能依靠外部资产与负债正的净回报（外部资产回报减去外部负债回报）平衡相当一部分国际收支失衡（Lane & Milesi - Ferretti，2005；Hausmann & Sturzenegger，2006）。克莱因（Cline，2005）分析了美国 NFA 变动过程中的估值效应（Value Effects），认为这种统计上的"来自天堂的神赐食粮"（manna from heaven）对于理解和评估美国外部失衡的前景是极为重要的。豪斯曼和斯特尔泽内格（Hausmann & Sturzenegger，2006）发现，随着美国贸易赤字的累积，并没有出现美国外部负债相应程度的恶化，由此断言美国拥有类似"暗物质"（Dark Matter）的外部资产可以产生投资收益，因此，不必过于为现在的贸易赤字担心。古林查斯和雷伊（Gourinchas & Rey，2006）建立了一个包括 1952 年以来按季度的美国外部资产和负债的数据系列，他们发现美国总是处于一个外部平衡软约束状态。也就是，美国一直以来能够按照相当有利的条件借款，同时通过为全球提供流动性赚得相当可观的收益。并且，这种能力有逐渐增强的趋势，在 20 世纪 70 年代美元贬值和固定汇率体系崩溃之后，仍然如此。据梅雷迪斯（Meredith，2007）测算，从长期看，美国 NFA 正的估值效应大约稳定在每年 1% GDP 的水平。由于估值效应调整的存在，模拟全球失衡调整时，美国为维持债务的可持续性所需要削减的经常账户赤字就可以相应地减少。简和纳卡奈（Chien & Naknoi，2012）认为估值效应是由巨大的风险升水和低无风险利率引起的，而这种估值效应有助于解释过去十多年来美国经常账户和贸易赤字。通常，美国投资者由于投资风险性海外资产而担负着较高的风险，同时，通过发行无风险证券资产融资。风险升水极高而无风险利率很低，即便美国已经处在净债务国地位，美国长期贸易赤字仍然能够维持。按照这一逻辑，他们认为当前美国贸易赤字并不意味着未来美国净出口的增加或者美元贬值①。

从金融霸权的角度看，美国拥有"暗物质"，而中国处于财富不断被霸权黑洞吞噬的状态。这说明，在金融权力结构中，中国还处于极其弱势的地位。国际货币基金组织（International Monetary Fund，IMF）实际上是美国霸权时代的缩影。在国际货币金融领域，美国设计了美元黄金及其他国家货币双挂钩的国际汇率体制，同时建立了IMF。IMF的份额和投票权的分配一定程度上量化反映了美国的金融霸权地位。迄今为止，IMF经历了5轮的份额和投票权调整，最近的一轮是2010年IMF的份额和治理改革②。此次改革将超过6%的份额比例转移给具有活力的新兴市场经济体和发展中国家，也从代表性过高的成员国转移给代表性不足的成员国。四个新兴市场经济体（巴西、中国、印度和俄罗斯）目前位居基金组织最大的十个成员国之列。即便如此，美国仍然拥有16.66%的份额，以及唯一的一票否决权③。

从以上国际货币金融权力格局看，美国霸权仍拥有占优势的权力地位，中国则相对弱势。若在现有的国家权力指数中引入货币、金融方面的指标，则美国霸权将具有更为稳固的占优地位，而新兴经济体，尤其是中国的位次则要向后调整。

### 四、结论及启示

本章从霸权稳定论的视角，分别考察了国外若干有影响力的国家权力指数所揭示的全球政治经济权力格局，并根据世界经济发展的新特征，补充分析了国际金融权力格局。综合分析表明，美国霸权仍然在绝大多数领域拥有领先优势；美国霸权在军事、金融、创新等方面，以及结构性软实力方面仍然遥遥领

---

① 应用跨期分析方法，如果不存在庞氏骗局（Ponzi scheme），一国因当前的贸易赤字欠下的外部债务总是要通过未来的贸易盈余来偿还，因此，要么净出口增加要么货币贬值，要么两者同时存在。参见2014年经济科学出版社出版的《国际经济学手册》第4卷。

② 2015年12月，美国国会通过立法，批准了IMF2010年份额和治理改革，实施改革所需的全部条件于2016年1月都得到满足。

③ 根据IMF的章程，重大决议事项需要有超过85%的投票权赞成才能通过。而IMF成员中，仅有美国拥有超过15%以上的投票权。

先，美国霸权衰落是状态词，美国霸权过渡到下一个霸权①体系仍需时日。中国崛起也是状态词，中国在硬实力方面仍然处于追赶状态，在软实力方面则尚需大力培育。量化对比显示，"中国威胁论"纯属无稽之谈。

从量化分析结果看，世界经济霸权仍处于美国霸权时代，任何高估中国实力和地缘政治地位的行为都是缺乏经验证据支持的。就实力资源而言，庞大的规模和相对快速的经济增长将让中国在今后几十年逼近美国，但这未必意味着中国将在军事、经济和软实力方面超越美国（约瑟夫·奈，2015）。从量化结果揭示的世界权力格局看，中国是打破美国霸权地位的第一主力，在经济实力方面，中国打破了美国成其为霸权的经济力量格局，在金融实力方面，美国主导着全球金融公共产品——IMF、世界银行等国际经济组织，而中国主导的金砖国家储备应急合作机制、"一带一路"区域经济合作等倡议也逐步发挥着积极正向的补充作用。根本上，当前国际体系权力格局远未意味着美国霸权时代的终结，从美国霸权体系转入下一个霸权体系或者转向多级权力格局体系，仍将需要时间过程。简单套用金德尔伯格（1973）关于世界经济霸权周期的推断，即每个经济霸权的生命周期大致为50～150年，而美国以1945年第二次世界大战结束为标志，确立了其全球经济霸主的地位，迄今亦不过80年。因此，假设金德尔伯格的世界经济霸权周期理论仍然成立，美国霸权被完全更替最长还需再走70年，换句话说，美国霸权位置被另一个经济体完全替代或许要到2095年。

当前，中国"一带一路"倡议在沿线国家乃至全球大多数国家得到了积极且正面的响应和反馈，但是也存在一些负面的声音。这些负面声音一方面来自对国际政治经济权力格局及其发展趋势的误判，这可称之为"无意之误"；另一方面来自有意扩大和放大中国在国际政治经济权力格局中的上升趋势，这些"有意之误"往往与"中国威胁论"交织在一起，成为其所谓的"量化证据"。本章通过对国家权力指数量化指标和权重的分析，揭示了这些"有意之误"和"无意之误"的来源，也就从量化证据的角度驳斥了"中国威胁论"。

---

① 在国际政治经济学的语境里，世界霸权并没有褒或贬之意，它是一个中性词。

# 第二章

# 构筑"一带一路"沿线国家区域金融安全网

## 一、"一带一路"倡议与沿线国家区域金融合作

20 世纪 90 年代以来，全球及区域性国际金融危机频繁发生，并一改此前新兴市场为重灾区这一重要特征，发达国家也深度卷入。这引发了国际社会对构筑全球金融安全网的热烈讨论。全球金融安全网的核心构件是各国自我防范基础上的全球和区域流动性救援机制。历次国际金融危机及其救援进程表明，国际货币基金组织（International Monetary Fund，IMF）为代表的全球性流动性救援机制存在较为明显的缺陷。与此同时，尽管全球性流动性救援机制与区域性流动性机制到底是互补还是替代关系仍处于激烈的争论之中[1]，区域性流动性救援机制在各国的政策实践中受到了广泛的重视，在欧洲、亚洲以及各种区域经济合作机制中得到了迅速的发展。

2013 年 9 月和 10 月，习近平主席在出访中亚和东南亚国家时分别提出了共建"丝绸之路经济带"和"21 世纪海上丝绸之路"（以下简称"一带一路"）的倡议，目前已获得 60 多个沿线国家和诸多国际组织的积极响应。"一带一路"倡议的提出无疑将促进沿线国家和地区的经济合作与经济发展，加速这些国家和地区的区域经济一体化进程。"一带一路"国家和地区多数属于发展中经济

---

[1] 全球性机制之外均出现了区域性机制作为对其的补充。区域性机制并非将与全球性机制互斥或对抗，相反，两者将呈现竞争兼具互补的关系。关于两者关系的争论及观点，参见陈燕鸿和杨权（2015）。

体,在金融全球化浪潮下,这些经济体均面临着巨大的经济和金融风险。随着"一带一路"倡议的实施,沿线国家和地区势必会加速区域金融合作,构筑区域金融安全网,共同防范和抵御潜在的国际金融危机。

从区域金融合作的基础和条件看,"一带一路"沿线国家现有的区域金融发展水平不高,区域金融合作机制尚未形成。"一带一路"倡议本质上是构建"互利共赢"的区域经济合作大平台,倡导的是一种开放型经济合作新模式,突出包容性,不设立高端目标,不排斥任何区域外合作。同样,"一带一路"框架下的区域金融合作也不追求一步到位的金融合作制度安排,而是打造跨区域相对松散但朝着目标不断渐进发展的区域金融合作方式。这种金融合作模式事实上是对当前区域货币金融合作模式和全球金融治理机制的积极探索,是对现行国际货币体系和全球金融治理机制的有效补充和完善。

## 二、全球金融治理机制向多层次多元格局转变

当前,在全球经济增长存在诸多不确定因素的背景下,全球经济要实现抗风险的增长,必须建设有效的全球经济金融治理架构,共同构筑全球经济金融稳定。从结构和运行模式看,布雷顿森林体系框架下的三驾马车(世界银行,World Bank,WB;世界贸易组织,World Trade Organization,WTO;国际货币基金组织,international Monetary Fund,IMF)是全球经济金融治理的执行机制。其中,IMF本质上是一个全球层面的流动性救援机制,其主要功能是维护全球货币金融体系的稳定,担负着全球"最后贷款人"(the lender of last lord)的职责①。然而,虽经过多轮改革,IMF的份额和投票权仍不成比例地集中于发达国家,无法反映近三十年来新兴经济体在全球经济中持续上升的份额。与此同时,IMF还存在资金规模不足、提供流动性救援有效性不足的困境,其贷款条件也受到了广泛的质疑。区域性金融合作机制和区域金融安全网的发展可以看作是新兴经济体和发展中经济体对IMF所处困境和自身缺陷的自然反应和解决方案。

2008年全球金融危机之后,国际社会普遍意识到提供流动性救援与构建全

---

① 参见 IMF 网站关于其主要功能的介绍。

球金融安全网①（The Global Financial Safety Net，GFSN）的紧迫性和重要性（Volz，2016；熊爱宗，2017）。全球金融安全网由三个层级四个方面构成（IMF，2016；ECB，2018）：第一，自我保险机制，即各国通过累积外汇储备获得保险；第二，中央银行双边货币互换安排（Bilateral Swap Arrangements，BSAs）和区域融资安排（Regional Financing Arrangements，RFAs），已有几个区域融资安排发挥了区域金融资源配置和金融稳定的功能；第三，全球层面的金融协定，即 IMF。从国际金融危机救援实践看，如果只有单一层级，无论是IMF，或各国自我累积大规模外汇储备，均不足以防范和抵御具有巨大破坏力的金融危机。拉詹（Rajan）等人（2003）认为，不管从区域整体还是从国别的角度看，一个国家或地区同时建立三个流动性层级（tiers of liquidity，或称为同心抵御线，concentric defence lines）将是合意的选择。但是，这三个层级的提用条件、可获得性及救援反应速度各不相同。最高层级的流动性支持是各国自有外汇储备，政府可以迅速动用这部分资金而无须任何条件；第二层级的流动性支持来自区域流动性安排，可以采用区域储备库的形式②；第三层级的流动性支持来自 IMF。在这个流动性层级中，获得流动性的难度和受到政策条件的约束逐渐递增，提供流动性的反应速度逐渐递减。因此，在不同的区域和多边环境下，一个国家或地区在配置和使用这三个流动性层级时必须进行权衡取舍，从而这三个流动性层级呈现出相互替代或者互补的关系。杨权和杨秋菊（2018）探讨了外汇储备的自我防范功能与双边货币互换机制在应对流动性危机方面的福利效应和救援效果。当潜在的资本流动性冲击规模较大时，提供流动性的最佳手段是结合自有外汇储备和区域金融安全网。从整个社会的福利角度看，当遭遇全球性流动性危机时，结合区域金融安全网的集体福利改进大于外汇储备的自我防范。一方面具有自我防范功能的外汇储备的供给往往不足，而长期大量持

---

① 首提全球金融安全网这一概念应是在 2010 年二十国集团（G20）领导人首尔峰会，G20领导人发表宣言表示，将加强全球金融安全网，通过提供实用的工具以克服国际资本流动突然逆转（sudden stop），帮助各国应对金融风险。

② 值得注意的是，区域外汇储备库的运行仍存在诸如 IMF 这样的缺陷和不足，因此，这一层级的流动性支持迄今为止绝大多数仍然采用双边货币互换的形式。

有外汇储备的管理成本和机会成本也很高;另一方面区域流动性救援机制属于能够提供正外部性的区域公共产品,能够在危机尚未波及本国资本市场时,及时遏制流动性危机的蔓延。不管是双边货币互换还是多边外汇储备库,在救援机制正式启动前的运作成本都是较低的,自身金融发展较完善的国家以低成本为区域金融合作提供更好的服务和安全保障,是进一步推动区域金融合作和构建区域金融安全网的关键。

以上理论和实践表明,全球金融治理机制不再是 IMF 为代表的单一机制,而是转变为多元化多层次的发展格局,集中体现在区域金融安全网作为第一层级和第三层级的重要补充而得以快速发展。近年来,在完善全球金融治理机制方面,中国做出了巨大贡献。在 2014 年 G20 领导人会议上,习近平主席提出了"推动建立公平、公正、包容有序的国际金融体系,加快并切实落实 IMF 改革方案,提高新兴市场和发展中国家的代表权和发言权,确保各国在国际经济合作中权利平等、机会平等、规则平等"。在 2016 年 G20 杭州领导人峰会上,习近平主席提出"应该完善全球金融安全网,加强在金融监管、国际税收、反腐败领域合作,提高世界经济抗风险能力"。自 2013 年中国提出"一带一路"倡议以来,"一带一路"区域经济合作机制成为全球经济治理机制多层次和多元化进程中的重要机制。"一带一路"沿线国家开展金融合作,构建"一带一路"沿线国家金融安全网,将与现有区域金融安全网共同成为 IMF 这一全球性机制的重要补充,共同构筑更为完善有效的全球金融安全网。

### 三、全球金融危机以来区域金融安全网快速扩张

2008 年全球金融危机以来,全球金融安全网明显扩张,具体表现为:继续累积大规模外汇储备、快速增加的央行间货币互换,以及进一步发展和设立的新 RFAs(ECB,2018)。新 RFAs 是全球金融安全网各层级中近二十年来的新事物,迄今 RFAs 的资金规模总和已经与 IMF 相当,构成全球金融安全网完整的一个层级。

北美、西欧和东亚是当今世界经济最为活跃的三大区域,它们在区域金融合作密切程度和区域金融安全网建设方面均呈现不同的特征。在全球金融市场

不确定性增加的环境下，三大区域的金融稳定均面临着不断上升的风险，此外，随着政治及政策不确定性增加，三个区域的金融稳定面临着新的威胁。因应上述风险及威胁，三大区域的区域金融安全网在 2008 年全球金融危机之后获得了快速扩张。

在 2008 年全球金融危机期间，由于担心流动性冲击可能带来的严重后果，美联储不断扩大原有与发达国家央行之间双边货币互换的规模。2011 年 11 月，因欧债危机的恶化威胁到全球金融市场，在已有美元互换协议之上，美联储联合欧洲央行、瑞士央行、英国央行、加拿大央行和日本央行等全球主要央行签署了双边互换协议。这些协议原定于 2014 年 2 月到期。2013 年 10 月，上述全球六大央行同时宣布将已有的临时性双边货币互换协议转换成长期、无限、多边货币互换协议。这种安排涉及货币互换协议成员国之间的货币流动、货币汇率安排以及宏观经济政策深度协调，基本成为一个新的由发达国家构成的未来国际货币体系基本框架，这传递出发达国家防范金融危机进一步恶化的未雨绸缪（管涛，2016）。

东亚货币金融体系容易受到全球金融风险的冲击，东亚区域金融合作体现为典型的危机驱动特征。自 1997 年亚洲金融危机爆发以来，东亚地区围绕金融、货币和财政政策展开了一系列区域金融合作①。1997 年，亚洲金融危机在区内蔓延之际日本提出了亚洲货币基金组织（Asian Monetary Fund，AMF）的建议。作为退而求其次的替代，2003 年清迈倡议（Chiang Mai Initiative，CMI）得以发展起来。CMI 本质上是一个东亚地区双边货币互换网络，在全球金融危机爆发之后全球金融安全网快速扩张的背景下，到 2010 年，CMI 被多边化为CMIM（Chiang Mai Initiative Multilateral），其本质上是一个区域外汇储备库，形态上离 AMF 又近了一步。作为 CMIM 的制度性框架之一，独立的宏观经济研究办公室（ASEAN +3 Macroeconomic Research Office，AMRO）于 2011 年 4 月成立，专门负责监测地区经济运行与金融市场风险，并对多边货币互换协议的贷

---

① 虽然全球金融安全网（GFSN）及区域金融安全网、新区域融资安排（新 RFAs）等概念直到 2008 年全球金融危机之后才被提出来，但是 GFSN 及其各层级，包括新 RFAs，已经事实上存在。东亚区域金融合作可以看作新 RFAs 之一。

款申请、操作以及资金使用等情况进行评估与监管。为提供短期流动性支持，基于清迈倡议多边化预防性贷款额度（CMIM Precautionary Line）和清迈倡议多边化稳定基金（CMIM Stability Fund），2014 年 7 月 CMIM 修订稿正式生效，CMIM 规模扩大到 2400 亿美元①。

在 2008 年全球金融危机和 2010 年欧元区债务危机的双重冲击下，为了重塑欧元区内金融稳定和危机救援功能，欧盟轴心德法两国提议建立欧洲货币基金组织（European Monetary Fund，EMF)②。在这个世界上最成熟的区域货币联盟内，由于成员国让渡了包括货币政策独立性在内的部分主权，每个成员国都不能独立使用货币政策作为宏观经济调节工具，包括作为成员国陷入流动性危机时的救援工具。与此同时，区域层面的"最后贷款人"职能没有完全到位。理论上，欧洲央行应该履行欧元区"最后贷款人"的角色，但欧洲货币联盟还有一个"不救援"条款（no bail - out clause)③。虽然，这种制度安排可在最大限度上降低成员国道德风险，使其实现财政自律。但是，这样也使得非道德风险因素引起的流动性危机缺乏一个危机救援机制。最终欧盟成员国达成共识，同意建立 EMF，欧洲货币联盟完成了 1999 年问世以来最重大的变革。除了 EMF之外，欧盟先是在欧债危机爆发之初的 2010 年建立了临时性的欧洲金融稳定基金（Europe Financial Stability Fund，EFSF），并于 2012 年将其发展成为永久性的欧洲稳定机制（Europe Stability Mechanism，ESM）。ESM 是欧元区 19 个成员国政府间的区域流动性救援机制，其资金规模达到 7450 亿美元，相当于拥有 188个成员国的 IMF 资金规模的 60%。

由此可见，三大区域的区域金融安全网在全球金融危机之后均得到快速扩张，且形态各异、特征鲜明。这也反映了全球金融安全网同一层级中的多元化

---

① 关于东亚区域金融合作进程参见：第十九届10 +3 财长与央行行长会议［EB/OL］. 中华人民共和国财政部网站，2016 - 05 - 04.

② 2010 年 3 月，德国财长朔伊布勒（Wolfgang Schuble）表示，应考虑设立"欧洲货币基金"（Europe Monetary Fund，EMF），其应有可比拟于国际货币基金组织（IMF）的干预权。格罗和梅耶（2010）提出了建立 EMF 的详细方案。

③《马斯特里赫特条约》反对强制动用其他成员国资源去救援某一成员国，这也使得欧盟内部没有哪个国家有义务和意愿去协助一个债务危机国。

特征。并且，三大区域的金融安全网，以及本章提议的"一带一路"区域金融安全网，与IMF并非替代关系，而是互补关系，前两者作为新RFAs，IMF作为全球层面的融资安排，三者都是全球金融安全网的一个组成部分。

### 四、"一带一路"沿线国家区域金融合作倡议

以"一带一路"沿线国家区域经济合作平台为基础，加强沿线国家金融合作，形成沿线国家流动性救援机制，尽快成立"一带一路"沿线国家货币基金组织，将是对全球金融安全网的重要补充，增加国际货币和金融体系的层次和多元性，从外部推动现行国际货币和金融体系的改革。与此同时，现阶段建立起来的"一带一路"沿线国家流动性救援机制，作为一个新区域融资安排成为全球金融安全网的重要组成部分，共同构筑有效的全球金融安全网。

"一带一路"沿线国家加强金融合作，构建安全高效的区域金融体系和区域金融合作机制，分阶段路线图如下：当务之急是建立"一带一路"沿线国家金融危机预警机制和经济监督机制，在此基础上建立沿线国家流动性救援机制，并适时向区域外汇储备库和区域货币基金组织转型，终极目标是建立"一带一路"货币基金组织（The Belts and Roads Monetary Fund，BRMF），该组织兼具维护区域货币汇率和金融稳定以及危机时期区域流动性救援两大功能。其中，区域货币汇率协调功能的构建，可以在区域流动性救援机制阶段开始尝试，逐步发展于区域外汇储备库阶段，最终完成于区域货币基金组织阶段。当前，"一带一路"沿线国家区域金融合作的主要任务包括以下循序渐进的四个方面。

第一，积极推动"一带一路"沿线国家双边机制的发展，并推动双边货币互换网络建设。适度鼓励沿线国家依据市场的潜在走向尝试性与区内贸易伙伴签订双边货币互换协定获取流动性支持，加强金融合作以增强对外部风险的抵抗能力，进一步地，在条件许可的情况下，沿线国家可以在双边协议下进一步尝试以本币换取本币的形式相互提供流动性，从而为地区贸易、投资的稳定发展创造更为有利的环境条件。在这一过程中，沿线地区经济发展相对领先的国家可以适度发挥引导作用，在充分尊重国家主权的基本原则下为区域内部货币

互换的相关安排的顺利推进做出贡献。

第二,积极推动"一带一路"沿线国家间双边机制多边化,打造沿线国家共同外汇储备库。双边货币互换协议使得合作双方能够将其互换资金的承诺灵活兑现,但当一国面临流动性危机时,与合作伙伴开展多轮谈判可能造成效率损失并错失救援的最佳时机;另一方面,双边协议下的资金数量相对有限,提供的流动性支持可能力度不够。因此,在沿线国家双边机制合作逐渐成熟的情况下打造共同的外汇储备库成为合意的选择。沿线国家的货币当局可以在共同协商的基础上在其外汇储备当中划拨出一部分专项资金,所划拨的资金规模可以与各国经济发展的实际情况挂钩,并确保相对公平。这种共同出资、集中救援的方式能够较为迅速地形成决策并集中金融资源,从而有效提升沿线国家抵御金融风险的能力。依据目前形势,将打造"一带一路"沿线国家共同的外汇储备库视为一步到位的工作在实践上可能缺乏操作性,也忽略了区域内部对金融合作与发展路径的艰难探索。因此,如果把东亚地区外汇储备库看作相对成功的次区域金融合作模式,那么,可以在沿线国家中寻求条件相对成熟的次区域开展金融合作。在亚洲区域内部,积极推进清迈倡议的多边化,推动亚洲国家货币合作的充分发展,并使之成为"一带一路"沿线国家流动性支持的主要保障;与此同时,以双边货币互换协议及双边本币互换协议作为次区域金融合作起点,积极推进与沿线中东欧地区的金融合作。在次区域外汇储备库发展成熟的基础上,通过对其整合,最终建立"一带一路"区域外汇储备库。

第三,建立和完善"一带一路"沿线国家区域经济监督安排。建设"一带一路"区域经济监督机制,使之成为监测和维护沿线国家和地区宏观经济和金融系统运行稳定的重要国际机构。区域流动性救援机制的有效防护与高效实施有赖于一个区域经济监督安排的存在。区域经济监督机制要求区域内各成员方坦率地报告本国的宏观经济状况以及资本流动的相关信息,若区域监督工作缺失,则容易引发道德风险问题。基于此,应尽快建立"一带一路"沿线国家经济监督安排,建立起相对有效的经济监督和约束机制。区域经济监督安排可以在展开一系列的政策对话基础上通过数据和信息的共享对内部成员国宏观经济、短期资本流动进行监控，在做好区域内部金融脆弱性的评估基础上建立起早期危机预警体系。

第四，积极推进"一带一路"区域金融市场的发展与完善，逐步形成区域金融市场一体化。该项任务放在最后，并不意味着最后实施，而是因为区域金融市场是区域金融合作的基础和环境条件，同时金融市场发展需要一个相当长的时间过程。发展"一带一路"区域债券市场，可以优化区域金融体系及结构，纠正过于依赖银行融资的制度缺陷。为此，区域内各国应扩大资本市场的开放度，加强债务工具的应用和创新，积极发展区内评级机构和投资担保机构，完善跨境债券交易和清算机制，加强包括债券市场在内的金融监管合作。建设利用好亚洲基础设施投资银行、金砖国家开发银行和丝路基金，加强与亚洲开发银行、世界银行、泛美开发银行等多边发展融资机构的合作。促进沿线国家银行合作，推动以联合体的方式开展银团贷款、授信担保等业务。

### 五、结语及策略展望

2008 年全球金融危机以来，区域金融安全网快速发展，进一步推动了全球金融治理单一机制向多元及多层次体系转变。全球金融安全网本质上是一个多层次的流动性救援机制，并且区域金融安全网也表现为多元发展趋势，规模上已经成为与全球层面 IMF 相当的一个重要层次。自 2013 年中国提出"一带一路"倡议以来，"一带一路"区域经济合作平台无疑成为全球经济治理机制多元化进程中的重要机制。从全球货币金融领域看，"一带一路"沿线国家开展金融合作，构建"一带一路"沿线国家区域金融安全网，乃至最终建立"一带一路"货币基金组织，将与现有区域金融安全网共同成为 IMF 这一全球金融流动性救援机制的重要补充，共同构筑更为完善有效的全球金融安全网。

展望未来，随着"一带一路"倡议在沿线国家得到积极响应和深入实施，"一带一路"经济合作平台上的区域金融安全网建设也将提上议事日程并获得推进。"一带一路"金融安全网未来建设发展必须处理好以下两方面的工作。这是"一带一路"区域金融安全网顺利且有效发展的两大基石。

第一，创新性地理解和运用区域金融资源和区域流动性救援设施。这一创新性可以从两个方面得到启发。一是中国与一系列国家签订的人民币双边货币互换协议，创新性地将流动性救援工具应用于双边贸易、投资结算，这是政策工具应用领域方面的创新；二是亚洲基础设施投资银行，创新性地将区域发展融资银行的目标集中定位于地区发展亟待解决的瓶颈——基础设施领域，这是政策工具功能定位方面的创新。"一带一路"沿线国家的流动性救援机制的建立及其运营，也需要在借鉴这两方面创新经验的基础上，实现运行模式、运用模式和作用领域方面的创新。作为一个区域金融合作机制，如果仅仅局限在金融危机防范这一单一功能，则容易陷入当前已存在的 CMIM 的困境——东亚地区的流动性救援机制的象征性意义远大于实际意义。CMIM 虽然经过了两次规模扩大，以及与 IMF 贷款挂钩比例下调，但是迄今机制内的成员国从未启用过这一设施。从这个意义上看，"一带一路"流动性救援机制一旦建立起来，应该在建立区域经济监督机制的基础上，逐渐开展区域货币汇率和金融市场稳定方面的协调工作，强化其区域金融稳定功能。区域流动性救援机制本身是国际金融危机防范和救援工具，但是在没有金融危机发生的金融稳定时期，集中起来的区域金融资源将面临使用效率低下的问题。创新性地充分利用区域金融资源，一方面可借鉴人民币双边货币互换协议的做法，将其用于"一带一路"沿线国家双边贸易投资结算；另一方面，可加强与"一带一路"发展融资机构 AIIB 的联系，将其用于为区内基础设施建设项目融资。这些将大大提高区域流动性救援设施的资金使用效率。

第二，正确处理好"一带一路"沿线国家区域安全网与 IMF 及其他区域融资安排的关系。尽管关于 IMF 与新区域金融安排之间互补或替代关系仍有争议，但是在实践中互补关系在国际组织间得到了广泛的认同。早在 2011 年，G20 峰会就同意设定一套总体原则以指导 IMF 与 RFAs 之间的关系。此后，促进 IMF 与 RFAs 之间更富有成效的合作成为 G20 议程的一个组成部分。ECB（2018）认为在全球金融安全网快速发展的背景下，推进 IMF 与 RFAs 之间的合作以使两者在一旦全球金融危机发生期间能发挥互补的作用，是加强 GFSN 建设的关键及当务之急。"一带一路"流动性救援机制一旦建立起来，也必须处理好其与 IMF 及其他区域融资安排的关系。首先，必须强调 IMF 及各类区域融资安排间的差异极大，应充分认识到每一个机制的相对比较优势和相对不足，这是能够实现 IMF 及各类区域融资安排的互补性的前提条件。在经济监督和流动性救援方面，可借鉴国际银团贷款的商业模式，"一带一路"区域流动性救援机制可以与 IMF 及其他 RFAs 合作共同开展危机救援工作。

第三章

# "一带一路"区域金融合作与亚投行融资风险防范

## 一、引言

国际开发融资领域中，多边开发银行扮演着不可或缺的角色。世界银行是全球性多边开发银行，是全球经济治理的三驾马车之一。而区域多边开发银行则致力于区域内外可持续发展项目的融资。由中国倡议设立的亚洲基础设施投资银行（the Asian Infrastructure Investment Bank，AIIB）致力于"一带一路"沿线国家基础设施建设，高度契合广大发展中国家克服融资瓶颈、助推经济发展的意愿。因此，AIIB 自创立之初便获得了"一带一路"沿线国家的广泛拥护与支持（Sekine，2015；马广奇和姚燕，2018）。在建立并快速进入运营的短时间里，AIIB 已成为实施"一带一路"目标强有力的金融后盾，AIIB 的服务对象范围有望在"一带一路"沿线国家得到进一步的拓展与深化（Gabusi，2017；刘国斌，2016）。然而，考虑到 AIIB 核心战略定位于基础设施建设，而基础设施本身固有的投资期限长，导致了其流动性相对较差，需要持续稳定的外部金融环境提供保证；此外，作为潜在投资对象的"一带一路"沿线发展中国家面临的共同问题即较低的主权信用评级以及国家风险评级，增加了贷款偿还的不确定性；加之众多现有的多边开发银行已或多或少地侧重于基础设施领域的服务，故而在业务领域重合形成的竞争关系易引发冲突隐患。基于此，AIIB 能否冲破现有束缚，通过内部机制的自我完善与外部风险保障巩固其新生地位并发展长期有效的开发融资模式对于其推动亚洲地区乃至"一带一路"沿线国家经济实质性增长与可持续发展具有重要意义。

"一带一路"倡议提出后，贸易相通和资金融通作为区域经济合作的两大核心功能，贸易相通方面的举措快速推进，而资金融通方面则相对滞后，关于资金融通方面的研究也亟待跟进。已有文献鲜有涉及围绕区域流动性救援机制与多边开发银行融资风险防范的探索，尤其是从"一带一路"区域金融合作角度推进资金融通及 AIIB 开发性融资项目的风险防范的设想和研究。本章尝试以构建区域金融安全网为切入点，对"一带一路"沿线国家区域金融合作进行相关探索，探讨如何应用"一带一路"区域金融资源不断推进区域流动性救援机制的建立和发展，为 AIIB 开发性融资提供稳定的金融市场环境和风险防范功能，使得短期危机救援机制更好地服务于 AIIB 长期开发性融资的发展，从而助力 AIIB 成为多边开发银行的后起之秀，为"一带一路"倡议的实施提供不竭的动力支持。

### 二、AIIB 战略定位及其潜在融资风险

"一带一路"倡议旨在依托资金、设施、市场等共享资源平台，在实现区域内互通有无的基础上共同打造沿线国家全方位、多层次的开放体系，为区域内外贸易与投资提供便利化，为沿线国家乃至在世界范围内创造新的经济增长点（吴泽林，2018）。实现基础设施互联互通，大量资金的投入便是面临的首要问题，AIIB 的成立便是对"一带一路"巨大资金需求的适时呼应，事实上，AIIB 已然成为"一带一路"推进基础设施建设强有力的金融后盾（Banik et al.，2017）。

作为以发展中国家为主导的多边开发性机构，AIIB 的战略定位具有导向意义。其一，AIIB 尽管作为多国政府发起的多边开发机构，但仍应遵循市场化的运作模式，因此获取基本收益、维持财务的可持续性十分必要，这也有赖于 AI-IB 精准识别具有经济可行性的投资项目、审慎实施业务创新与严格的风险管控（王军杰和连金璐，2016）。其二，"一带一路"多数国家生产性基础设施建设落后，对基础设施融资需求较大。AIIB 应更富同理心地去对待这些潜在的服务对象，这一同理心体现在充分尊重发展中国家的道路选择，尽量减少与经济活动

无关的政治性附加条件，而这一点被现有的以发达国家为主导的多边开发银行长期性地"人为忽略"，由此可能引发的更深层次的结构性问题将项目贷款国又推向另一个深渊。因此，AIIB 应对充分尊重基础上的友好合作给予重视，为开发性融资创造更好的制度基础。其三，维持较高的信用评级应成为 AIIB 坚持不懈的努力方向，现有研究表明，多边开发银行获得较高的信用评级能够降低融资成本并营造更为有利的融资条件并培养长期可持续的发展能力（高蓓等，2016）。

AIIB 能够依据自身战略定位在提供成员国乃至全球公共物品、促进资源配置方面发挥有效性（Callaghan and Hubbard，2016）。通过构建地区性融资平台，能够有效弥补广大亚洲地区生产性基础设施投资缺口，加快基础设施的互联互通并以此为依托，推动区域内外贸易、投资、金融的深度整合，实现区域内外经济的可持续发展（刘东明等，2017）。然而，不容忽视的是，AIIB 作为新生的多边开发机构带有某种程度的脆弱性并需要予以更多的成长空间。因此，从宏观上认识其运营管理、融资模式蕴含的潜在的风险具有必要性。AIIB 开发融资的风险主要包括以下几个方面。

（一）财务风险

基础设施融资隐含的财务风险首当其冲。AIIB 是由发展中国家倡导的多边开发机构，将核心战略定位于基础设施投资。需要强调的两点在于，它遵循的是市场化运作，定位的是基础设施投资而非无偿援助。因此，适度的盈利水平与财务的可持续性是 AIIB 运营的基本保证。然而，交通、电力、能源等基础设施投资具有周期长、流动性较差、回报率较低等内在特征。这对 AIIB 发放"一带一路"沿线国家基础设施建设中长期贷款时如何处理好这一内在矛盾构成了挑战。

（二）国家风险及主权信用风险

作为潜在投资对象的沿线国家普遍呈现国家风险较高和主权信用评级较低的基本事实（参见表 3 - 1）。国家风险指数体现了一国总体营商环境的优劣，其核心指标来自一国企业国际贸易支付中的违约概率，反映了一国商业信用水平。由表 3 - 1 可见，"一带一路"沿线国家的国家风险评级落在 C、D、E 级，也就是国家风险水平极高的有 31 个，占到国家总数的 50%①。"一带一路"沿线国家风险指数评价普遍较低，反映了这些国家总体营商环境仍有待于提高，市场交易成本还较高，这尤其不利于投资周期长、回收期长的 AIIB 发展融资项目的实施，增大了开发融资项目实施过程中的风险。

一国主权信用评级水平反映了该国政府国际支付能力和货币当局货币金融稳定能力，尤其当内外部条件发生变化时，一国主权信用评价一旦被调降，就有可能发生国际资本流动逆转，引发金融风险和金融危机，尤其这种调降若是由于金融危机因素促成的，就会引发助长或放大金融危机的效应。"一带一路"沿线国家主权信用评级较低，在有数据的 63 个沿线国家中，A 级以上的仅 13 个，约占总数的 21%，B 级的国家有 34 个，占到了 54%，另有 C 级评级的 16 个国家（参见表 3-1）。这意味着 AIIB 的发展融资项目并非处于一个金融稳健的宏观环境，这无疑也增大了开发融资项目的风险。

（三）运营风险

AIIB 是新生多边开发机构，因其开发融资处于起步阶段，开发融资的制度、程序、规则等仍不够成熟，尤其体现在开发性融资过程中的信息披露和监督层面。这将导致 AIIB 的开发性融资蕴含着其自身的运营风险。AIIB 逐步发展必然伴随着成员规模的扩大与业务范围的拓宽，若融资制度和程序未能适时调整完善，必然对 AIIB 长期融资造成严重的困扰。例如，缺乏对财务的监督易滋生腐败问题，具体项目建设作为投资载体在缺乏及时的动态追踪与可行性评估情况下可能难以持续推进。

AIIB 的运营风险与其信用评级水平直接相关。若 AIIB 在运营过程中不能持续完善制度设计，AIIB 较高等级的信用评级水平在中长期动态上将受到负面影响。这将直接影响 AIIB 的融资成本，使得 AIIB 的运营风险上升，也会使得 AIIB 融资项目的财务风险上升。

（四）业务创新风险

开发性融资业务创新也会带来风险隐患。AIIB 创立之初的资金投入与公共

① 这里以表 3-1 中 Coface 集团编制的国家风险指数为例，如果用中国信保公司编制的指数，结果也是一样。

表 3 – 1 "一带一路"沿线国家风险状况

| | A1 | A2 | A3 | A4 | B | C | D | E |
|---|---|---|---|---|---|---|---|---|
| 国家风险指数（Coface 集团）（各栏中括号中的数字表示该评级的国家数量） | | 新加坡、以色列、爱沙尼亚、捷克、斯洛伐克（5） | 马来西亚、科威特、立陶宛、拉脱维亚、匈牙利、斯洛文尼亚（7） | 印度尼西亚、泰国、菲律宾、阿联酋、卡塔尔、塞浦路斯、罗马尼亚、马尼亚、保加利亚（9） | 越南、阿曼、希腊、埃及、印度、哈萨克斯坦、乌克兰、白俄罗斯、俄罗斯、塞尔维亚、马其顿（9） | 柬埔寨、土耳其、约旦、黎巴嫩、沙特阿拉伯、巴林、斯里兰卡、孟加拉、乌兹别克斯坦、格鲁吉亚、阿塞拜疆、亚美尼亚、摩尔多瓦、波黑、黑山、阿尔巴尼亚（18） | 缅甸、老挝、巴基斯坦、阿富汗、马尔代夫、尼泊尔、土库曼斯坦、塔吉克斯坦、吉尔吉斯斯坦（9） | 伊朗、伊拉克、叙利亚、也门（4） |

续表

| | 1 | 2 | 3 | 4 | 5 | 6 | 7 | 8 | 9 |
|---|---|---|---|---|---|---|---|---|---|
| 国家风险指数（中国信保）（该指数从1—9表示国家风险依次由低到高） | 新加坡（1） | | 文莱、阿联酋、卡塔尔（3） | 马来西亚、以色列、沙特阿拉伯、科威特、阿曼、立陶宛、爱沙尼亚、拉脱维亚、捷克、斯洛伐克、斯洛文尼亚（11） | 印度尼西亚、菲律宾、土耳其、泰国、约旦、巴林、塞浦路斯、印度、斯里兰卡、哈萨克斯坦、俄罗斯、格鲁吉亚、阿塞拜疆、波兰、匈牙利、克罗地亚、黑山、塞尔维亚、罗马尼亚、保加利亚、马其顿（21） | 老挝、越南、希腊、伊朗、埃及、巴基斯坦、马尔代夫、不丹、乌兹别克斯坦、土库曼斯坦、白俄罗斯、亚美尼亚、波黑、阿尔巴尼亚（15） | 柬埔寨、伊拉克、塔吉克斯坦、摩尔多瓦（4） | 缅甸、也门、黎巴嫩、尼泊尔、吉尔吉斯斯坦、乌克兰（6） | 叙利亚、阿富汗（2） |

续表

| 主权信用风险指数 | AAA | AA | A | BBB | BB | B | CCC | CC | C |
|---|---|---|---|---|---|---|---|---|---|
| | 捷克 (1) | 以色列、波兰、斯洛伐克 (3) | 新加坡、马来西亚、沙特阿拉伯、卡塔尔、阿联酋、爱沙尼亚、匈牙利、斯洛文尼亚 (9) | 印度尼西亚、文莱、泰国、菲律宾、土耳其、科威特、塞浦路斯、印度、哈萨克斯坦、土库曼斯坦、拉脱维亚、克罗地亚、罗马尼亚 (13) | 越南、伊朗、伊拉克、约旦、黎巴嫩、阿曼、孟加拉、希腊、俄罗斯、白俄罗斯、阿塞拜疆、保加利亚、马其顿 (14) | 缅甸、柬埔寨、乌兹别克斯坦、格鲁吉亚、摩尔多瓦、塞尔维亚 (7) | 老挝、也门、埃及、斯里兰卡、尼泊尔、不丹、塔吉克斯坦、吉尔吉斯坦、乌克兰、亚美尼亚、波黑、黑山、阿尔巴尼亚 (13) | 阿富汗、马尔代夫 (2) | 叙利亚 (1) |

资料来源：国家风险指数（中国信保）及主权信用风险指数源于中国出口信用保险公司出版的《2017年国家风险分析报告——国家风险评级、主权信用风险评级暨风险评级49个重点国家风险分析》；国家风险指数（coface）源于科法斯集团网站公布的"country risks assessment"情况报告。

投资难以填补区域内基础设施建设的巨大资金缺口，因此积极拓展多样化的融资渠道成为 AIIB 的必然选择。不少学者已充分认识到 AIIB 实现资金来源多样化的重要性，并对此做出了有益的探索。其中，积极推广以 PPP 为代表的投资模式创新，利用金融杠杆扩大金融资源，债券融资与票据融资等手段有效结合成为学者们的共识（杨丽花和王喆，2018）。金融创新并不意味着一定成功。尤其，金融杠杆的运用蕴含着巨大的风险，这对于尚处于新生阶段、缺乏熟练管理经验与技术操作的 AIIB 提出了挑战。

综上所述，较高的国家风险和较低的主权信用评级增加了项目贷款偿还的不确定性，进一步地，地缘政治冲突、军事对抗、恐怖袭击等非经济因素可能带给基础设施建设毁灭性的灾难。可以说，上述一系列因素为 AIIB 融资发展带来了风险隐患，这也催生了政策层面对投资区域内政治安全、金融稳定发展以及区域金融安全网等方面的探索和诉求。

### 三、"一带一路"区域金融安全网倡议

2008 年全球金融危机以来，全球金融安全网明显扩张，具体表现为区域金融安全网的快速发展。全球层面流动性救援机制存在不足进一步凸显了区域内部救援机制构建的必要性。在拉詹和西雷加（Siregar，2003）的"流动性层级论"中，国家、区域和国际三个层级的危机应对机制分别对应各国自有的外汇储备、区域流动性安排以及国际多边货币基金组织贷款，这三个层级的流动性支持力度依次减弱。而在担当全球贷款人角色的国际货币基金组织因其救援能力和力度饱受诟病之际，各国也只能转向国家和区域层面救助。杨权和杨秋菊（2018）构建了开放经济条件下国际资本流动性冲击及其救援模型，实证模拟了不同流动性冲击下外汇储备与双边货币互换的福利效应，当面临较高的流动性冲击时，区域层面或全球层面的救援机制显得尤为重要。这为我们从"一带一路"区域层面去探索有效的流动性救援机制以维护区域内金融稳定、经济发展并为 AIIB 提供风险缓冲保护层提供了有益的启示。

全球金融网的扩张进一步表明推动全球金融治理机制朝着多元化、多层次的方向发展。"一带一路"所倡议的区域经济合作正是全球治理机制多层次及多

元化发展格局的一个重要组成部分。"一带一路"沿线国家若能够尽快建立起区域性流动性救援设施和区域金融合作机制，构筑区域金融安全网，其将与现有的区域发展融资机构（AIIB）和区域贸易合作机制共同组成"一带一路"区域治理的"三驾马车"。从这个意义上看，建立"一带一路"区域金融安全网也具有极其重要的意义。

"一带一路"区域金融安全网功能上类似于IMF，为陷入流动性危机的成员国提供短期贷款，以此维护区域货币和金融稳定。如果把世界银行以及亚洲基础设施投资银行看作中长期发展融资机构，目的是成员国的经济发展，国际货币基金组织以及类似的区域多边流动性救援机制可以看作短期融资机构，目的是维护货币金融稳定及对成员国的金融危机救援。迄今，全球各个区域的区域金融安全网已经获得了长足的发展，在资金规模方面，已经达到了与IMF相当的水平①。"一带一路"沿线国家区域金融安全网将成为区域金融资源配置和货币金融稳定的重要设施。"一带一路"沿线国家流动性救援机制可以在以下几个方面率先发展。

（一）积极推动"一带一路"区域内双边机制的发展，逐步形成双边货币互换网络

适度鼓励沿线国家依据市场的潜在走向尝试性与区内贸易伙伴签订双边货币互换协定获取流动性支持，通过区内双边金融合作以增强对外部风险的抵抗能力。在条件许可的情况下，沿线国家可以在双边协议下进一步尝试以本币换取本币形式相互提供流动性，从而为地区贸易、投资的稳定发展创造更为有利的环境条件。在这一过程中，沿线地区经济发展相对领先的国家可以适度发挥引导作用，在充分尊重国家主权的基本原则下推进区域内部货币互换协议的发展。

（二）促进"一带一路"沿线国家间双边机制多边化，打造沿线国家共同外汇储备库

双边货币互换协议使得合作双方能够将其互换资金的承诺灵活兑现，但当

---

① 参见ECB（2018）。

一国面临流动性危机时，与合作伙伴开展多轮谈判可能造成效率的损失并错失救援的最佳时机；另一方面，双边协议下的资金数量相对有限，提供的流动性支持可能力度不够。因此，在沿线国家双边机制合作逐渐成熟的情况下打造共同的外汇储备库成为合意的选择。沿线国家的货币当局可以在共同协商的基础上，在其外汇储备当中划拨出一部分专项资金，所划拨的资金规模可以与各国经济发展的实际情况挂钩，并确保相对公平。这种共同出资、集中援助的方式能够较为迅速地形成决策并集中金融资源，从而有效提升沿线国家抵御金融风险的能力。

（三）建立和完善"一带一路"沿线国家区域经济监督安排

区域流动性救援机制的有效运行有赖于一个区域经济监督安排的存在。区域经济监督机制要求区域内各成员方坦率地报告本国的宏观经济状况以及资本流动的相关信息，若区域监督工作缺失，则容易引发道德风险问题。基于此，应尽快建立"一带一路"沿线国家经济监督安排，建立开展经济监督和约束机制的经济监督机构，使之成为监测和维护"一带一路"宏观经济和金融系统运行稳定的重要国际机构。区域经济监督安排可以在展开一系列的政策对话基础上通过数据和信息的共享对内部成员国宏观经济、短期资本流动进行监控，在做好区域内部金融脆弱性的评估基础上建立起早期危机预警体系。

**四、"一带一路"金融安全网的开发性融资风险防范功能**

"一带一路"区域金融安全网将为 AIIB 中长期融资项目提供相对稳定的外部金融环境，有助于发展融资项目经济可行性及风险的识别，有助于增强 AIIB 融资风险可控性。具体而言，"一带一路"沿线国家建立起来的流动性救援机制可以为 AIIB 的发展融资提供风险防控功能体现在以下两个层面。

（一）宏观层面，区域流动性救援机制有利于构建一个稳定的区域金融环境

区域金融安全网的核心职能是提供短期流动性救援、防范金融危机、维护区内金融稳定。"一带一路"区域金融安全网一旦建立起来，将有助于形成一个金融稳定、违约概率较低的营商环境，有助于开发性融资项目的顺利实施。事

实上，博登和施密茨（Bordon and Schmitz，2015）指出，对于新兴经济体与广大发展中国家而言，金融稳定是金融持续发展的先决条件。AIIB融资项目的健康可持续发展同样蕴含着这一道理。"一带一路"流动性救援机制的构建带来最直接的效益便体现在区域层面金融安全网的加固与货币环境稳定，其对融资发展的实质性促进效应不可低估。从融资成本角度看，流动性救援机制的构建能够对AIIB融资成本的降低和可持续发展能力的增强产生重要影响。截至目前，AIIB在信用评级获取方面成绩斐然，已先后斩获包括穆迪、惠誉和标普三家国际评级机构的最高信用评级以及巴塞尔银行监管委员会零风险权重的认定。但需要认识到，这一系列评级是基于金融机构总体运营状况的动态评估而非一成不变，因此维持较高的信用评级应成为AIIB的战略方向。尽管主要国际评级机构对评级的侧重不尽相同，但同时考虑评级的内部因素和外部因素已达成共识，尤其地，流动性作为影响内部评级的重要因素，对评级结果产生了深远影响。而区域层面流动性救援机制的构建能够对流动性不足进行有效弥补，并通过打造稳定的金融环境极大地增强了AIIB外部因素的优势，从而为AIIB维持较高的信用评级做出应有的贡献。信用评级作为开发性融资机构质量高低的信号，通过声誉机制的扩散，有利于降低融资成本，这一基本事实也得到了大量定性和定量化研究的佐证（Jiang，2008；王雄元和张春强，2013；高蓓等，2016）。融资成本的降低有利于AIIB稳健运营能力的提升，从而降低其运营风险，进一步地间接降低了其融资项目的财务风险。这高度契合AIIB奉行的"稳健运营"的总体原则。

（二）运作层面，两者在运行过程中产生互动关系和相互支撑作用

第一，"一带一路"区域金融安全网能够与AIIB中长期发展目标实现有效的对接。AIIB致力于亚洲基础设施建设的互联互通，其资金来源以主权国家出资或捐赠及低成本国际债券融资为主。区域金融安全网的流动性救援设施，其功能在于对区域内成员的短期流动性救助，之所以得以设立来自对区内外汇储备资源的合理配置，提高流动性资源的配置效率。当区内处于金融稳定状态，流动性救援设施并未被动用，这时创新性地利用这一流动性救援的资金，可以在保证流动性的情况下通过AIIB这一机构来实现资源的合理配置并形成收益。

"一带一路"区域金融安全网作为现有国际融资安排的补充，可以为 AIIB 提供适度的流动性支持，尤其，在项目投资国无力偿还基础设施贷款并对 AIIB 财务可持续性产生实质性威胁时，这一流动性支持就显得尤为必要。

第二，"一带一路"沿线国家在防范危机过程中自主缔结的双边或多边货币互换协议使得合作伙伴之间经济利益更加相互渗透，增加了主权国家道德风险行为的成本。金融、货币的紧密合作使得区域内部突发事件概率降低，从而减少双方共同的经济损失；区域储备库和双边货币互换协议某种程度上充当防范区域性金融危机的可信的保险合约，有效阻断区外金融危机风险在区内的传染和蔓延。这使得 AIIB 投资的具体基础设施项目的发展具有一定的保障性，当建设周期长、投资回报稳定但收益较低的基础设施项目具有稳定的外部环境支撑，AIIB 在基本业务运营上的适度盈利才具备可能性。

第三，依托沿线国家建立起的经济监督和约束机制对 AIIB 实施有效地监控，有助于对 AIIB 融资业务的风险进行把控并提升资金使用效率。一方面，AIIB 在未来必定会引导更多的社会资本进入，并积极使用金融工具进行融资创新，因此对相关风险的评估要求专业技术人员的共同协商并伴随着相关政策的出台以及信息的及时披露；另一方面，作为投资的载体——具体基础设施项目的可行性也有待评议。项目投资的决策、贷款条件的拟定都需要专家委员会的多次商讨；在项目执行阶段，对资金的使用流向进行监督，并动态追踪项目进展状况，有利于提升 AIIB 对项目投资定位的精准性，降低腐败行为和融资风险。

## 五、总结及展望

加强"一带一路"区域金融合作，推动区域流动性救援机制的构建，对于维护区域内外经济稳定与金融发展具有深远影响。本章在"一带一路"倡议深入推进的背景下，探讨了"一带一路"沿线国家构建流动性救援机制的主要任务及其金融稳定功能，并从宏观层面和实际运作层面论证了这一短期危机救援机制能够为"一带一路"倡议背后强大的金融后盾——AIIB 的发展融资项目提供风险防范，为"一带一路"经贸往来、投资发展提供稳定的区域金融环境，从而更好地助力 AIIB 服务于区域内外的基础设施建设与发展，并在沿线区域乃至世界范围内打造新的经济增长点。

"一带一路"金融安全网的构建切实能成为"一带一路"区域金融稳定、AIIB 融资风险防范的有力举措。但同时应认识到区域金融合作与发展是一个循序渐进的过程，这也要求我们应以历史的、发展的眼光去看待"一带一路"沿线国家金融合作的路径。此外，需要指出的是，尽管区域层面构建流动性救援机制具有必要性，但忽略区域层面与作为全球流动性救援组织的 IMF 之间的合作并非明智的选择。事实上，区域层面在对本地区信息的快速搜集与共享方面具有比较优势，但对全球经济活动信息缺乏宏观的掌握，而 IMF 作为国际层面的监督者则能够很好捕捉全球形势的变化，进一步地，IMF 在国际救援中积累的丰富的管理经验能够为区域层面流动救援机制的构建与发展提供参照。此外，值得我们深思的是，尽管"一带一路"沿线国家在谋求经济发展、金融合作的基础上有极大的动力维护区域内部金融稳定。但如何使得"一带一路"区域金融安全网更好地为 AIIB 的融资发展提供保障则在更大程度上依赖于沿线国家从 AIIB 的获益程度。换言之，当 AIIB 实质性促进沿线基础设施的发展并为地区经济发展带来了更多契机之际，区域金融安全网才能对其发挥出更为强大的保障作用。这对 AIIB 内部的高效运作模式的探索提出了要求。

# 第四章

## "一带一路"沿线国家金融深化、金融包容及经济增长

　　经济增长作为宏观经济四大目标之一,一直以来都是经济学研究的核心命题。然而,直到戈德史密斯(Goldsmith, 1969)提出"金融发展"概念,以及麦金农和肖(Mckinnon & Shaw, 1973)提出"金融深化"理论,金融发展和经济增长之间的关系才逐渐进入研究视野。20世纪90年代,随着全球金融的迅猛发展,以及金和莱文(King & Levine, 1993a, b)、莱文(1997, 2005)等为代表的"金融功能"理论的出现,金融发展与经济增长开始成为学者关注的重点课题。大量的理论和实证研究证明,金融发展是研究宏观经济增长过程中不可忽略的关键变量,但由于不同国家及地区金融结构的差异和金融发展水平的不同,使得金融发展与经济增长之间的传导机制和影响方式也各不相同。

　　2013年9月7日,中国国家主席习近平在出访哈萨克斯坦期间,提出了"丝绸之路经济带"的构想;2013年10月3日,习近平主席在印尼国会发表演讲时又提出了与东盟共同建设"21世纪海上丝绸之路"倡议。从建设经济共同体的角度出发,"一带一路"沿线国家的经济合作与发展,无论是从区域经济合作还是从经济全球化来看,都是具有显著意义的。从金融市场发展角度来说,促进"一带一路"沿线国家的金融管制放松和金融市场的改革和创新,提升金融发展水平,对于沿线国家金融投资成本的降低、金融交易效率的提升以及金融市场运行的规范和监管都具有显著影响,从而有利于金融发展与宏观经济增长之间形成稳健的良性互动关系。以此为背景,本章基于2004—2014年"一带一路"沿线国家的金融市场发展水平相关数据,实证考察"一带一路"国家的金融深化、金融包容与经济增长之间的关系。本章首先针对"一带一路"沿线

国家重新建立了金融发展与金融包容的评价指标体系，在此基础上，探讨二者对"一带一路"沿线国家经济增长的影响途径和传导机制，进而实证研究二者对促进沿线国家经济发展的作用，最后从建立区域金融合作机制的角度提出相关政策建议。

## 一、金融深化与金融包容

金融发展沿着金融深化与金融包容两个层面展开。金融深化可以理解为狭义的金融发展，其主要关注点在金融市场发展的深度；金融包容则迟至20世纪末才引起关注，金融包容这一概念由贝克（Beck）等人（2007）系统提出，主要侧重于关注金融市场发展的宽度及覆盖面。事实上，金融发展和金融包容的关系很难用一句话概括完全。对于发达国家来说，经济和金融的发展两相结合，国内金融市场的健全和完善保证了金融深化，同时也推广了金融覆盖面的广泛性。然而，以中国为代表的一些发展中国家金融发展和金融包容的关系相对复杂。举例来说，倘若从金融部门授予私人部门信贷额度占 GDP 的比值这一指标来衡量中国的金融发展，其水平基本可以达到某些发达国家的发展水平，但是，从金融包容指标方面来看，中国的金融包容水平相对较低，与较高的金融发展水平不甚匹配。因此，有学者将这种现象解释为发展中国家的国内金融发展主要由大中小型企业带动，然而惠及个人的金融包容发展仍旧欠缺（Zuzana，2015）。因此，要想全面认识全球范围内金融发展与经济增长之间的关系，尤其是涉及发展中国家时，金融发展和金融包容两者缺一不可。

关于金融发展与经济增长，国内外学者已经进行了较为充分的研究。最早提出研究两者关系的学者是戈德史密斯（1969），他的金融结构理论认为经济发展是金融结构的变化结果，在实证方面，研究验证了金融相关比率 FIR[①] 与 GDP 的正相关关系。随后，麦金农（1973）以发展中国家的经济发展模式为研究对象，创立了金融深化理论，认为发展中国家的政府对银行业及金融部门所实施的金融干预及管制政策，人为阻碍了金融市场的发展规律，从而对资本的

---

① 定义为某一国家或地区在特定时间段内全部金融资产与全部实物资产价值的比值。

形成和经济的增长施加了抑制作用。与此同时，麦金农（1973）选择了 $M_2$/GDP 作为衡量金融深化程度的定量指标，实证研究支持金融发展对经济增长的促进作用。随着相关研究的深入，学者们逐渐认识到以上的传统指标在衡量金融发展水平方面的局限性，从而研究和开创了更丰富的金融发展指标体系。比较具有代表性的研究是由贝克等人（1999）提出的关于金融发展研究的四大基本指标，分别是金融中介授予私人部门信贷占 GDP 的比重、金融系统流动负债、商业银行国内资产占银行国内总资产的比重，以及存款银行授予私人部门信贷额度占 GDP 的比重，其研究结论同样支持了金融发展对经济增长起正向作用的观点。然而，相关研究也对金融发展对经济增长起到促进作用提出了质疑。赵振全、余震和杨东亮（2007）在拓展 Odedokun1996 年模型的基础上，使用多元阈值的方法对中国各城市之间的金融 - 增长关联进行了考察，证明了两者之间显著的非线性关联。萨马拉甘地（Nahla Samargandi）等人（2014）则对中等收入国家进行了金融发展与经济增长的单调性检验，通过阈值模型的回归和检验显示，中等收入国家的金融市场发展与宏观经济增长之间呈现倒 U 形的非线性关系，强调了中等收入国家可能存在经济增长受发展程度较高的国内金融市场阻碍的现象。

金融包容①可以定义为经济体中的企业及个人接触及使用正规金融系统服务的可能性。对这一概念首次的系统定义是由贝克等人（2007）给出的，他们首先定义了金融服务的可接触性（Access）和金融服务的使用性（Usage）两个有效维度，建立了衡量金融包容的八大指标，并通过实证研究得出了金融包容与经济增长显著正相关的结论。对于金融包容指标研究的重要性，大致有以下四种观点：一是对于贫困居民或小型企业来说，信息不对称、过高的交易成本和合同的执行成本很大程度上阻碍了他们接触到金融服务的可能性，因此，研究这一类型的金融包容是否能够良好发展，是一种促进经济增长和缓解贫困问题的重要手段；二是对于贫困居民或小型企业，金融排斥问题会阻碍他们接触

---

① 金融包容强调的是国内金融体系的包容性，国内早期研究也把包容性金融称为普惠金融。

金融服务、参与金融投资的行为发生，也就会进一步影响到金融市场的资源分配效率，更可能恶化贫富悬殊的问题，造成恶性循环；三是金融包容的有序发展一定程度上也会对技术进步和新思想的出现产生正向促进作用；四是金融包容即金融服务对于居民个人的可获得性、可接触性，也可以看作一种基础设施建设层面的需求，应该像普及医疗保障及教育等方面的需求一样得到推广。杨燕（2015）着眼于中国金融包容体系，选择了主成分分析法测度金融包容水平，结果表明，中国的金融包容发展水平呈上升趋势，但区域之间不均衡现象显著，金融包容对经济增长具有积极显著的促进作用。

迄今，研究金融发展时，把金融深化和金融包容纳入统一研究框架的文献相对较少。国外方面，贝克等人（2007）在研究国家宏观制度环境时，首次同时考虑了金融深化和金融包容的影响。最新进展方面，奥特（Alter）等人（2015）把研究目标放在了较贫困的撒哈拉非洲地区的金融深化和金融包容问题上，但由于贫困的撒哈拉非洲地区金融深化和金融包容水平均处于低水平且高度相关，最终文章也只研究了金融深化对经济增长的作用。国内方面，粟勤等人（2015）认为金融包容是金融发展的一个重要维度，金融市场的发展规模和有效深度是对金融发展程度的数量化度量，而金融包容才是对金融市场发展和金融服务覆盖面本质的捕捉，最终研究得出了金融深化、金融包容和经济增长的长期双向 Granger 因果关系，同时证明了金融包容的经济增长效应大于金融深化的结论。由于金融包容直到 2004 年才得到统一的测度，系统研究全球范围内金融深化、金融包容与经济增长关系的研究很少。

## 二、金融发展、金融包容促进经济增长的传导机制与解释

### （一）金融功能理论

金融发展在经济中具有举足轻重的作用。21 世纪 90 年代以来，金融发展理论关于金融发展对经济增长的促进作用逐渐从宏观视角向微观视角转换。学者们不再强调金融市场通过宏观经济因素对经济增长的机制作用，而是转向微观层面的金融服务功能来解释和阐述金融市场的发展对经济增长的路径和渠道。金和莱文（1993a，b）提出的金融功能理论认为，金融市场通过向企业或个人

提供相应的金融服务，来满足企业或个人的交易、投资或储蓄需求，从而更好地促进企业或个人的生产、交换、分配或消费目的的达成，最终促进经济稳健增长。莱文（1997）认为，金融市场的发展是宏观经济增长的内生因素，两者之间的互动关联通过金融市场的功能产生：信息不对称和交易成本的产生促使了金融中介和金融市场的产生与发展，金融市场又通过提供相关的金融功能促进经济增长；反过来经济增长对金融市场的发展提出新的需求，从而带动金融市场的发展。金融系统主要是通过减轻市场摩擦、降低信息搜寻和交易成本的方式来促进经济的发展（Levine，2005）。金融系统的功能可以归结为以下五大类：一是信息搜集和资本的分配管理；二是对投资监管与公司治理的影响；三是通过交易及多样化投资的方式对风险的管控；四是对储蓄的汇集及资金池的形成；五是通过降低交易费用的方式，促进专业化分工、创新渠道，从而达到促进经济发展的目的。

（二）金融发展对经济增长的传导机制

帕加诺（Pagano，1993）在内生经济增长模型的基础上，创新建立了一个关于金融的传导机制模型，成为后来学者研究金融市场与经济增长课题的理论范式。本书参考该模型对金融市场和经济增长的传导机制进行分解分析，具体如下。

假设一个代表性企业在连续时间内投入一定数量的资本生产唯一一种产品。即生产过程可以由 AK 生产函数描述：

$$y_t = A k_t \tag{4-1}$$

其中，$y_t$ 表示 $t$ 时期的投资生产产出，$k_t$ 表示 $t$ 时期的投资资本数量，$A$ 表示资本的边际生产率。

在式（4-1）两边对时间取微分得：

$$\frac{d y_t}{dt} = A \frac{d k_t}{dt} \tag{4-2}$$

在式（4-2）两边同时除以 $y_t$，我们得到经济增长率的表达式：

$$g_y = \frac{d y_t/dt}{y_t} = A \frac{d k_t/dt}{y_t} = A \frac{I_t}{y_t} \tag{4-3}$$

从式（4-3）可以看出，经济增长可以分解为资本的边际生产率和宏观经济投资率两个部分。投资源于储蓄，而储蓄要经过金融中介的作用才能转化为有效投资。我们假定金融市场非均衡，即储蓄不能百分之百转化为投资，储蓄转化为投资是存在投资成本的。所以可以假定储蓄－投资转化率为 $\varphi$，则宏观经济投资率可以改写为：

$$\frac{I_t}{y_t} = \frac{\varphi S_t}{y_t} = \varphi s \qquad (4-4)$$

其中，$s$ 表示储蓄率。将式（4-4）代入式（4-3）得：

$$g_y = A\varphi s \qquad (4-5)$$

从式（4-5）可以看出，金融发展从以下三个方面影响经济增长。

1. 资本的边际生产率 $A$

根据金融功能理论的思想可知，金融市场的功能可以促进资本的边际生产率的提高，从而达到促进经济增长的目的。（1）金融中介机构通过收集和产生相关投资项目的信息并提供给投资人，使得具有高投资收益和具有创新技术项目的投资回报率提升，从而优化资本的分配效率，提升资本的边际生产率。（2）金融中介机构通过对企业公司治理施加监管控制，提升企业的资源分配效率，并且促使企业技术创新，达到提高企业投资回报率的目的。（3）金融中介机构通过金融二级市场的金融工具交易和资产组合管理的方法，为投资人提供截面风险多样化分散方式，引导资本从低收益项目向高收益项目流动，从而提高了资本的边际生产率，提高资本的投资回报。此外，金融中介机构还可以通过为企业或个人提供融资、促进人力资本的积累，以及为政府提供融资、促进基础设施的建设等渠道和途径提高资本的边际生产率，促进经济增长。

2. 储蓄－投资转化率 $\varphi$

在建立和推导经济增长率的公式过程中，我们假设了金融市场是非均衡的，因此储蓄不能百分之百转化为投资，即存在储蓄转化为投资的转化成本，这个成本即为 $1-\varphi$，表示的是储蓄者的储蓄转化为投资的交易成本和信息成本。随着金融市场的产生和发展，金融中介效率的提升，金融产品的创新能力不断提高，交易成本不断下降，储蓄－投资转化率同样也会不断上升。更多的投资意味着资金流向具有投资回报率的项目，从而促进宏观经济的增长。

3. 储蓄率 $s$

储蓄率的提高对经济增长的作用是模棱两可的：一方面，金融市场的发展，带动金融产品收益率提高，居民投资意愿提升，从而提高储蓄率；另一方面，由于投资收益率提高，居民收入水平也水涨船高，因此产生的财富效应使得居民更倾向于消费，从而降低储蓄率。但倘若放开封闭经济假定，金融市场则可以通过吸引国外资本的流入，弥补国内需求不足的途径，促进国内的经济增长。

（三）金融包容对经济增长的传导机制分析与解释

近年来，包容性经济增长成为全球经济发展的主旋律，它强调的是经济社会的和谐发展和公平合理的分享经济成果，并且侧重于对弱势群体的保护。金融包容的最重要的功能是实现资本的优化配置，从而进一步提高服务实体经济能力、走出低收入陷阱、提升全社会人力资本和改善经济发展环境等。金融包容与经济增长之间的传导机制如图 4-1 所示。

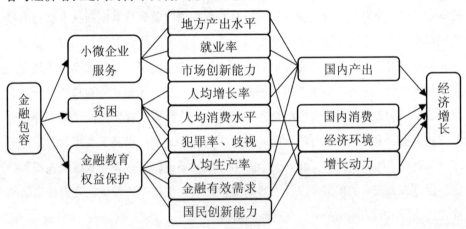

**图 4-1　金融包容对经济增长传导机制图**

首先，满足小微企业的金融需求，可以提升产出水平、就业率和市场主体的创新能力。小微企业在创业初期和发展过程中面临非常严重的融资约束，即外源融资约束，小微企业很难从正规银行渠道获得资金支持。

其次，帮助低收入者脱离贫困现状，可以提升人均生产率、人均消费水平和人均增长率，并且降低犯罪率。当外源融资容易获取后，低收入者主要将其用于家庭生计、教育和健康投资。（1）随着穷人的人力资本提升，该国人均生产率将会随之提升。（2）生活改善后，穷人会增加对本地生产日用品的消费数量，引致人均内需消费的增长。（3）金融包容帮助穷人增加收入后，贫困人口增长率降低，从而导致人均增长率的提升。（4）收入不平等、贫富悬殊及社会排斥是财产犯罪的重要诱因，加大弱势群体金融服务、健全社会保险制度是解决上述问题的重要手段，也有助于降低犯罪率、改善经济社会发展的环境。

最后，普及金融知识教育，可以提高人均生产率、降低犯罪率，提高金融服务有效需求和国民创新能力。因为金融包容强调资金运行的透明度，所以金融教育可以相对减少金融犯罪和欺骗性金融创新。另一方面，世界范围低收入者普遍共性是知识匮乏，这导致很多看似唾手可得的金融服务，低收入人群却难以获得和使用。因此，低收入者的金融知识存量增长，可以激发更多的有效金融需求，也就相当于扩大了金融服务的深度和广度。

### 三、"一带一路"沿线国家金融深化与金融包容的指标分析

（一）金融深化的指标

本章选择以莱文等人（2000）给出的关于金融发展水平量化衡量的两个主要指标来衡量金融深化，相关指标的定义和解释如下。

1. 金融系统流动负债占 GDP 之比（LLY）

传统的衡量金融发展的指标主要是指正规金融中介的规模占经济活动的比重，也被称作金融深化程度。一个具有代表性的金融深化指标即流动负债（Liquid Liabilities，简称为 LLY），定义为金融系统流动负债占 GDP 的比，该指标最早由金和莱文（1993a）提出。LLY 成立有一个基本前提假设，即金融中介发展的规模与其能提供的金融服务是正相关的，因此可以用金融中介所能提供的金融服务规模来体现金融中介发展的规模。值得注意的是，LLY 指标也存在一定的缺点：一是 LLY 不能精准测量金融部门改善信息不对称和降低交易成本的有效性，二是因为 LLY 衡量的是两个金融机构之间的资金往来状况，可能因此产生重复计算的问题，影响数据的准确度，三是不能描述出金融系统的授信分配

方式和去向。LLY 计算公式如下：

$$LLY = \frac{0.5 \times \left[\dfrac{F(t)}{P_e(t)} + \dfrac{F(t-1)}{P_e(t-1)}\right]}{\dfrac{GDP(t)}{P_a(t)}} \qquad (4-6)$$

其中 $F$ 是流动负债[①]，$P_e$ 是当年期末 CPI，$P_a$ 是年均 CPI。

2. 金融部门授予私人部门信贷额度占 GDP 之比（PC）

一般来说，金融中介在对私人部门提供金融服务时，会全面综合地考虑一个项目的风险性、可行性、获利性等各方面的问题，这也是金融中介提供金融服务的根本目的和原因。然而在为政府或公共部门提供金融服务时，政策、制度等其他方面的原因会对金融中介的决策产生影响。因此，为了更好地通过授信分配去向来衡量金融市场的发展水平，可以将关注点转向金融部门对私人部门信贷授予额度的衡量。PC 即金融部门授予私人部门信贷额度占 GDP 的比，该指标值越高，意味着信贷从公共部门向私人部门的再分配程度越高。因此，如果金融部门与私人部门的联系比与公共部门的联系对于生产力的提升更具有指向性，那么较高的 PC 指标就会意味着更高的金融发展水平。该指标是莱文等人（2000）在金和莱文（1993a，b）的指标基础上进行修改和完善得到的。金和莱文（1993a，b）提出了 PRIVY 指标，定义为私人部门总信贷额度占 GDP 的比，其中包含了货币当局和政府等公共部门授予私人部门的信贷，是一个比 PC 更为宽泛的概念。莱文等人（2000）的 PC 指标不仅把货币当局和政府相关公共部门及企业分离开来，同时还将中央银行分离出来，只用来衡量银行及金融中介对私人部门信贷规模再分配的程度。值得注意的是，该指标同样存在着一定的缺点，它虽然能够反映私人部门的整体规模和借贷程度，但是却不能准确地描述出金融服务的发展水平。因此，本章将 LLY 及 PC 两个指标结合起来，共同构成金融发展的代理变量集。PC 计算公式如下：

---

① 若数据不可得，则用 IMF 的 IFS 的货币及虚拟货币代替。本章数据若非特别注明均来自国际货币基金组织 IMF 的国际金融统计 IFS 数据库。

$$PC = \frac{0.5 \times \left[ \dfrac{F(t)}{P_e(t)} + \dfrac{F(t-1)}{P_e(t-1)} \right]}{\dfrac{GDP(t)}{P_a(t)}} \qquad (4-7)$$

其中 $F$ 是指存款银行和其他金融机构授予私人部门的信贷额度，$P_e$ 是期末 CPI，$P_a$ 是年均 CPI。

（二）金融深化的经验事实

本章收集了包括全球范围内国家的样本，并以"一带一路"国家为重点研究对象，从 IMF 的 IFS 数据库中选取了可得数据国家自 2004 年以来的相关金融发展数据，其具体描述统计如下。

表 4-1 2004—2014 年"一带一路"国家的金融发展指标描述性统计①

| "一带一路"沿线国家 | 金融发展指标 | |
| --- | --- | --- |
| | LLY | PC |
| 均值 | 62.5914 | 52.2923 |
| 中值 | 53.6477 | 41.2439 |
| 最小值 | 7.0801 | 4.3763 |
| 最大值 | 339.2593 | 346.3911 |
| 标准差 | 44.7266 | 44.4682 |
| 观测值 | 396 | 396 |

数据来源：作者根据 IFS 数据库计算得出。其中，LLY、PC 指标值为方便后续回归操作，均表现为百分数值，即在原指标值基础上 ×100。

如表 4-1 所示，首先，一个最明显的特征就是，从 LLY 指标及 PC 指标出发，每一项指标的总体分布基本平稳，没有影响整体的个别极值。其次，以 PC 指标为例："一带一路"国家及地区的 PC 最小值为塔吉克斯坦的 4.38%，而最大值为塞浦路斯；金融发展最低水平的缅甸的 PC 值不及最大值中国 346.39% 的

---

① 本表为面板数据描述性统计分析表，包含"一带一路"36 个国家及地区 2004—2014 年的金融发展相关指标，具体国家列表见附录 1。

零头部分。而 LLY 的最小值则同样出现在塔吉克斯坦（7.08%），与塞浦路斯所代表的339.26%的最大值相差巨大①。图 4 - 2 显示，从总体趋势上看，"一带一路"沿线国家及地区的金融发展水平表现出相对的平稳上升，并且 PC 的上升幅度和变化比 LLY 更为明显。

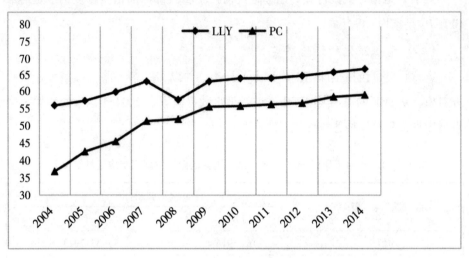

**图 4 - 2　2004—2014 年"一带一路"国家及地区金融发展水平**

*数据来源：IFS 数据库计算得出。其中横坐标为年份，纵坐标为百分点。*

**（三）金融包容的指标**

与金融发展所表示的金融市场深度相比，金融包容更多的是用来衡量金融市场的广度和覆盖面。本章主要参考了贝克（2007）关于金融包容的两大分类共计八个指标，以及粟勤（2015）及杨燕（2015）提出的应用因子分析方法的降维分析，用因子分析综合得分反映金融包容综合水平来描述各个国家及地区的金融包容发展状况。

本章一共涉及两种类型八个指标，分别是金融服务可接触性类别下的银行分支地理渗透度、银行分支人口渗透度、ATM 地理渗透度和 ATM 人口渗透度，

---

① 数据来源为本章作者根据参考方法计算得出，此处罗列的水平为对应国家及地区 2004—2014 年的金融发展平均水平。

以及金融服务使用性类别下的存贷款账户数目和存贷收入比。具体的指标及其定义如表4-2所示。

表4-2 金融包容指标及定义

| 指标名称 | | 定义 |
|---|---|---|
| 金融服务可接触性 | 1. ATM机人口渗透度 | 每100000名成年人范围内ATM机的数目 |
| | 2. ATM机地理渗透度 | 每1000平方公里内ATM机的数目 |
| | 3. 银行分支人口渗透度 | 每100000名成年人范围内银行分支机构的数目 |
| | 4. 银行分支地理渗透度 | 每1000平方公里内银行分支机构的数目 |
| 金融服务使用效用性 | 5. 存款账户人均数目 | 每1000名成年人中拥有存款账户的人数 |
| | 6. 贷款账户人均数目 | 每1000名成年人中拥有贷款账户的人数 |
| | 7. 存款与收入之比 | 商业银行代表性存款规模占GDP比（%） |
| | 8. 贷款与收入之比 | 商业银行代表性贷款规模占GDP比（%） |

资料来源：国际货币基金组织FAS数据库。

表4-2中的指标1-4是金融服务可接触性维度的金融包容指标。其中，指标2和4描述的是银行部门的地理渗透度，也可以被解释为距离银行服务最近的潜在客户的平均距离的代理变量；地理渗透度越高，意味着相隔距离越小，接触银行服务的便利程度越高。指标1和3描述的是银行部门的人口渗透度，也可以被解释为接受银行实物服务的人均数目的代理变量；人口渗透度越高，意味着每个分支机构或ATM潜在的客户数目越少，接触银行实物服务的便利程度越高。指标5-8是金融服务使用效用性维度的金融包容指标。其中，指标5和6越高，意味着金融服务的使用更广泛；指标7和8越高，意味着银行服务的使用限制的存在，因为这说明只有较富裕的阶层或更大型的企业才能负担得起金融服务。

（四）金融包容的经验事实

为了方便描述，本章将表4-2中的8项指标按顺序标号为FI.1—FI.8。考虑到FI.5和FI.6的数据可得性与完整性较差，因此本章在分析金融包容时只考虑其余六个变量，即省略FI.5和FI.6指标。表4-3显示了"一带一路"沿线

23 个国家及地区 2004—2014 年金融包容数据的统计性分析结果。图 4 - 3 是"一带一路"国家及地区金融包容发展水平的变化趋势图。一方面，从发展趋势上，我们可以看出，除去 FI. 3 和 FI. 4，其余四项指标随着年份的上升，都表现出了显著的增长情况：其中 FI. 1 和 FI. 2 的数值差距相对大，而 FI. 7 和 FI. 8 两者基本维持在同等水平上增长发展。

表 4 - 3  2004—2014 年"一带一路"国家金融包容描述性统计分析表①

| | 金融包容指标 | | | | | |
| --- | --- | --- | --- | --- | --- | --- |
| | FI. 1 | FI. 2 | FI. 3 | FI. 4 | FI. 7 | FI. 8 |
| 均值 | 41. 6451 | 30. 7508 | 18. 7037 | 15. 7138 | 45. 8929 | 42. 5797 |
| 中值 | 36. 1274 | 25. 9056 | 14. 0640 | 11. 8002 | 41. 5054 | 38. 1384 |
| 最小值 | 0. 1256 | 0. 0525 | 0. 7641 | 0. 5109 | 8. 6973 | 6. 1529 |
| 最大值 | 185. 1646 | 121. 0417 | 92. 3045 | 70. 3772 | 114. 2926 | 112. 9948 |
| 标准差 | 33. 4894 | 25. 7400 | 16. 1393 | 14. 7335 | 21. 4161 | 22. 5069 |
| 观测值 | 253 | 253 | 253 | 253 | 253 | 253 |

资料来源：国际货币基金组织 FAS 数据库。

总结来说，通过分析我们发现，具有代表性的这 6 个金融包容指标虽然在很多方面表现出类似的特征规律，但是每一个指标又各有不同，在后续的实证研究中倘若对每一个指标进行研究，则工作量巨大。因此，本章参考之前学者的思路和想法，试图寻求一个最合适的方法构建一个综合指标，可以包含所有金融包容的指标特征，同时降低维度。具体方法是构建金融包容指数并计算金融包容综合得分。具体计算步骤及内容如下。

首先进行因子分析，得到主成分因子等信息。从表 4 - 4 可以看出，Factor1 的特征值为 3.21100，方差贡献率为 73.89%，Factor2 的特征值为 0.67481，方差贡献率为 15.53%，两个因子的累计方差贡献达到了 89.42%，较好地解释了

---

① 本表为面板数据描述性统计分析表，包含"一带一路"23 个国家及地区 2004—2014 年的金融包容相关指标，具体国家列表见附录 2。

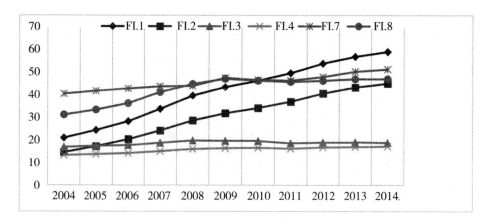

**图 4-3 2004—2014 年"一带一路"国家及地区金融包容水平**

数据来源：国际货币基金组织 FAS 数据库。其中横坐标为年份，纵坐标单位分别对应为 FI.1—FI.4 的每 **1000** 平方公里/每 **10** 万成年人中 ATM 或分支机构的数目和 FI.7 与 FI.8 的百分比单位。

原有变量的总方差。碎石图得到的结论和因子分析表相对应，即 Factor1 和 Factor2 解释了大部分的原有变量总方差。因此本章参考杨燕（2015）的研究方法，选择前两个因子进行分析。用载荷除以对应的特征根的开方得到各成分中每个指标的系数。各系数乘以标准化的原始数据即可得到各主成分的表达式。通过计算，最终得到金融包容各指标权重如表 4-5 所示。

**表 4-4 金融包容主成分载荷矩阵**

|  | Factor 1 | Factor 2 |
| --- | --- | --- |
| ATM 机人口渗透度（$X_1$） | 0.8067 | 0.2059 |
| ATM 机地理渗透度（$X_2$） | 0.6574 | 0.6131 |
| 银行分支人口渗透度（$X_3$） | 0.7191 | -0.3845 |
| 银行分支地理渗透度（$X_4$） | 0.7717 | 0.0313 |
| 存款与收入之比（$X_5$） | 0.6775 | -0.1416 |
| 贷款与收入之比（$X_6$） | 0.7461 | -0.2960 |
| 特征值 | 3.21100 | 0.67481 |

续表

| | Factor 1 | Factor 2 |
|---|---|---|
| 方差 | 0.7389 | 0.1553 |
| 累计方差 | 0.7389 | 0.8942 |

表 4 – 5 金融包容各指标权重

| | $X_1$ | $X_2$ | $X_3$ | $X_4$ | $X_5$ | $X_6$ |
|---|---|---|---|---|---|---|
| 权重 | 0.1939 | 0.1793 | 0.1456 | 0.1775 | 0.1477 | 0.1560 |

最后，根据如下公式可以计算金融包容综合得分 F：

$$FI_i = \sum_{j=1}^{6} w_j Y_{ij} \qquad (4-8)$$

通过因子分析，我们把金融包容指标从 6 个变量降维处理得到金融包容综合得分 FI，在后续的实证分析中，我们也将采用金融包容综合得分作为分析金融包容的代理变量。

### 四、实证分析

本章针对全球范围内 86 个国家，其中包含 36 个"一带一路"沿线国家及地区的金融发展数据，以及全球范围内 56 个国家，其中 23 个"一带一路"国家及地区的金融包容数据，分别对自 2004 年至 2014 年间的面板数据进行实证分析。在经济增长问题相关的研究中，模型内生性问题是不可忽视的问题，内生性的存在会使得模型的估计结果发生偏差，影响实证结果的有效性。本章采用差分广义矩估计的方法来研究"一带一路"沿线国家金融发展、金融包容的经济增长绩效。根据广义矩估计（GMM）理论可知，GMM 成立的条件有两个，一是随机干扰项 $\varepsilon_{ij}$ 不存在自相关，二是工具变量有效，即不存在过度识别的问题。因此，使用差分 GMM 对动态面板进行回归后，需要进行自回归（AR）检验和过度识别的约束检验，以确保模型估计结果的有效性。

（一）计量模型与数据处理

模型选择方面，本章以莱文（2000）和贝克（1999）为主要依据，再针对某些特定变量适当调整，具体如下：

$$GROWTH_{it} = \alpha + \beta \, FINANCE_{it} + \gamma [\, CONDITIONINGSET_{it} \,] + \varepsilon_{it} \qquad (4-9)$$

其中 GROWTH 即实际人均 GDP 增长率，即经济增长的代理变量 Y，FINANCE 即金融变量 LLY、PC 和 FI，CONDITIONING SET 则是指与经济增长相关的控制变量的集合向量。

Y：经济增长变量，参考莱文（2000）和贝克（1999）的方法，选择实际人均 GDP 的增长率作为经济增长的代理变量，对实际人均 GDP 取自然对数后进行一阶差分。

金融发展变量：LLY 和 PC，数据来源 IMF 的 IFS 数据库，数据处理方法为对其取自然对数。

金融包容变量：利用因子分析 FI.1 – FI.4 及 FI.7 和 FI.8 得到的金融包容综合得分 FI。

针对控制变量，本章一共分为两个控制变量集合，分别是简单条件信息集合和政策条件信息集合。简单条件信息集合，包括常数项 C、初始收入水平和受教育水平。初始收入水平是用来控制收敛效应的，本章将该指标记作 INC，数据上采用滞后一期的实际人均 GDP 的自然对数值来表示。受教育水平是用来描述人力资本水平的，莱文（2000）选择了巴罗和李（Barro & Lee，1996）的指标，用 25 岁前所受中等教育的平均年限来表示受教育水平指标，但是本章通过对该参考文献使用的数据库查询，2000 年之后的数据不可得，因此本章参考国内研究，使用高等院校的总入学率作为人力资本的代理变量，本章将该指标记作 EDU，回归时选择对其取自然对数。

政策条件信息集合在简单条件信息集合的基础上，纳入了政府规模、通胀指数、贸易开放度和外商直接投资规模四个变量。其中政府规模表示为政府支出占 GDP 的比值，本章将该变量记作 GOV，数据处理时对该值取自然对数；通胀指数表示为 CPI 的自然对数一阶差分，该指标和 GOV 一同作为衡量宏观经济稳定性的重要指标，本章记作 INF，数据处理时对该指标 +1 后的数值取自然对数；贸易开放度表示为进出口总额占 GDP 的比值，用来捕捉宏观经济中的贸易开放度，记作 TRA，数据处理时对该指标取自然对数；外商直接投资规模表示为 FDI 净流入占 GDP 的比值,记作 FDI。

以上数据,除了金融包容、INF 来自 IMF 的 IFS 数据库,其余均取自 WDI 数据库。

(二) 回归结果

本章采用了差分广义矩估计的方法,对模型进行估计,并将解释变量 LLY、PC 以及 FI 的两期至五期滞后项作为其工具变量,尽可能减少估计误差,回归结果如表 4-6、4-7、4-8 所示。

表 4-6　全球国家动态面板差分 GMM 回归结果表

| 模型 | 1 | 2 | 3 |
|---|---|---|---|
| Con. | -89.5868 * * <br> (-2.23) | 34.5507 <br> (0.74) | -79.5973 <br> (-1.22) |
| INC | -7.7843 * * * <br> (-8.47) | -6.1271 * * * <br> (-4.89) | 0.9921 <br> (0.64) |
| EDU | 6.4942 * * * <br> (2.85) | 13.0430 * * * <br> (4.75) | 16.3017 * * * <br> (3.44) |
| GOV | -5.4276 * <br> (-1.72) | -25.7671 * * * <br> (-6.26) | -26.3158 * * * <br> (-4.65) |
| INF | 13.3288 * <br> (1.65) | -4.8345 <br> (-0.49) | 17.1206 <br> (1.20) |
| TRA | 12.7253 * * * <br> (6.46) | 6.4376 * * * <br> (2.81) | 0.6101 <br> (0.13) |
| FDI | 0.0537 * <br> (1.83) | 0.0925 * <br> (1.68) | 0.0582 <br> (1.23) |
| LLY | 7.3709 * * * <br> (4.77) | | |
| PC | | 7.7778 * * * <br> (3.02) | |

| 模型 | 1 | 2 | 3 |
|---|---|---|---|
| FI | | | $-0.0480^{***}$<br>$(-2.84)$ |
| Obs. | 946 | 946 | 616 |
| AR (1) | 0.070 | 0.072 | 0.490 |
| AR (2) | 0.358 | 0.137 | 0.590 |
| Sargan 值 | 0.821 | 0.608 | 0.583 |

注：括号中的数字为系数估计的 t 值，＊＊＊、＊＊和＊分别表示1%、5%和10%的显著性水平。

首先，表4-6回归结果显示 AR（2）和 Sargan 检验值均大于0.1，表明所有工具变量均有效，且随机干扰项不存在二阶自相关问题，因此差分广义矩估计方法是有效的。基于此结果，可进行后续的相关指标分析。其次，在充分考虑内生性问题后，"一带一路"沿线国家金融发展与经济增长的关系呈现高度显著的正相关，无论是从 LLY 还是 PC 指标角度出发，这与莱文（2000）及很多国内外学者的研究结论是一致的，即金融发展可以通过减轻信息不对称情形和降低信息交易成本的方式促进经济的增长。同时可以注意到，PC 项下的金融发展对经济增长的促进作用强于 LLY 项下金融发展对经济增长的作用。另外，我们发现，金融包容对经济增长的影响为显著的负向作用。这个结论从理论和实际情况上都是可以解释的。针对本书的研究对象可知，因为大部分国家属于发展中国家，即收入不平等问题相对显著，因此金融包容对经济增长会展现出较为明显的反向作用。发展中国家体现出一个较为明显的特征即金融市场的发展以银行等金融中介为主导。如果把金融包容理解为在既定金融深化水平下的金融可获得性的增加，意味着既定水平下的金融资源在配置上更为公平，也就是在金融发展水平还较低的情况下牺牲了效率，导致在"一带一路"现阶段发展水平下金融包容呈现与经济增长的反向关系。最后，我们关注一下控制变量。从符号正负来看，排除常数项，我们不难发现，除了初始收入水平 INC 和政府规模 GOV 这两项变量的系数为负，其余的控制变量系数为正值。从回归系数的显著性角度来看，排除常数项，除去 INF 指标和个别 FDI 指标外，其余控制变量均表现出统计上显著的特征。通过对比可以发现，这一实证结果与莱文（2000）的回归结果相似。

表 4 - 7 是分别对"一带一路"国家及非"一带一路"国家进行动态面板差分 GMM 回归的金融变量系数一览表。一方面，我们进行国家间的数据对比，"一带一路"国家及地区的金融发展对经济增长展现出正面的促进作用，但其正向促进作用效应低于全球范围国家，以及非"一带一路"国家及地区。金融包容对经济增长的作用仍旧为负，但不显著，相比而言，非"一带一路"国家及地区仍显著为负。

表 4 - 7 全球国家分组动态面板差分 GMM 回归结果表

| 国家分类 | 控制变量 | LLY | PC | FI |
|---|---|---|---|---|
| "一带一路"国家 | 回归系数 | 2.6226<br>(1.17) | 6.4964 * *<br>(2.35) | -0.0254<br>(-0.20) |
| | Obs. | 396 | 396 | 253 |
| 非"一带一路"国家 | 回归系数 | -4.8003 *<br>(-1.74) | 12.7345 * * *<br>(-2.17) | -0.0327 * * *<br>(-3.08) |
| | Obs. | 550 | 550 | 363 |

注：括号中的数字为系数估计的 t 值，* * *、* *和*分别表示 1%、5% 和 10% 的显著性水平。

表 4 - 6 和 4 - 7 的回归模型和结果都是建立在分别考虑金融发展、金融包容和经济增长的关系的基础上的。因此，进一步地，本章将考虑把金融发展和金融包容同时纳入经济增长模型之中，并通过与单独考察各自效应的模型对比，分析金融发展和金融包容两者对经济增长的影响方向和影响效果。具体结果见表 4 - 8。

表4-8　同时纳入金融发展和金融包容的差分GMM回归结果表

| 模型 | 1 | 2 |
|---|---|---|
| Con. | 1.8089<br>(0.03) | 68.5312<br>(1.56) |
| INC | -1.7036***<br>(-8.47) | -6.1524***<br>(-3.55) |
| EDU | 9.5097***<br>(2.58) | 13.7847***<br>(2.94) |
| GOV | -8.8702***<br>(-4.50) | -11.6105***<br>(-2.84) |
| INF | -4.9499<br>(-0.44) | 6.62228<br>(0.70) |
| TRA | 3.2738**<br>(2.10) | 1.8919<br>(0.59) |
| FDI | 0.3508***<br>(3.95) | 0.3117***<br>(3.40) |
| LLY | 1.7728<br>(1.31) | |
| PC | | 4.5045**<br>(2.46) |
| FI | -0.0864**<br>(-2.38) | -0.1942**<br>(-2.04) |
| Obs. | 253 | 253 |
| AR（1） | 0.529 | 0.729 |
| AR（2） | 0.632 | 0.976 |
| Sargan 值 | 0.733 | 0.397 |

注：括号中的数字为系数估计的t值，＊＊＊、＊＊和＊分别表示1%、5%和10%的显著性水平。

首先，我们关注表4-8中的金融变量系数。可以发现，除了LLY以外，其余项的金融发展以及金融包容指标都是显著的：其中金融发展系数均为正值，而金融包容的系数均为负值。其次，对比表4-8和表4-6的控制变量，我们可以发现，系数符号基本相同，且大部分控制变量统计上显著，所以模型可以确定是有效的。另外，我们再结合表4-7中"一带一路"国家的数据和表4-8中的金融系数进行对比可以发现：（1）从作用方向来看，无论是分开研究金融发展和金融包容各自的增长效应，还是将两者纳入同一模型进行研究，金融发展的系数始终为正值，金融包容的系数始终为负值，即金融发展与经济增长的关系是正向的，而金融包容与经济增长的关系是负向的。（2）从作用效果来看，纳入同一模型的金融发展对经济增长的促进作用弱于金融发展与经济增长独立模型中的金融-增长效应；而金融包容对经济增长的抑制作用在联合模型中因受LLY影响得到了相应的削弱，而金融包容对经济增长的作用在PC项下的联合模型中表现出更明显的抑制作用。

总结来说，通过对金融发展、金融包容和经济增长的不同模型的实证研究，不难发现，"一带一路"国家的金融发展对经济增长表现出正向的促进作用，尤其在PC项下，该促进作用更为显著，而"一带一路"国家及地区的金融包容对于经济增长的作用无论是在独立模型中还是联合模型中都是负向的，尤其在同时纳入金融发展和金融包容的模型中，这种负向的金融-增长关系是显著存在的。

### 五、结论及政策建议

本章主要利用"一带一路"沿线国家及地区2004—2014年金融发展和金融包容发展水平相关数据，采用差分广义矩估计方法，考察"一带一路"沿线国家及地区金融发展、金融包容的经济增长绩效。实证结果发现：（1）"一带一路"沿线国家及地区的金融发展对经济增长存在促进作用。（2）从金融部门授予私人部门国内信贷额度占GDP比重（PC）出发，金融市场发展对于"一带一路"沿线国家及地区的经济增长的正向促进作用更为显著，而以金融系统流动负债占比（LLY）表示的金融市场发展对经济增长的作用相对较弱。（3）"一带一路"沿线国家及地区的金融包容对经济增长的作用在本章的研究中为负向作用。"一带一路"沿线国家及地区大多为发展中经济体,依据目前大多对金融包容有所研究的学者观点可知,金融包容水平在发展中国家的发展水平是相对落后于发达国家的。对于发展中国家的金融市场对经济增长关系的研究中,金融包容更多的是代表了一种收入不平等的现象,且该种收入不平等现象阻碍了资本的优化配置,从而阻碍了经济增长。该结论也从另一角度验证,金融包容与经济增长可能存在非线性关系,在金融包容水平较低时,呈现负向关系,只有跳脱这一低水平,金融包容与经济增长才会呈现正向关系。

总结来说,"一带一路"国家及地区之间的金融–增长正向关系是存在的,通过推进包括金融包容在内的金融深化和金融发展,有助于"一带一路"沿线国家经济稳健增长,进而夯实"一带一路"沿线国家金融合作的经济基础。

一方面,应该继续发挥金融发展在经济增长路径上的促进作用,尤其是以商业银行为主导的发展中国家,在提升金融市场规模的同时,应该更加重视商业银行的发展与改革,以及资本市场的培育与发展。一是将金融抑制变为合理的金融约束。根据世界银行的分类,"一带一路"沿线国家中属于低收入国家范畴的有2个,中等低收入国家范畴的有22个,中等高收入国家范畴的有22个,属于高收入范畴的发达国家及地区22个。因此,以发展中国家为主导的"一带一路"国家群体,普遍存在相应的金融抑制现象,从而对发展中国家的经济增长同样产生约束和阻碍作用。解决方法是推进"一带一路"沿线国家的金融深化改革,即逐步建立健全由市场供求决定的利率形成机制,鼓励金融机构开发新的金融工具,大力发展直接融资,改善社会融资结构,促进货币市场、资本市场的有机结合与协调发展。二是促进多元化金融中介机构的建立。"一带一路"沿线国家多是发展中国家,而发展中国家的金融市场多表现为银行中介主导型的特征,加上国家的宏观调控,使得金融市场缺乏相应的竞争活力。因此,对于"一带一路"沿线发展中国家,要考虑引入和建立多元化的金融中介机构,逐步形成金融市场竞争机制,提高以商业银行为代表的储蓄–投资转化效率,从而使得金融发展对于促进物质资本的积累进而促进经济增长起到重要作用。

另一方面,金融包容在维护金融体系稳定、促进经济增长、缓解社会贫富差距等方面均具有重要作用。现阶段,"一带一路"沿线国家金融包容的发展水平还太低,金融包容尚未显现出促进经济增长的效应,包括中国在内的"一带一路"沿线国家应逐步构建有效的法律体系和协调沟通机制,加大金融包容的发展水平。通过加强对"一带一路"沿线国家金融包容水平的有效提升,即促进"一带一路"沿线国家包容性金融体系的建设和发展,更大程度地普及金融产品及服务对个人及企业,尤其是低收入群体的个人和小微企业的普惠程度,对于促进金融发展,从而促进经济增长同样具有重要意义。一是加强国家层面金融包容策略的构建和实施。金融包容概念还未广泛普及,"一带一路"国家若能加深对金融包容概念的理解,重视金融包容对经济增长的重要作用,并通过"一带一路"国家的区域金融合作,参与到国际金融包容系统的建设之中,对于从宏观层面构建包容性金融系统具有重要意义。二是建立和完善金融包容监测评估体系。在本章的研究中可以发现,即使是 IMF 官方公布的关键指标,仍然有很多国家尤其发展中国家存在数据缺乏。这一方面是实验设计和统计口径的不一致,另一方面也与国家自身对金融包容的重视程度息息相关。通过建立和完善金融包容监测评估体系,既可以对金融包容在"一带一路"国家的具体发展情况有所掌握和了解,又可以在监测评估中发现问题,及时解决,还可以通过"一带一路"国家间经验的分享与借鉴,促进"一带一路"沿线国家的金融合作,对于沿线国家间的区域经济合作和共赢都具有积极而重要的意义。三是积极推进金融体系的创新。金融部门因为相对容易出现市场失灵现象,因而国家对其监管相对其他部门普遍更加严格。但是这种严格的监管也会成为很多中小企业以及中低收入居民获得金融服务的障碍。因此,无论是出于平衡收入不平等,还是促进金融包容体系的目的,利用合理合法的金融创新手段解决更多的金融服务不可获得的问题对于金融市场的发展以及经济增长的促进都是有显著作用的。"一带一路"沿线国家以发展中国家为主体,金融包容方面的提升空间还很大,无论是通过顶层设计,还是宏观监测管理体制,抑或是技术层面的金融创新,最主要的关注点是在合理合法的范围内,最大限度地促进区域内金融服务接触点的提升,从而促进"一带一路"国家包容金融体系的建设,从而达到从金融渠道促进"一带一路"国家经济增长的最终目的。

### [附录1] 金融发展数据:"一带一路"沿线国家及地区

阿尔巴尼亚,亚美尼亚,阿塞拜疆,孟加拉国,不丹,文莱,保加利亚,中国,克罗地亚,塞浦路斯,捷克,埃及①,爱沙尼亚,格鲁吉亚,匈牙利,印度,印度尼西亚,吉尔吉斯斯坦,马其顿王国,马来西亚,摩尔多瓦,蒙古,尼泊尔,阿曼,巴基斯坦,菲律宾,波兰,卡塔尔,罗马尼亚,俄罗斯,塞尔维亚,斯洛文尼亚,塔吉克斯坦,泰国,土耳其,乌克兰。

### [附录2] 金融包容数据:"一带一路"沿线国家及地区

阿尔巴尼亚,亚美尼亚,孟加拉国,不丹,文莱,保加利亚,捷克,埃及,爱沙尼亚,格鲁吉亚,匈牙利,印度尼西亚,吉尔吉斯斯坦,马来西亚,摩尔多瓦,巴基斯坦,菲律宾,波兰,卡塔尔,俄罗斯,斯洛文尼亚,泰国,乌克兰。

---

① 埃及的西奈半岛,本章使用埃及的国家数据作为西奈半岛的指标数据进行替代。

# 第五章

# "一带一路"沿线国家金融开放与经济波动

20 世纪 70 年代,伴随经济全球化的浪潮,不少国家和地区开始将金融开放作为经济发展的重要决策,并尝试放松金融干预和管制的政策措施。80 年代,受到以韩国、新加坡,中国香港和中国台湾地区为首的开放型新兴工业化经济体的激励,许多发展中国家也开始了金融开放的进程。90 年代,金融开放进入高潮,这些国家的国际资本流入激增。但随之不断爆发的一次比一次破坏力强的金融危机,几乎波及所有新兴经济体,甚至连一些发达经济体也未能幸免。金融危机的 GDP 平均损失率为 8%,而新兴经济体的比例更高,例如印度尼西亚(1997—2000 年)耗费了其 GDP 的 55% 来拯救银行造成的损失,而亚洲金融危机给全世界投资者带来的损失竟高达 7000 亿美元①。可见,金融开放是一条机遇与挑战并存的坎坷之途。

## 一、问题的提出

"一带一路"倡议的提出无疑将加速沿线国家的区域经济一体化,促进沿线国家的经济合作与发展。2010—2013 年,"一带一路"沿线国家对全球经济增长的贡献率高达 41.2%,其发展能力与潜力可见一斑;沿线国家及地区平均的外贸依存度于 2012 年达到 34.5%,远高于同期 24.3% 的全球平均水平②。此外,据亚洲开发银行(ADB)估算,十年内亚洲各经济体至少需要投资八万亿

---

① 参见 LOUNGANI P, RAZINA. How Benefieial is Foreign Direct Investment for the Developing Countries? [J]. Finance & Development, 2001, 38 (2).
② 引自国务院发展研究中心网站。

美元才能使基础设施达到世界平均水平，外部资金需求较大。对于"一带一路"沿线国家而言，金融开放似乎是必然的，随着"一带一路"倡议的实施以及亚洲基础设施投资银行、金砖国家开发银行和丝路基金的成立，沿线区域势必会加速金融合作。金融作为现代经济的核心，也必将融合到这一框架及其所衍生的区域经济一体化之中，而科学的金融开放更是契合 2008 年全球金融危机后金融区域化发展的重要趋势。与此同时，审慎金融开放策略也是必要的，"一带一路"沿线国家多数属于发展中经济体，伴随着金融开放的是高风险的大规模资本输入与输出，而风险一旦成为危机，金融开放积累的收益将不复存在，并可能造成更严重的区域性金融风波。

理论和以往文献的实证说明了金融开放对经济波动的影响并不明确，金融开放的经济波动效应并没有一致的结论，其结果与样本特有特征、自身环境有关。首先，部分学者认为金融开放能在一定程度上减少经济波动。有学者（Kim and Singal，1997）通过实证分析发现金融开放能够稳定宏观经济运行。多尼尔（Donnell，2001）的实证研究显示 OCED 国家金融开放会降低产出和消费波动，对发展中国家的效果尤为明显。其次，也有部分学者认为二者并无显著关系，有学者（Razin & Rose，1994）认为，金融开放和产出、消费、投资波动之间相关性并不显著，还有学者（Easterly 等，2001）也证明金融开放与宏观经济波动之间关系不显著。再次，大部分学者认为金融开放对经济波动的影响很可能具有负面效应。韦勒（Weller，2001）通过对新兴市场经济的数据分析表明新兴经济体金融开放后货币危机和银行危机出现的概率更大。此外，杜利（Dooley，1999）、爱德华（Edwards，2000）的研究都指出金融开放在制度不健全的国家会发生负向作用，虽然其不一定增加金融危机的可能性，但会带来较大风险。

以上文献表明，金融开放对经济波动的效应是复杂的。许多学者认为金融开放对经济稳定的影响取决于国内金融市场的发展状况。斯蒂格利茨（Stiglitz，2000）提出由于逆向选择，金融一体化开放暴露了金融脆弱性，从而加剧经济的波动。杜利（1999）的研究都指出金融开放在制度不健全的国家会发生负向作用，虽然其不一定增加金融危机的可能性，但会带来较大风险。尤其，有学者（Kose, Prasad&Taylor, 2009）系统检验了金融开放对经济增长的影响的阈值条件，认为只有当一国的初始条件达到一定水平才会促进经济增长，否则会制约金融一体化的积极作用。在这一研究的启发下，金融开放的经济稳定效应是否也存在阈值条件，这值得实证检验进一步探究。

迄今，国内外已有许多学者研究金融开放与经济波动的关系，但在"一带一路"倡议背景下，以沿线国家为样本研究金融开放与经济波动关系并探讨其自身传导特点的文献目前还没有，同时，在此基础上进一步进行"一带一路"沿线国家和地区金融市场融合与区域金融合作的探讨也相对缺乏。本章余下部分结构如下：第二部分梳理金融开放度的理论基础、金融开放与经济波动的互动机理以及相关实证文献总结；第三部分构建实证模型，基于GMM计量方法，对"一带一路"国家和地区金融开放的经济波动效应做实证分析，并计算相应的阈值条件；第四部分为本章结论及"一带一路"沿线国家金融合作的探讨。

## 二、金融开放的经济波动效应：机制与解释

从金融开放理论创立以来，M－S模型及拓展、新结构主义理论及金融约束论等在不断形成与完善，并充分说明了金融开放与经济波动的理论联系。阿吉翁（Aghion等，2004）的模型分析了金融开放对经济波动的影响，该模型中信贷乘数是关键因子。信贷乘数的大小及变动程度将会对经济波动产生重要影响。但前面的分析都假设 $\mu_0$ 不变，事实上 $\mu_0$ 是可变动的。综合理论和相关文献，影响金融开放对经济波动效应的关键因子——信贷乘数的因素主要包括制度质量、贸易开放与宏观政策框架。

制度质量：良好的制度环境能够保障一国金融部门运行的安全性，有利于管理跨境资本账户与监控企业的投融资行为，从而在提高经济运转效率的同时降低金融开放造成的风险与冲击。从微观机制看，制度质量影响信贷乘数的渠道主要是通过减少国际资本流动的交易成本，降低产权保护不力、信息不对称等方面的不确定性，提高资本收益率和资本配置效率，进而影响金融开放效应。从理论和实践来看，要降低金融开放带来的经济金融风险需高度重视制度建设

和制度执行。

贸易开放：一国对外开放的进程主要是通过实体与金融这两种途径来实现，而贸易开放和金融开放两者相辅相成，相互促进，相互支持，不可分离。贸易开放能够减少金融开放所带来的风险，卡尔沃（Calvo）等人（2004）的实证结果表明，贸易开放后资本流动突然停止和发展金融危机的概率显著降低，同时弗兰克尔（Frankel）等人（2004）的结果也表明贸易开放度每增加10%，资本流动突然停止的概率便降低30%。此外，海格德（Haggard，1993）、卡康恩（Kahkonen，1987）提出，只有在贸易开放前提下的金融开放，经济效率与社会福利才能达到最优。这从更宏观的层面证实，贸易开放对包括金融体系在内的宏观经济效率提升和宏观经济稳定具有正向效应。

宏观经济政策：众多文献表明，稳健的宏观经济政策能够减少金融开放的负面影响。Shen等人（2000）的结论表明金融开放与经济波动没有显著的相关性，但当宏观经济不稳健时资本的流入会明显暴露银行的脆弱性，而卡普里奥（Carprio）等人（1994）也发现稳健的宏观经济政策环境决定了该经济体能否有效地享受金融开放的正向效应。首先，汇率灵活性与金融稳定性高度相关，富有弹性的汇率制度可以降低内外部失衡对经济金融系统的冲击。其次，金融开放降低了宏观经济政策的容错率，国际资本自由流动会放大财政赤字和通货膨胀率等不良宏观经济信号，同时稳健的宏观经济政策也说明政府是严格遵守财政政策和货币政策纪律的，进而吸引越来越多的国际资本并防止资本外逃。最后，经济波动的极端是金融危机，陈志刚（2005）的研究说明，在财政大量赤字和宏观经济剧烈波动的环境下贸然推行金融开放，必定带来金融危机的高风险。

综上所述，金融开放与经济波动的相互影响渠道可归纳为制度质量、贸易开放与宏观经济政策三方面，这成为本章实证模型的理论依据。

### 三、实证分析

#### （一）实证模型构建

1. 实证模型说明

本章的实证模型主要基于前文所做的理论分析以及参考部分学者（Kose、Prasad、Terrones，2003，2009，以下简称 KPT）研究金融开放与宏观波动的实证方法。KPT 近二十年来一直致力于研究金融开放与宏观经济的互动效应，KPT 这两篇文章也是研究金融开放与宏观波动的经典实证文献，国内外许多学者实证方法都参考借鉴 KPT 模型。本章的借鉴主要体现在基本方法与变量的选取上，其中相同的变量包括经济波动、贸易开放水平、人均国民收入、贸易条件波动、财政政策波动、货币政策、货币政策的波动。同时，本章也基于 KPT 的实证模型，进行了相对应的调整与改进，主要体现在以下四个方面。

（1）KPT 的变量含有资本账户和经常账户限制，而本章衡量金融开放的方法与 KPT 不一样，采取了名义金融开放度与实际金融开放度衡量体系，已经考虑到了资本账户和经常账户限制的因素，因此本章实证模型剔除了 KPT 模型中的这两个变量。

（2）近年来大多研究宏观经济增长或者波动的文章都考虑了制度因素，因此本章加入制度质量这一变量。

（3）KPT 采取十年滚动窗口方法处理数据，因本章主要考虑中长期的结果，参照近几年学者的实证方法，本章采取五年滚动窗口。

（4）KPT 解决内生性采取较简单的工具变量法，本章采取近年来学界普遍认可的 GMM 方法来处理数据内生性问题。

综上所述，本章构建面板数据模型如下：

$$\delta y_{it} = n_i + \gamma_t + \theta' X_{it} + b FO_{it} + \varepsilon_{it} \tag{5-1}$$

考虑到金融开放的宏观经济效应存在阈值效应，本章用于阈值计算的模型为：

$$\delta y_{it} = n_i + \gamma_t + \theta' X_{it} + g\ (FO_{it},\ TH_{it}) + \varepsilon_{it} \tag{5-2}$$

其中 $\delta y_{it}$ 表示人均 GDP 现价美元增长率的标准差，因为本章主要是研究中长期的影响，采取五年窗口滚动的方式计算标准差。i 表示国家，t 表示时间，$FO_{it}$ 是金融开放度，$X_{it}$ 是控制变量，$n_i$、$\gamma_t$ 分别表示国家和时间的特定效应，$\varepsilon_t$ 是误差项，$TH_{it}$ 表示阈值，$g(FO_{it}, TH_{it})$ 是相应的金融开放度与阈值的函数。模型中的其他变量计算波动时为五年滚动窗口的标准差，若不是计算波动的变量为五年滚动窗口的均值。同时金融开放的滞后项为 1。

2. 样本及变量描述

本章样本包括"一带一路"倡议沿线国家，时间跨度为 1980—2014 年，由于一些沿线国家数据缺失，最终选取其中 52 个国家和地区（包括中国香港特区），且数据为不平衡面板数据。除了对整个样本做实证分析，同时做子样本的实证分析，从而进行对比。

本章的研究着眼于宏观经济波动，即产出的波动，因此本章将经济波动界定为经济增长波动，采用一阶差分滤波法，以人均 GDP 增长率的标准差来衡量经济波动。

金融开放度的衡量指标体系较完善，但也各有优缺点。以往关于金融开放度测度主要包括名义或"法律上"（dejure）的度量和实际或"事实上"（defacto）的度量方法。"名义金融开放度以政府约束金融开放的法律、法规等政策性法律文件作为衡量基础，而实际金融开放度则衡量的是经济体的金融开放过程对整个市场所造成的综合效应。"[1] 由于名义金融开放度是依照 AREAER 赋予各个资本项目不同权重进行打分，会依照每个衡量者的着重点不同而得到差异较大的数值。并且可以注意到"一带一路"沿线国家多是发展中经济体，而以往指标并没有专门适合发展中经济体的名义金融开放度指标；同时实际金融开放度的衡量指标又忽略了那些难以用数量衡量的金融开放政策，如一国市场准入、国民待遇等方面的开放。因此在衡量金融开放度时应完整构建其衡量指标，同时计算名义金融开放度和实际金融开放度，本章根据样本特点及数据可得性，实际金融开放度采取总量法（国外资产和负债存量和占 GDP 的比例进行衡量），名义金融开放度采取 KAOPEN 指数进行衡量。

---

① 贾秋然. 金融开放测度方法与指标体系述评 [J]. 经济评论, 2011 (3).

制度质量采用世界银行发布的全球治理指标（WGI）衡量，WGI 共包括六个要素：话语权和问责制、政局稳定和防暴程度、政府效率、管制负担、法治、腐败控制，由于这几个要素随时间变化波动不大，本章采取这六个指标的平均数来表示制度质量。该数据从 1996 年起才有，故采取时间序列的平均数作为固定变量。

此外，本章取各经济体近五年人均国民收入、通货膨胀率和贸易开放度的平均值反映其相应变量的发展现状。其中，贸易开放度采取物品和服务贸易进出口总额占 GDP 的比来衡量。

实证模型所涉及变量如表 5 - 1 所示，各变量描述性统计如表 5 - 2 所示。

表 5 - 1　实证研究所涉及的各变量描述

| 变量名称 | 符号 | 描述 | 数据来源 |
|---|---|---|---|
| 经济波动 | $\delta y$ | 采用一阶差分滤波法，即以人均 GDP 增长率的标准差 | WDI |
| 名义金融开放度 | FOj | KAOPEN | Chinn 和 Ito 的个人主页 |
| 实际金融开放度 | FOf | 一国外部资产和负债总和占 GDP 的比 | IFS |
| 贸易开放水平 | TO | 物品和服务贸易进出口总额占 GDP 的比 | WDI |
| 人均国民收入 | LN_ I | 为保证数据平稳，对其进行对数化处理 | WDI |
| 贸易条件波动 | $\delta TT$ | 净贸易条件的标准差 | WDI |
| 财政政策波动 | $\delta G$ | 用政府消费支出占 GDP 的比的标准差表示 | WDI |
| 通货膨胀率 | Inf | 采用 GDP 平减指数 | WDI |
| 货币政策 | M | 广义货币供给 M2 占 GDP 的比 | WDI |
| 货币政策的波动 | $\delta M$ | 广义货币供给 M2 占 GDP 的比的标准差 | WDI |
| 制度质量 | QI | 共有六个要素：话语权和问责制、政局稳定和防暴程度、政府效率、管制负担、法治、腐败控制，由于这几个要素随时间变化波动不大，本章采取这六个指标的平均数来表示制度质量。该数据只从 1996 年起才有，故采取平均数作为固定变量。 | WGI |

表5-2 各变量的描述性统计

| | 平均值 | 标准差 | 最小值 | 最大值 |
|---|---|---|---|---|
| δy | 2. 925002 | 2. 226356 | 0. 136775 | 12. 58233 |
| FOf | 2. 261882 | 3. 830242 | 0. 150176 | 24. 30651 |
| FOj | 0. 3234138 | 1. 473655 | - 1. 888895 | 2. 389668 |
| TO | 99. 51274 | 77. 52423 | 12. 81604 | 444. 8954 |
| LN_ I | 7. 052402 | 1. 845196 | 4. 171035 | 11. 09632 |
| TT | 186. 8989 | 688. 7346 | 0. 543558 | 6736. 359 |
| G | 0. 958714 | 0. 809877 | 0. 029056 | 8. 361996 |
| Inf | 9. 188776 | 11. 20984 | - 3. 73469 | 97. 47998 |
| M | 66. 465 | 47. 30638 | 9. 010822 | 340. 4545 |
| δm | 5. 390541 | 4. 643662 | 0. 44594 | 33. 29536 |
| QI | - 0. 14837 | 0. 651902 | - 1. 73299 | 1. 497752 |

（二）平稳性检验

由于整体样本涉及数据量较大，先对数据进行平稳性检验。比较各类数据平稳性检验方法可知，ADF 方法是低效的检验面板数据方法，而常用于面板单位根检验的 Im – Pesaran – Shin 检验和 Levin – Lin – Chu 检验均只适用于平衡面板数据。基于本章采取的是不平衡面板分析，最终选用了 Fisher PP 检验，该单根检验会在 N 较大时对 P 进行修正。

如表5-3 所示，经过 Fisher PP 检验后，可知除了人均国民收入以外，所有变量均通过 Fisher PP 检验。人均国民收入在加入时间趋势项或者使用一阶差分进行检验后均通过 Fisher PP 检验，因此模型中的变量满足动态面板数据所需的平稳性需求。

表5 –3　数据平稳性检验

| | δy | FOf | FOj | TO | δTT |
|---|---|---|---|---|---|
| chi$^2$（62） | 368. 5780 | 335. 6061 | 57. 6643 | 434. 7388 | 271. 4351 |
| P 值 | 0. 0000 | 0. 0000 | 0. 0000 | 0. 0000 | 0. 0000 |
| | δG | Inf | M | δm | QI |
| chi2（62） | 579. 9142 | 418. 5180 | 226. 6139 | 321. 7648 | 275. 6221 |
| P 值 | 0. 0000 | 0. 0000 | 0. 0000 | 0. 0000 | 0. 0000 |
| LN_ I | 原 Fisher PP 检验 | | 经一阶差分 | | 加入时间趋势项 |
| chi2（62） | 70. 7838 | | 519. 338 | | 378. 9101 |
| P 值 | 0. 2079 | | 0. 0000 | | 0. 0000 |

（三）面板 Granger 因果关系检验

本章选取适用于非平衡面板数据的面板 Granger 因果检验方法，考察经济波动与各变量之间的因果关系。考虑到理论上尚无很好选取面板 Granger 因果关系检验滞后项的方法，基于样本考量后本章选择滞后阶数为 5。

如表 5 –4 所示，实际金融开放度与财政政策的波动是经济波动的 Granger 原因，经济波动是贸易开放、通货膨胀的 Granger 原因，名义金融开放度、货币政策、制度质量分别与经济波动互为 Granger 原因，而贸易条件的波动、货币政策的波动与经济波动无 Granger 因果关系。结果表明，无论是实际金融开放还是名义金融开放都会引发经济增长的波动，经济增长的波动将影响贸易开放与贸易条件的波动。政策上，货币政策和财政政策作为"内在稳定器"，它们与经济增长的波动息息相关。但 Granger 因果关系检验只考虑两个变量之间的关系，忽视了与其他变量的联动作用及影响，因此本章接下来将进行动态面板分析来综合考察各变量对经济波动的影响。

**表 5 - 4  Granger 因果关系检验结果**

| Equation | Excluded | chi$^2$ | 滞后项 | Prob > chi$^2$ | 结果 |
|---|---|---|---|---|---|
| h_ $\delta$y | h_ FOf | 20.845 | 5 | 0.0000 | FOf →$\delta$y |
| h_ FOf | h_ $\delta$y | 7.9613 | 5 | 0.1580 | |
| h_ y | h_ FOj | 20.951 | 5 | 0.0010 | 双向因果 |
| h_ FOj | h_ y | 16.81 | 5 | 0.0050 | |
| h_ $\delta$y | h_ TO | 29.38 | 5 | 0.1090 | $\delta$y →TO |
| h_ TO | h_ $\delta$y | 43.934 | 5 | 0.0000 | |
| h_ $\delta$y | h_ TT | 8.8176 | 5 | 0.1170 | 无关系 |
| h_ TT | h_ $\delta$y | 11.137 | 5 | 0.0490 | |
| h_ $\delta$y | h_ G | 25.29 | 5 | 0.0000 | $\delta$G →$\delta$y |
| h_ G | h_ $\delta$y | 5.0057 | 5 | 0.4150 | |
| h_ $\delta$y | h_ Inf | 14.086 | 5 | 0.0150 | $\delta$y →Inf |
| h_ Inf | h_ $\delta$y | 29.899 | 5 | 0.0000 | |
| h_ $\delta$y | h_ M | 78.192 | 5 | 0.0000 | 双向因果 |
| h_ M | h_ $\delta$y | 41.096 | 5 | 0.0000 | |
| h_ $\delta$y | h_ m | 3.5853 | 5 | 0.6110 | 无关系 |
| h_ m | h_ $\delta$y | 11.548 | 5 | 0.0420 | |
| h_ $\delta$y | h_ QI | 18.599 | 5 | 0.0020 | 双向因果 |
| h_ QI | h_ $\delta$y | 71.882 | 5 | 0.0000 | |

注：取1%的置信区间。

**（四）全样本实证结果**

由 Granger 因果关系检验可知，该模型中各变量存在内生性问题，并且对该问题很难提出一个令人信服并且有效的工具来解决。本章根据近年来处理内生性问题方法的综合考察，最终采取针对动态面板的系统广义矩估计方法（sys-GMM）来处理内生性问题。

如表 5 - 5 所示，无论是用实际金融开放度还是用名义金融开放度来衡量，金融开放与"一带一路"沿线国家的经济波动无直接关联,财政政策的波动与货币政策的波动都与经济波动显著正相关。

表5-5 整体样本金融开放对经济波动的影响

| | 以实际金融开放度衡量 | 以名义金融开放度衡量 |
|---|---|---|
| FOf | 0.00311<br>(0.0297) | |
| FOj | | 0.133<br>(0.197) |
| TO | 0.00479<br>(0.0031) | 0.0100**<br>(0.00399) |
| LN_I | 0.0141<br>(0.1720) | 0.0316<br>(0.137) |
| δTT | -0.000331<br>(0.0007) | -0.000703<br>(0.000600) |
| δG | 1.239***<br>(0.2400) | 1.097***<br>(0.249) |
| Inf | 0.0714<br>(0.0465) | 0.0237 (0.0216) |
| M | 0.00903**<br>(0.0044) | 0.000801<br>(0.00308) |
| δm | 0.0639***<br>(0.0197) | 0.212**<br>(0.105) |
| QI | 0.202<br>(0.2080) | -0.685<br>(0.865) |
| Constant | -0.38<br>(0.9630) | 0.413<br>(0.379) |
| Obs | 762 | 746 |
| AR (2) -P | 0.1150 | 0.761 |
| Hansen-P | 0.7107 | 0.8913 |

当"一带一路"沿线国家与地区处于金融开放的条件下，国际资本可以自由跨境流动，此时若存在政府消费支出的突然变化将会影响政府的外债规模。这与之前 Granger 因果关系检验的结果是一致的。因此，一旦外债规模超过外汇储备存量，则极易引发投机性攻击，导致经济波动。此外，"一带一路"沿线绝大部分是发展中国家，它们都存在一定程度的工资和价格刚性，所以价格呈现不连续的波动态势，货币政策的波动将导致价格的波动，从而影响居民消费需求的波动，最终影响总的产出水平的波动。

（五）以金融开放度分组的实证结果

为了更准确地了解"一带一路"沿线国家及地区金融开放的经济波动效应，本章将划分高金融开放度经济体与低金融开放度经济体分别进行实证研究，划分的方法为：先取所有经济体实际金融开放度数据的中值，并求出各个经济体实际金融开放度的时间序列平均值，若一个经济体的金融开放度的平均值低于总体的中值，则归为低金融开放度组，反之，则属于高金融开放度组。同时，以名义金融开放度为标准进行衡量，发现只有两个国家以实际金融开放度水平测量时属于低金融开放度组，以名义金融开放度衡量的时候处于高金融开放度组，由于名义金融开放度是一国政府的政策管制情况，实际金融开放度更能反映实际资本跨境流动，所以最终以实际金融开放度为标准分组，将两个国家列入低金融开放度组。

如表5-6所示，无论是以实际金融开放度衡量还是以名义金融开放度衡量，金融开放都与经济波动显著负相关，说明高金融开放度沿线国家的金融开放能够降低经济波动。由于高金融开放度的沿线国家往往具有较良好的金融市场基础设施并且发展水平与经济运行效率较高，金融资产能够较有效地化解风险，因此具有健全的国内融资渠道。当外来的国际资本带来冲击时，国内较好的融资渠道能够为企业提供及时有效的资金补给，避免经济陷入危机，降低原本经济的波动。

在低金融开放度组中，以实际金融开放衡量和以名义金融开放衡量结果有较大的差异。实际金融开放度与经济波动无显著关系，名义金融开放与经济波动有显著正相关关系，表明在金融开放程度较低时，政府推进金融开放政策，放松资本管制,将会增加该经济体的经济波动。这是由于外来的国际资本具有亲周期流动的特点,当原本经济处于较低迷状态时,因没有良好的金融体系与投融资渠道,国际资本的撤离会对宏观经济稳定造成冲击。

表5-6　以金融开放度分组实证结果

|  | 高金融开放组 | | 低金融开放组 | |
|---|---|---|---|---|
| FOf | -0.324* (0.1760) |  | 1.116 (1.0640) |  |
| FOj |  | -0.951*** (0.1260) |  | 2.004** (0.9520) |
| TO | 0.00587 (0.0209) | -0.00262 (0.0196) | 0.0416 (0.0299) | 0.105*** (0.0363) |
| LN_ I | -0.424 (0.9030) | -0.874 (0.9710) | 2.169*** (0.7690) | 2.806*** (0.9830) |
| δTT | -0.0055 (0.0038) | -0.0110** (0.0045) | 0.0168*** (0.0047) | 0.0144** (0.0073) |
| δG | 1.166** (0.4540) | 0.857 (0.5490) | 0.175 (0.4740) | -1.100** (0.5160) |
| Inf | 0.116 (0.0828) | -0.0712 (0.0817) | -0.326*** (0.0838) | -0.0214 (0.2700) |
| M | 0.00194 (0.0055) | -0.00786 (0.0052) | -0.00511 (0.0238) | 0.123 (0.0761) |
| δm | 0.089 (0.0610) | 0.251** -0.101 | 0.519*** (0.0821) | 0.0799 (0.5380) |
| QI | 1.468 (1.6450) | 2.2400 -1.487 | -3.871*** (1.3850) | -10.64*** (2.4590) |
| Constant | 6.101 (10.8700) | 13.3200 -11.28 | -15.58** (7.5040) | -32.93*** (9.9510) |

续表

| | 高金融开放组 | | 低金融开放组 | |
|---|---|---|---|---|
| Obs | 314 | 301 | 448 | 445 |
| AR (2) － P | 0.1110 | 0.5710 | 0.139 | 0.878 |
| Hansen － P | 0.7970 | 0.7000 | 0.44 | 0.799 |

同时也注意到，无论是以实际金融开放度衡量还是以名义金融开放度衡量的模型下，人均国民收入与贸易条件的波动都与经济波动显著正相关，制度质量与经济波动呈显著负相关。贸易条件的波动通过影响国际收支来影响经济波动。此外，高金融开放度组的制度质量与经济波动无显著相关关系，而低金融开放度组制度质量与经济波动显著负相关，说明在低金融开放的沿线国家，制度质量对于稳定经济波动更加重要。在金融开放程度还较低时，国际资本对东道国的资本回报和稳定安全的收益具有很大不确定性，制度质量的高低将直接决定是否能有效控制并减少交易成本、沉没成本、产权保护、信息不对称这些不确定因素，从而影响经济波动。

通过对比高金融开放度样本组和低金融开放度样本组，可以发现一个经济体的金融开放程度将决定其金融开放对经济波动的影响：实际金融开放度可以降低高金融开放度国家的经济波动，对低金融开放度国家的经济波动无影响；名义金融开放度依然能够稳定高金融开放度国家的经济波动，但却能增加低金融开放度国家的经济波动。这表明在"一带一路"沿线国家，金融开放对经济波动的影响存在阈值效应。

（六）阈值估计

根据样本和所选变量特征，本章的阈值模型采取 1000 次 bootstrap 抽样，分组子样本异常值去除比例为百分之五，将样本分为 100 个栅然后取 100 个中间参数，以金融开放度为阈值变量，分别构建单阈值、双阈值、三阈值回归模型。

结果如表 5 - 7 所示，实际金融开放度的单阈值效应是最显著的，阈值为 0.8531，双阈值模型只在 10% 水平下显著，三阈值模型在 1% 的水平下显著，第二个阈值为 2.3763，第三个阈值为 3.0292。考虑三阈值模型下个别区间的样本量很少，因此最终选取单阈值模型，即实际金融开放度的阈值为0.8531。在检测名义金融开放度的阈值时，由于阈值模型需要平衡面板数据，样本删减至440个，而该模型结果无法形成置信区间构造过程，阈值模型失效，因此本章的名义金融开放度采取统计量的比较，高金融开放度组在2010—2013年名义金融开放度的平均值为1.0807，而低金融开放度组相应平均值为0.1051。

**表5－7　实际金融开放度对经济波动阈值效应的检验**

| 阈值 | | 单阈值模型 | 双阈值模型 | 三阈值模型 |
|---|---|---|---|---|
| | | 0.8531 | 2.3763 | 3.0292 |
| | F – value | 15.2237 | 3.7021 | 13.1952 |
| | p – value | 0.0000 | 0.0630 | 0.0010 |
| F – critical value | 90% | 2.6259 | 2.8588 | 2.7029 |
| | 95% | 4.1366 | 4.3669 | 4.0342 |
| | 99% | 7.2753 | 7.6242 | 6.8273 |

　　如表5－8所示，本章用近五年各沿线国家实际金融开放度的平均值来表示该经济体目前实际金融开放情况。对比0.8531的阈值可以看出，伊朗、孟加拉国、缅甸、巴基斯坦、尼泊尔、叙利亚、阿富汗、印度、埃及、斯里兰卡、印度尼西亚、塔吉克斯坦的实际金融开放度低于阈值。表明这些沿线国家目前金融开放的经济波动效应是负面效应，而其他沿线国家目前的实际金融开放度均在阈值水平之上。

**表5－8　"一带一路"沿线国家近五年实际金融开放度平均值**

| 国家或地区 | 金融开放度 | 国家或地区 | 金融开放度 | 国家或地区 | 金融开放度 |
|---|---|---|---|---|---|
| 伊朗 | 0.3828 | 阿曼 | 1.2405 | 以色列 | 2.0166 |
| 孟加拉 | 0.4391 | 俄罗斯 | 1.3103 | 乌克兰 | 2.0958 |
| 缅甸 | 0.4924 | 摩尔多瓦 | 1.3595 | 保加利亚 | 2.2004 |
| 巴基斯坦 | 0.5311 | 罗马尼亚 | 1.3747 | 斯洛文尼亚 | 2.3040 |
| 尼泊尔 | 0.5715 | 阿塞拜疆 | 1.4058 | 约旦 | 2.3328 |

续表

| 国家或地区 | 金融开放度 | 国家或地区 | 金融开放度 | 国家或地区 | 金融开放度 |
|---|---|---|---|---|---|
| 叙利亚 | 0.6241 | 不丹 | 1.5095 | 马来西亚 | 2.4612 |
| 阿富汗 | 0.6451 | 波兰 | 1.5170 | 也门 | 2.6575 |
| 印度 | 0.6703 | 马其顿 | 1.5212 | 希腊 | 2.8341 |
| 埃及 | 0.6902 | 亚美尼亚 | 1.5285 | 拉脱维亚 | 2.8720 |
| 斯里兰卡 | 0.7909 | 立陶宛 | 1.5522 | 爱沙尼亚 | 2.9597 |
| 印度尼西亚 | 0.8352 | 马尔代夫 | 1.6374 | 卡塔尔 | 3.5413 |
| 塔吉克斯坦 | 0.8395 | 哈萨克斯坦 | 1.7352 | 科威特 | 4.0224 |
| 波黑 | 0.9590 | 泰国 | 1.7668 | 黎巴嫩 | 4.7005 |
| 乌兹别克斯坦 | 1.0035 | 格鲁吉亚 | 1.7740 | 匈牙利 | 5.2030 |
| 土耳其 | 1.0193 | 土库曼斯坦 | 1.7838 | 塞浦路斯 | 9.9430 |
| 阿尔巴尼亚 | 1.0220 | 沙特阿拉伯 | 1.9010 | 新加坡 | 16.9482 |
| 中国 | 1.0745 | 捷克 | 1.9578 | 巴林 | 20.8969 |
| 菲律宾 | 1.1277 | 柬埔寨 | 1.9604 | 中国香港特区 | 23.4382 |
| 越南 | 1.2294 | 克罗地亚 | 2.0022 | 阈值 | 0.8531 |

（七）分区域实证结果

如表5-9与表5-10所示，东盟国家金融开放度与经济波动无显著相关关系，而东盟国家的贸易开放能够有效降低其经济波动，原因主要在于东盟国家在贸易开放条件下金融开放，经常账户发生波动时，能够分担实际汇率贬值压力以及资产负债表效应，减小了企业和金融机构外债违约概率。因此，东盟国家金融开放时将承受较低的金融风险，并能减轻金融危机造成的损失，受到经常账户逆转、资本流入的突然停止带来的负面影响的可能性也小。同时，贸易开放能够帮助东盟国家减轻金融危机的消极影响并促进经济复苏，具体体现在贸易开放能减轻不同经济部门之间的资源再分配的难度。政策的波动是造成东盟国家经济波动的主要原因，因为东盟国家处于一个动态的经济背景中，宏观政策的波动将增加跨境资本的流动成本，特别是当利率和汇率的逐步自由化、贸易和资本账户的渐进式开放时,宏观政策的不稳健极易导致跨境资本的激烈波动和金融风险。

中西亚国家的金融开放都与经济波动无显著相关,而其财政政策的波动会增加该经济体的经济波动,而良好的制度质量能够有效减缓中西亚国家的经济波动。中西亚国家一大特点是其中许多国家政局较不稳定,当其内部财政矛盾较大,那么外债体系就可能比较薄弱,国内交易美元化程度将会明显,进一步会加剧经济波动。中西亚的制度质量在沿线各地区中属于最差的水平,而外国资本在中西亚的投资主要以厂房等固定资产形式进行,难以在短期内撤出投资。中西亚腐败程度较高,这些资产被国有化的可能性也较大,由此产生的沉没成本会阻碍资本的流入并可能造成其他资本的撤离。

南亚国家政府放松资本管制及其他金融开放政策能够降低经济波动。同时结合南亚国家的政策特点以及特征分析也可以发现,南亚国家在面对金融危机等剧烈经济波动时,通常迅速反应,在第一时间采取严格的资本管制与金融开放政策来限制资本的自由流动,降低爆发性风险。例如,孟加拉国和斯里兰卡在2004—2008年经济波动强烈,并且2008年的金融危机刚爆发,政府便采取一系列严格的资本管制政策,降低名义金融开放度。

与本章其他样本相比,独联体的实证结果特别之处在于其实际金融开放度以及名义金融开放度都与经济波动显著正相关,说明独联体国家无论是实际上的资本跨境流动还是政府的金融开放政策都将增加其经济波动程度。由于独联体国家矿产资源丰富,与外部国家的经贸关系建立在矿产资源交易的基础上,经贸关系单一,各国内部金融市场发展不够完善,对外经贸关系不够丰富,无论是大量的跨境资本流入或流出或是金融开放政策都将显著地影响整体经济波动。

中东欧国家在一带一路沿线国家与地区中属于整体发展水平最好的地区,制度质量、人均国民收入、贸易开放都处于中上水平,在此情况下,政府的资本管制政策或者其他金融开放政策都能达到预期效果。实证数据说明中东欧国家政府采取的资本管制政策能够有效降低经济波动,但政府的政策并不能完全控制实际的跨境资本流动,而中东欧国家的实际跨境资本流动会增加其经济波动。此外，除了货币政策的波动，通货膨胀也是引起中东欧国家的经济波动的主要原因。高通货膨胀率通常伴随着高实际利率，企业与银行成本上升，同时由于实际利率需要根据通货膨胀率调整，而这种调整是滞后的，在金融开放的条件下，容易引起公司杠杆率过高。企业的高成本以及高杠杆率极易在受到冲击时造成大量破产，进而引起银行呆坏账，造成经济波动。

表5-9 各区域实际金融开放对经济波动的影响

| | 东盟 | 中西亚 | 南亚 | 独联体 | 中东欧 |
|---|---|---|---|---|---|
| FOf | -0.0301<br>(0.0812) | -0.0287<br>(0.7000) | 0.574<br>(0.4740) | 4.116***<br>(1.4010) | 0.578**<br>(0.2920) |
| TO | -0.00771***<br>(0.0029) | 0.00885<br>(0.0126) | 0.0195***<br>(0.0072) | 0.0196<br>(0.0316) | -0.0244<br>(0.0169) |
| LN_I | -3.217***<br>(0.7330) | 1.074**<br>(0.4880) | 0.607***<br>(0.1700) | 5.341*<br>(2.7760) | 1.064<br>(1.5710) |
| δTT | 0.00104***<br>(0.0003) | -0.00755<br>(0.0142) | -0.0365***<br>(0.0111) | -0.463***<br>(0.1180) | 0.059<br>(0.6070) |
| δG | 2.177***<br>(0.1780) | 0.454***<br>(0.1290) | 0.739***<br>(0.1090) | 0.028<br>(0.7460) | 0.613<br>(2.0840) |
| Inf | 0.148***<br>(0.0237) | 0.0156<br>(0.1560) | -0.216***<br>(0.0275) | -0.361<br>(0.3340) | 0.068**<br>(0.1320) |
| M | 0.0142***<br>(0.0025) | -0.00952<br>(0.0215) | -0.0262***<br>(0.0056) | -0.089<br>(0.0793) | 0.0331<br>(0.0689) |
| δm | 0.0514**<br>(0.0217) | 0.0712<br>(0.3090) | 0.0148<br>(0.0719) | 0.221<br>(0.5480) | 0.267*<br>(0.1480) |
| QI | 0.67<br>(0.4540) | -1.526*<br>(2.1550) | -1.295***<br>(0.1930) | -11.7*<br>(18.2000) | 0.708<br>(1.9060) |
| Constant | 13.68***<br>(3.1530) | -7.414**<br>(3.3710) | -1.374<br>(0.9700) | -39.07**<br>(19.2500) | -9.33<br>(9.1850) |

续表

| | 东盟 | 中西亚 | 南亚 | 独联体 | 中东欧 |
|---|---|---|---|---|---|
| Obs | 173 | 190 | 149 | 74 | 115 |
| AR (2) - P | 0. 191 | 0. 2940 | 0. 294 | 0. 353 | 0. 652 |
| Hansen - P | 0. 358 | 0. 764 | 0. 764 | 0. 563 | 0. 57 |

表 5 - 10　各区域名义金融开放对经济波动的影响

| | 东盟 | 中西亚 | 南亚 | 独联体 | 中东欧 |
|---|---|---|---|---|---|
| FOj | −0. 133 | 0. 635 | −0. 832 *** | 46. 21 ** | −1. 487 ** |
| | (0. 1130) | (0. 8030) | (0. 1990) | (18. 6900) | (0. 6510) |
| TO | −0. 0109 ** | −0. 0366 * | 0. 0305 *** | −0. 633 ** | 0. 0695 ** |
| | (0. 0045) | (0. 0207) | (0. 0061) | (0. 2770) | (0. 0289) |
| LN_ I | −1. 084 ** | −0. 747 | 0. 466 *** | −78. 39 ** | 0. 716 |
| | (0. 5460) | (0. 4750) | (0. 1560) | (32. 0900) | (3. 1980) |
| δTT | 0. 000459 ** | −0. 125 | −0. 0348 * | −1. 058 ** | −0. 587 |
| | (0. 0002) | (0. 0957) | (0. 0180) | (0. 4820) | (1. 0980) |
| δG | 0. 621 * | 1. 427 ** | 0. 930 *** | 23. 70 ** | −0. 56 |
| | (0. 3710) | (1. 7620) | (0. 1730) | (10. 2100) | (1. 0730) |
| Inf | 0. 198 *** | −0. 115 * | −0. 274 *** | 1. 892 ** | 0. 257 *** |
| | (0. 0279) | (0. 0665) | (0. 0445) | (0. 8000) | (0. 0844) |
| M | 0. 0127 ** | −0. 00928 | −0. 0365 *** | 4. 843 | −0. 0286 |
| | (0. 0053) | (0. 0107) | (0. 0073) | (1. 9660) | (0. 0537) |
| δm | 0. 0817 | 0. 334 | −0. 105 | −13. 91 ** | 0. 232 *** |
| | (0. 0981) | (0. 3100) | (0. 0670) | (5. 5240) | (0. 0632) |
| QI | −6. 407 *** | −4. 364 *** | −0. 680 *** | −16. 5 ** | −0. 392 |
| | (1. 2890) | (1. 6060) | (0. 1600) | (11. 2000) | (3. 0610) |
| Constant | 31. 86 *** | 13. 61 ** | 0. 0616 | 31. 7 ** | −6. 733 |
| | (11. 3900) | (5. 7170) | (1. 3760) | (37. 6000) | (27. 1800) |

续表

| | 东盟 | 中西亚 | 南亚 | 独联体 | 中东欧 |
|---|---|---|---|---|---|
| Obs | 169 | 199 | 144 | 70 | 108 |
| AR (2) －P | 0.513 | 0.2960 | 0.34 | 0.261 | 0.182 |
| Hansen－P | 0.344 | 0.678 | 0.82 | 0.63 | 0.7 |

**四、结论**

本章以"一带一路"沿线 52 个国家及地区 1980—2014 年的数据为样本，对金融开放的经济波动效应进行研究。研究结果表明，整体而言沿线国家及地区的金融开放与经济波动并无显著关系，这些沿线国家开放金融市场并不会对经济波动造成较大风险。以金融开放度分组实证发现，实际金融开放度可以降低高金融开放度国家的经济波动，对低金融开放度国家的经济波动无影响；名义金融开放度依然能够稳定高金融开放度国家的经济波动，但却能增加低金融开放度国家的经济波动。通过阈值模型得出，伊朗、孟加拉国、缅甸、巴基斯坦、尼泊尔、叙利亚、阿富汗、印度、埃及、斯里兰卡、印度尼西亚、塔吉克斯坦的实际金融开放度低于阈值，因而这些沿线国家目前金融开放的经济波动效应是负面效应，应避免过快金融开放进程，并结合国情积极探讨稳定本国经济波动的经济制度建设、宏观经济政策稳定及金融风险防范机制构建。而其他沿线国家可以采取积极的金融开放政策并率先开展区域金融合作。

分区域实证结果表明，东盟国家、中西亚金融开放度与经济波动无显著相关关系。南亚国家的名义金融开放度与经济波动呈显著负相关，表明南亚国家政府放松资本管制及其他金融开放政策能够降低经济波动。独联体国家的金融开放与经济波动显著正相关，说明这些国家的金融开放将增加其经济波动程度。中东欧国家金融开放对经济波动的影响效应会因金融开放度衡量指标有较大不同，中东欧国家政府采取的资本管制政策能够有效降低经济波动，但政府的政策并不能完全控制实际的跨境资本流动，中东欧国家的实际跨境资本流动会增加其经济波动。

从金融开放与经济波动相互影响的作用渠道看，"一带一路"沿线国家和地区贸易开放与制度质量能够有效减缓金融开放进程中的经济波动，而货币政策的波动、财政政策的波动、通货膨胀率将加剧经济波动。因此，各国应积极提升自身制度质量来降低经济波动效应，并防范宏观政策的剧烈波动。其次，以贸易开放水平最高的东盟国家为样本能很好地说明贸易开放的正面作用，但不是所有样本结果都具有此效应，说明贸易开放需达到一定阈值水平才能减缓金融开放的经济波动效应。由于贸易开放能够有效缓解金融开放的经济波动效应，同时"一带一路"沿线各国和地区经济资源、产业结构互补性强，各经济体在农业、工业、能源、科技等众多领域开展贸易的前景广阔，因此"一带一路"沿线国家加强贸易联通的过程将是区域金融合作的基础和动力。

## ［附 录］

"一带一路"沿线国家和地区名单（因为数据缺失，做 X 标记的未包含在实证样本中）。中国、蒙古；东盟：柬埔寨、印度尼西亚、马来西亚、缅甸（X）、菲律宾、新加坡、泰国、越南；中亚：哈萨克斯坦、塔吉克斯坦、土库曼斯坦（X）、乌兹别克斯坦（X）；西亚：阿联酋、巴林、塞浦路斯（X）、埃及的西奈半岛、希腊（X）、伊朗、伊拉克（X）、以色列、约旦、科威特、黎巴嫩、阿曼、卡塔尔、沙特阿拉伯、叙利亚、土耳其；南亚：阿富汗、孟加拉国、不丹、印度、斯里兰卡、马尔代夫、尼泊尔、巴基斯坦；独联体：亚美尼亚、阿塞拜疆、白俄罗斯、格鲁吉亚、摩尔多瓦、俄罗斯、乌克兰；中东欧：阿尔巴尼亚、波黑、保加利亚、捷克、爱沙尼亚、克罗地亚、匈牙利、立陶宛、拉脱维亚、马其顿、波兰、罗马尼亚、斯洛文尼亚（X）、斯洛伐克（X）。

第六章

# 外汇储备、双边货币互换与流动性冲击①

当全球经济处于繁荣发展时期，新兴市场国家以丰富的自然资源、低廉的劳动力成本，以及回报率高的投资项目和迅速发展的产业等优势，吸引大量国际资本流入。而一旦爆发金融危机，新兴市场国家经济会迅速转入经济周期的衰退甚至萧条时期，从而暴露出这些新兴市场国家金融体系的脆弱性，尤其是在外部资产和外部负债大面积暴露在风险中的情况下，国际资本会迅速以 FDI 撤资②、股权债权被抛售及国外银行要求提前还贷等形式发生逆转，从而导致一国央行流动性不足，这就是由国际资本流动性冲击造成的一国流动性风险。像中国，可以通过大量的外汇储备实现自我保障，然而很多国家自身的外汇储备并不充足，如 1997 年亚洲金融危机中的大部分亚洲国家和 2008 年全球金融危机中的韩国。此时，双边货币互换协议成为各国央行应对危机、解决流动性风险的一个重要工具。

双边货币互换是一国货币当局应对流动性危机的政策工具之一。中央银行通过双边货币互换获得流动性，进而通过对外汇市场的干预来应对短期国际资本流动性问题。20 世纪 50 年代出现美元过剩，黄金大量流出美国，促使美国开

---

① 本章主要内容系第九届国际经济和金融学会中国（IEFS 中国）学术年会和 2018 Greater China Area Finance Conference（GCFC2018）的入选论文，感谢与会代表所提出的宝贵意见。之后，本章主要内容发表于《财贸经济》2018 年第 11 期。

② 根据 1963 年 IMF 公开的 *Balance of Payments Manual* 第五版中定义，FDI 是长期的，维持特定关系的投资，其逆转成本是高昂的。即正常情况下，FDI 不会发生逆转，而当遭遇足够大的流动性冲击而使得逆转成本低于继续承受东道国金融不稳定的风险损失时，FDI 投资者也不得不低价出售未到期投资。

始采用此类互换协议来维持币值稳定。1962 年 5 月至 1967 年 5 月，美联储同 14 个央行及国际清算银行签署双边货币互换协议也是为了维持美元汇率的稳定。1997 年亚洲金融危机后，在自身储备不足和求助 IMF 无果的情况下，东盟"10＋3"达成一系列双边货币互换协议，即《清迈倡议》。2001 年"9·11"事件后，为迅速恢复全球金融市场投资者信心，美联储与欧洲央行、英格兰银行及加拿大央行签署了临时性货币互换协议。2008 年全球金融危机爆发后，以美联储、欧洲央行、中国央行和清迈协议多边化为中心的双边货币互换协议迅速发展，给国际市场提供了流动性支持。然而，并不是所有需要流动性的国家（尤其是新兴市场国家）都能获得美联储双边货币互换协议的支持。就像在 2008 年全球金融危机中，美联储仅与四个对其金融风险敞口较大的新兴市场国家央行（巴西、墨西哥、韩国和新加坡）签订了货币互换协议。所以说，新兴市场国家在防范国际资本流动性风险方面往往需要准备一个政策工具组合。这一组合包括自我防范的外汇储备累积、在稳定时期积极商洽一系列双边货币互换协议，以及采取区域金融合作的方式参与区域外汇储备库建设。

近年来，中国陆续与一些经贸往来密切的国家签订了双边货币互换协议。这些签约国家可以用此协议将人民币注入本国金融体系，向本国商业银行和企业提供人民币融资，用以支持双边贸易往来或直接投资。在此背景下，人民币在双边贸易投资结算中的规模迅速上升。很明显，人民币双边货币互换协议的目的是为双边贸易投资的人民币结算提供便利。然而，在实践中，人民币双边货币互换协议被启用并非完全与贸易投资结算相关。以巴基斯坦为例，该国曾经在 2013 年从其与中国签订的双边货币互换额度（总额 100 亿元，约相当于 16 亿美元）中启用了 12 亿美元等值的人民币，目的是支撑其有限的外汇储备，防范即将来临的金融危机。同样的情况也发生在阿根廷，该国在 2014 年动用了人民币双边互换协议，以缓解其美元流动性不足。这些实践表明，人民币双边货币互换协议在功能上已经超越贸易结算便利，也是一个流动性救援机制。当然，值得注意的是阿根廷央行 2014 年启动人民币双边互换协议后，随即抛售人民币换取美元，这说明人民币的国际支付功能仍然较弱，国际资本流动性强依赖于美元的流动性。

由上可见，不论在发达国家还是在发展中国家的实践中，双边货币互换已然成为一个被广泛应用于流动性救援的政策工具。因此，本章尝试在戴蒙德和迪布韦克（Diamond 和 Dybvig，1983）、艾泽曼和李（Aizenman 和 Lee，2007）模型的基础上，以央行应对流动性冲击的政策工具为研究对象，讨论存在流动性风险冲击时外汇储备与双边货币互换对国际资本期望净产出的影响，从理论上分析双边货币互换在增强本国防范流动性危机能力中的作用。同时，明确双边货币互换的福利含义，确定双边货币互换最优规模并检验已签署货币互换额度是否恰当的研究对全球双边货币互换协议的发展具有重要的现实意义。本章的结构安排如下：第一部分是相关文献回顾，第二部分是构建理论模型，第三部分是分析外汇储备、双边货币互换的福利效应，第四部分检验外汇储备量、中国人民银行和美联储提供的双边货币互换协议额度是否充分，第五部分是结论与建议。

## 一、文献综述

随着国际金融一体化进程的推进，外汇储备成为稳定汇率和管理国内金融不稳定的重要工具（Obstfeld 等，2010）。当遇到国际金融危机时，外汇储备的自我保障机制主要用来应对国际资本流动性逆转和资本外逃的冲击（Aizenman 和 Lee，2007）。然而，持有高水平的外汇储备来应对危机的成本是高昂的（Bianchi 等，2013）。一旦外汇储备下降低于某一阈值，新的净资本流入就会突然停止，进而导致债务展期和资本外逃，而资本流动的逆转又会进一步消耗外汇储备。2008年韩国遭遇此类危机时，除了消耗外汇储备，韩国当局选择在危机期间向美联储申请双边货币互换，以保证外汇储备的阈值不被突破（Dominguez 等，2012）。

通过衡量外汇储备的收益和持有成本，海勒（Heller，1966）基于预防性动机首次计算了特定国家外汇储备的最优水平，其将影响一国应持有的国际储备量的各种因素归纳为单一指标，运用该指标评估一国外部流动头寸。卡尔沃等（2012）基于中央银行保守地选择外汇储备量的假设，通过平衡资本流动"突然中断"的期望成本与持有外汇储备的机会成本来推导出最优外汇储备额。杨权和裴晓倩（2011）进一步指出资本账户开放条件下金融风险是最优外汇储备规模决策的重要变量。有学者（Hur 和 Kondo，2016）指出外汇储备在新兴市场应对国际资本流动的"突然中断"中起着至关重要的作用。黄嬿和丁剑平（2017）运用空间计量杜宾模型证实了亚洲国家持有外汇储备普遍增长的预防性动机。

2008 年全球金融危机肇始于美国，但它却导致了美元的升值，暗示全球美元流动性不足（Rose 和 Spiegel，2012）。然而，很多政府不愿意在危机期间使用外汇储备（Aizenman 和 Sun，2012）。虽然大量的外汇储备有一定自我保障功能，当国内金融稳定受到冲击并影响到实体经济时，外汇储备的作用是有限度的（李巍和张志超，2009）。而当一国面临国际资本的流动性挤兑，与其他央行的货币互换将成为一个强有力政策工具（Liao 和 McDowell，2015），其能为资金接收国提供超过其央行外汇储备的货币互换额度，提供更大的流动性（McGuire 和 Peter，2012），从而，央行之间货币互换协议是一国外汇储备流动性提供功能的补充。

央行之间的双边货币互换是政府相机抉择的政策手段，是金融部门少有的起作用的紧急融资工具之一（Taylor，2011），该协议超越了传统的外汇政策，成为央行应对流动性冲击的重要工具（McGuire 和 Peter，2009；Goldberg 等，2010）。而不同国家签署双边货币互换协议的动机也有所不同，主要体现为稳定汇率、提供短期流动性、促进双边贸易、维护区域金融稳定等。同时，央行之间货币互换的流动性提供机制，可以降低一国对外汇储备的依赖。奥伯斯法尔德（Obstfeld）等（2009）和艾泽曼（Aizenman）等（2011）展示了危机期间各国对国际银行间互换额度的依赖。

双边货币互换在 2008 年全球金融危机中发挥了有效作用，这表明央行之间的合作是解决外汇短缺的一种切实可行的方法（Goldberg 等，2010）。艾泽曼和帕斯里查（2010）将银行和贸易敞口、金融开放度和良好的信贷记录看作货币互换选择的衡量指标，当非预期减债对经济造成冲击时，紧急双边货币互换对当期清算成本有缓解作用，考虑到金融风险的蔓延性，货币互换对资金提供国和接收国都会产生正的期望净收益。麦克道尔（McDowell，2012）则从流动性风险的三个溢出效应探讨了美联储参与提供国际流动性的动机，其研究发现双边货币互换切实改善了流动性，但并没有从社会福利视角进行说明。对于大多数新兴市场国家而言，双边货币互换具有重要的象征意义，但是其资金提供功能和额度远小于其在发达国家中的作用，仍需要持有大量的外汇储备做支持（Obstfeld 等，2009）。

货币互换在区域金融发展中的作用同样不容小觑，中欧货币互换协议有利于促进中欧双边贸易与投资便利化、有利于增强中欧金融市场稳定性，而且与欧洲的货币互换也给中国金融市场建设和金融风险监督改革带来新的机遇（李仁真、杨心怡，2014）。亚洲货币互换协议对外汇储备的替代程度较高，而且基于货币互换协议的选择性特点，在贸易和金融领域具有重要联系的国家之间更希望获得这样的临时协议，从而防止国家的外汇储备和汇率下行（Aizenman 等，2011）。杨权（2010）则将双边货币互换上升到东亚金融合作的高度，通过货币互换将东亚各层级丰富的流动性资源用于区域资本市场发展，有助于实现区域金融稳定。同时，双边货币互换提供流动性后有利于促进该国贸易的发展（陈宏，2010）。研究中国与亚洲一些国家所签订的双边货币互换协议发现，双边贸易额与人民币结算需求、货币互换需求三者之间相互促进（钟阳，2011）。考虑到国际资本流动发展的大规模、高频率，张明（2012）建议将危机期间签署的紧急性双边货币互换协议制度化与永久化为全球货币互换联盟，从而发挥缓解国际金融机构的短期融资压力、抑制金融危机的跨境传染、降低各国央行累积外汇储备的作用。

综上所述，双边货币互换的发展对持有适度外汇储备规模、流动性支持和金融稳定等方面均具有重要的意义，但在现有的研究中，缺乏一个一般性的理论模型，以分析其作为一个流动性救援机制的福利效应，同时也缺乏对双边货币互换规模的理论解释。本章的贡献主要在于以下三点：第一，在开放经济条件下构建外汇储备、国际流动性冲击及救援模型，将双边货币互换引入流动性冲击下的产出模型，进行双边货币互换经济福利方面的探讨；第二，在模型推论的基础上，模拟应对流动性冲击的外汇储备最优规模和货币互换最优规模，为央行之间签署的双边货币互换协议额度提供合理区间；第三，在模型构建和参数模拟的基础上，实证检验各国的外汇储备存量和源自中国人民银行或美联储所提供的货币互换额度是否恰当。

## 二、理论模型

本章构建了一个开放经济条件下国际流动性冲击及救援模型，旨在检验一国在国际资本流动发生逆转冲击时，外汇储备和双边货币互换在增强本国防范流动性危机能力中的作用，进而探讨两者的期望净产出效应。基本模型借用了戴蒙德和迪布韦克（1983）提出的商业银行流动性救援模型，以及艾泽曼和李（2007）对其进行扩展所构建的外汇储备自我保障功能检验模型。具体来说，将商业银行在缺乏流动性的资产（贷款）和高流动性的负债（存款）之间的转换功能集中到中央银行，并以央行为研究主体，一方面吸收存款，另一方面进行长期投资。由于资产与负债之间存在期限错配和流动性错配，造成了这种转换机制的脆弱性，从而使得一国央行容易遭受流动性冲击。一般而言，各国会留存部分外汇储备以应对流动性冲击，在此基础上，本章进一步检验双边货币互换在增强本国防范流动性危机能力中的作用。模型的构建基于以下四点事实和假设：（1）国际资本市场完全开放，不存在套利机会，借贷利率为 $\rho$。资本持有人是风险中性的，可以在国内和国际两个市场上进行投资。（2）一国总存款包括国内资本和国际资本，本章的流动性风险特指国际资本流动发生逆转导致的一国央行流动性不足，而模型中期望净产出也指国际资本创造的部分。国际资本流动逆转源于 FDI 撤资、放弃持有该国股权和债权以及国外银行要求的提前还贷行为。（3）外汇储备的功能主要是国际清偿和提供流动性，当对外负债都是按期实现时，央行不需要在到期前长期持有相对应达到外汇储备，因为持有外汇储备的当期只有成本。（4）一国可签订双边货币互换协议，作为持有外汇储备之外的一个潜在的流动性救援机制。

基于上述假设，我们考虑一个简单的两期模型。在第 1 期初，一国将国际资本 $D$ 存入中央银行，央行将其中一部分用于长期投资 $K_1$，余下的留作外汇储备 $R$（$R = D - K_1$）。在第 1 期末，长期投资尚未产生资本收益，但需要支付第 1 期的资本利息。此时，国际资本突然逆转会给央行带来流动性冲击 $Z$，当冲击小于外汇储备时（$Z < R$），不影响第 2 期的投资；当冲击大于外汇储备时（$Z > R$），会出现提前清算，进而导致第 2 期的投资减少，减少程度依赖于清算的调

整成本 $\theta$。为延缓提前清算时点的出现，或者说是，能有机会在国际资本流动性不足以波及范围扩大前提供足够的流动性，在外汇储备所能提供的最大流动性时点引入双边货币互换额度 $S$。当国际资本流动逆转冲击远大于外汇储备和双边货币互换额度总额时，对资本的冲击会导致产出减少。

首先，对模型中变量做如下标准化简化。基于一国吸纳国际资本的水平，定义 $z$，使国际资本流动性冲击标准化：

$$Z = zD; \ 0 \leqslant z \leqslant 1, \text{其密度函数为} f(z) \tag{6-1}$$

基于国际资本提前清算的临界点，定义 $z_r^*$ 和 $z_s^*$：

$$z_r^* = R/D, \ z_s^* = S/D \tag{6-2}$$

然后，假定产出满足柯布道格拉斯生产函数形式：

$$Y_2 = [D - R - (1 + \theta) \ MAX \ \{Z - R - S, \ 0\}]^\alpha; \text{其中} 0 \leqslant \theta < 1, \ \alpha < 1 \tag{6-3}$$

基于这些假设，第 2 期的期望净产出在 $z_r^*$ 和 $z_s^*$ 处进行分段计算，央行除偿还到期国际资本本金并支付利息外，净外汇储备在第 2 期开始产生收益（当外汇储备小于或等于国际资本流动性冲击时，该项收益为零，不会产生负收益），如果启动了双边货币互换，期末还需要偿还互换货币的本金与利息。从而可以表示第 2 期国际资本的期望净产出为：

$$E[\text{II}] = \int_0^{z_r^*} (D - R)^\alpha f(z) \, dz + \int_{z_r^*}^{z_r^* + z_s^*} (D - R)^\alpha f(z) \, dz + \int_{z_r^* + z_s^*}^{1} [D - R - (1 + \theta)$$

$$(Z - R - S)]^\alpha f(z) \, dz + (1 + \rho) \int_0^{z_r^*} (R - Z) f(z) \, dz - (1 + \rho)$$

$$D \int_0^1 (1 - z) f(z) \, dz - (1 + \rho) S \int_{z_r^*}^1 f(z) \, dz \text{①} \tag{6-4}$$

---

① 等式右边的前三项分别为国际资本流动性冲击小于外汇储备时、大于外汇储备但启用双边货币互换能应付流动性冲击时以及大于两者之和时的期望产出，第四项为净外汇储备的资本收益，第五项为资本清算后支付的剩余国际资本本金及利息，第六项为启动双边货币互换后期末需要偿还的本金及利息。

将其化简为标准化形式：

$$E[\Pi] = D^{\alpha}\left\{\int_0^{zr^*+zs^*}(1-zr^*)^{\alpha}f(z)\mathrm{d}z + \int_{zr^*+zs^*}^1[1+zs^*-z-\theta(z-zr^*-zs^*)]^{\alpha}f(z)\mathrm{d}z\right\}$$

$$+ D\left[(1+\rho)\int_0^{zr^*}(zr^*-z)f(z)\mathrm{d}z - (1+\rho)\int_0^1(1-z)f(z)\mathrm{d}z - (1+\rho)zs^*\int_{zr^*}^1 f(z)\mathrm{d}z\right]$$

$$(6-4a)$$

为使期望净产出最优，我们分别对 $D$、$R$ 和 $S$ 求一阶条件，分别计算最优国际资本存量、最优的外汇储备额以及最优双边货币互换额度，同时保证二阶条件为负。

$$0 = \alpha D^{\alpha-1}\left\{\int_0^{zr^*+zs^*}(1-zr^*)^{\alpha-1}f(z)\mathrm{d}z + \int_{zr^*+zs^*}^1[1+zs^--z-\theta(z-zr^*-zs^*)]^{\alpha-1}[1-z(1+\theta)]f(z)\mathrm{d}z\right\}$$

$$\left[(1+\rho)\int_0^{zr^*}zf(z)\mathrm{d}z + (1+\rho)zr^*zs^*f(zr^*) + (1+\rho)\int_0^1(1-z)f(z)\mathrm{d}z\right]\qquad(6-5)$$

$$0 = D^{\alpha-1}\left\{-\alpha\int_0^{zr^*+zs^*}(1-zr^*)^{\alpha-1}f(z)\mathrm{d}z + \theta\alpha\int_{zr^*+zs^*}^1[1+zs^*-zs^*]^{\alpha-1}f(z)\mathrm{d}z\right\}$$

$$+\left[(1+\rho)\int_0^{zr^*}f(z)\mathrm{d}z + (1+\rho)zs^*f(zr^*)\right]\qquad(6-6)$$

$$0 = D^{\alpha-1}\left\{(1+\theta)\alpha\int_{zr^*+zs^*}^1[1+zs^*-z\theta(z-zr^*-zs^*)]^{\alpha-1}f(z)\mathrm{d}z\right\}-(1+\rho)\int_{zr^*}^1 f(z)\mathrm{d}z\quad(6-7)$$

为使最优国际资本存量和最优外汇储备额、双边货币互换额度具体化，我们假设 $z$ 服从这样的分布：一个伯努利函数与分段函数的组合，$z R_t z_r^*$ 的概率为 $p$，记为 $z_0$，其中，当 $z_r^* < z \le z_r^* + z_s^*$ 概率为 $p_1$，$z \ge z_r^* + z_s^*$ 概率为 $p_2$，$p_1 + p_2 = p$；$z R_t^* z_r^*$ 的概率为 $1-p$，记为 0。

将定义的 $z$ 分布代入方程（6-4a），可得到简化①的期望净产出方程（6-4b）：

$$E[\Pi] = D^\alpha\{(1-p+p_1)(1-zr^*)^\alpha + p_2[1+zs^*-z_0-\theta(z_0-zr^*-zs^*)]^\alpha\}$$
$$+ D(1+p)[(1-p)zr^* - (1-p) - p(1-z_0) - pz_s^*] \qquad (6-4b)$$

对已知期望净产出方程（6-4b）求 $D$、$z_r^*$ 和 $z_s^*$ 的一阶条件，得到方程（6-5a）（6-6a）（6-7a）：

$$0 = \alpha D^{\alpha-1}\{(1-p+p_1)(1-zr^*)^{\alpha-1} + p_2[1+zs^*-z-\theta((z-zr^*-zs^*)]^{\alpha-1}[1$$
$$-z_0(1+\theta)]\} - (1+\rho)(1-p_{z0}) \qquad (6-5a)$$

$$0 = -(1-p+p_1)D^\alpha\alpha(1-zr^*)^{\alpha-1} + p_2D^\alpha\theta\alpha[1+zs^*-z_0-\theta(z_0-zr^*-$$
$$zs^*)]^{\alpha-1} + D(1+\rho)(1-p) \qquad (6-6a)$$

$$0 = D^\alpha p_2(1+\theta)\alpha[1+zs^*-z_0-\theta(z_0-zr^*-zs^*)]^{\alpha-1} - Dp(1+\rho)$$
$$\qquad (6-7a)$$

我们进一步简化：不管是否采取救援措施，流动性冲击发生时存在唯一的最优存款额，而只有当流动性冲击超过外汇储备最优值时，才会启动双边货币互换。所以联立方程（6-5a）（6-6a）（6-7a）得到，没有救援措施时的最优国际资本存量 $D_0^*$，双边货币互换启动前最优外汇储备占国际资本存量的比重 $z_{r0}^*$ 和启动后最优互换额度占国际资本存量的比重 $z_{s0}^*$：

$$D_0^* = \left\{\frac{(1+\rho)(1-pz_0)}{\alpha(1-p+p_1)+\alpha p_2[1-z_0(1+\theta)]^\alpha}\right\}^{1(\alpha-1)} \qquad (6-8)$$

$$zr_0^* = 1 - \left\{\frac{[1+\theta-p][(1-p+p_1)+p_2[1-z_0(1+\theta)]^\alpha]}{(1-p+p_1)(1-pz_0)}\right\}^{1(\alpha-1)} \qquad (6-9)$$

$$zs_0^* = \frac{1}{D_0^*(1+\theta)}\left[\frac{p(1+\rho)}{p_2\alpha(1+\theta)}\right]^{1/(\alpha-1)} - \frac{1+\theta zr_0^*}{1+\theta} + z_0 \qquad (6-10)$$

---

① $z$ 分布为离散分布，从（6-4a）到（6-4b）的化简基于两条思路：一是将不同区间的 $z$ 定义为一个点，这样，不同区间内的一个点发生的概率即为区间概率，如本章将 $z>z_r$ $*$ 时的 $z$ 值定义为 $z_0$，但 $z_0$ 可取不同值；二是将分区间的条件定义为指示函数（indicator function），如 $1(z>z_r*)$ 表示当条件 $z>z_r*$ 满足时概率为 $p$，不满足时概率为 $0$，$1(z \leq z*)$ 表示当条件 $z \leq z*$ 满足时概率为 $1-p$，不满足时概率为 $0$。

若只考虑外汇储备和双边货币互换的流动性提供功能，当流动性冲击为零时，最优的储备额和货币互换额度均为零，此时最优国际资本存量为：

$$D_0 = \left(\frac{\alpha}{1+\rho}\right)^{1/(1-\alpha)} \tag{6-11}$$

将此最优国际资本存量额代入方程（6-4b），得到无风险时的最优期望净产出：

$$\Pi = (1+\rho)D_0 \frac{1-\alpha}{\alpha} \tag{6-12}$$

把最优国际资本存量额 $D_0^*$、最优外汇储备占比 $z_r^*$ 和最优双边互换额度占比 $z_s^*$ 代入期望净产出方程（6-4b），进一步探讨国际资本流动性冲击发生时在没有救援措施①、只有外汇储备救援、有外汇储备和双边货币互换共同提供流动性三种情况下的期望净产出效应，运用一阶泰勒公式将每种情况分别在 $z_0 = 0$，$R = 0$ 和 $S = 0$ 处展开：

$$
\begin{aligned}
E[\Pi]_{S=0}^{R=0} &= D_0^{*\alpha}\{1-p+p[1-(1+\theta)z_0]^{\alpha}\} - (1+\rho)D_0^*(1-pz_0) \\
&\cong \Pi_0 - z_0\theta(1+\rho)D_0 p
\end{aligned} \tag{6-13}
$$

$$
\begin{aligned}
E[\Pi]_{S=0}^{zr_0^*} &= D_0^{*\alpha}\{(1-zr_0^*)^{\alpha}(1-p) + p[1-z_0-\theta(z_0-zr_0^*)]^{\alpha}\} \\
&\quad + D_0^*(1+\rho)[zr_0^*(1-p) - (1-pz_0)] \\
&\cong D_0^{*\alpha}[(1-p)+p(1-z_0-\theta z_0)^{\alpha}] - (1+\rho)D_0^*(1-pz_0) + zr_0^* \\
&\quad [-(1-p)\alpha D_0^{*\alpha} + \alpha p\theta D_0^{*\alpha}(1-z_0-\theta z_0)^{\alpha-1} + D_0^*(1+\rho)(1-p)]
\end{aligned} \tag{6-14}
$$

$$
\begin{aligned}
E[\Pi]_{zs_0^*}^{zr_0^*} &= D_0^{*\alpha}\{(1-zr_0^*)^{\alpha}(1-p+p_1) + p_2[1+zs_0^* - z_0 - \theta(z_0-zr_0^* - \\
&\quad zs_0^*)]^{\alpha}\} + D_0^*(1+p)[(1-p)zr_0^* - (1-pz_0) - pzs_0^*] \\
&\cong D_0^{*\alpha}\{(1-zr_0^*)^{\alpha}(1-p+p_1) + p_2[1-z_0-\theta(z_0-zr_0^*)]^{\alpha}\} \\
&\quad + D_0^*(1+\rho)[(1-p)zr_0^* - (1-pz_0)] \\
&\quad + zs_0^*[p_2\alpha(1+\theta)D_0^{*\alpha}(1-z_0-\theta z_0+\theta zr_0^*)^{\alpha-1} - D_0^*p(1+p)]
\end{aligned} \tag{6-15}
$$

---

① 此时完全没有双边货币互换，但仍以 $z_r^*$ 临界点衡量流动性风险的程度。

从模型计算结果看：在没有救援措施的情况下，期望净产出等于无流动性风险时的最优期望净产出减去调整成本与预期清算的乘积；只存在外汇储备的情况下，期望净产出等于存在流动性冲击但没有救援的期望净产出值加上最优外汇储备占比与其预期净收益（持有外汇储备预防性动机的期望收益与其预期成本之差）的乘积；存在双边货币互换情况下，期望净产出等于存在流动性冲击同时持有外汇储备的期望净产出加上最优双边货币互换额度占比与其预期净收益的乘积。进一步比较方程（6－13）（6－14）（6－15）发现，随着国际资本流动性冲击 $z_0$、国际资本流动性冲击大于外汇储备的概率 $p$ 的增大，对社会福利的冲击也越大，也就越需要救援，从而使国际资本流动逆转造成的无谓损失依次降低。具体来说，根据以上不同救援条件下期望净产出的表达式，提出以下几点推论：

推论一：当国际资本流动受到较大冲击（$z_0 > z_r^*$）的概率很小时，即 $p$ 值无限接近于 0。没有救援措施或者依赖外汇储备就能应对该阶段的流动性冲击，造成国际资本创造的社会净产出会略微下降。若此时启动双边货币互换，只会产生额外的利息支出，带来负的社会福利效应。

推论二：当国际资本流动受到较大冲击（$z_0 > z_r^*$）的概率很大时，即 $p$ 值无限接近于 1。没有救援措施的无谓损失达到最大，而存在外汇储备或双边货币互换救援的产出函数（含有 $1-p$ 项）也出现下降，再加上救援需要考虑储蓄资本的机会成本和货币互换的利息成本，此时，很难保证救援能带来正的社会福利效应。

推论三：从（6－14）式中发现，当国际资本流动性冲击表现为 $z_0 > \dfrac{1}{1+\theta}$ 时，依赖外汇储备救援模型中的产出函数部分由正转负，而依赖外汇储备和双边货币互换共同救援模型中的产出函数部分由正转负的时点延迟至 $z_0 > \dfrac{1+\theta z_{r0}^*}{1+\theta}$，说明救援模型中国际资本的期望净产出很可能会出现转折，与推论二相吻合。也就是说，国际资本流动性冲击 $z_0$ 或国际资本流动性冲击大于外汇储备的概率 $p$ 增大到某个值时，外汇储备和双边货币互换的救援无效，甚至由于资本的无效配置会导致经济进一步衰退。

从理论研究视角看,模型结果的经济含义明确,双边货币互换的社会福利效应并不是一直为正的,同时还与国际资本流动性冲击发生的阶段与概率有关。这些理论模型所得推论仍待经验数据的检验。即国际资本流动性冲击发生时外汇储备和双边货币互换的福利效应还取决于各相关参数的大小,本章接下来通过参数设定和模拟展开进一步讨论。

### 三、双边货币互换的福利效应分析

在以上理论模型的基础上,本章对所涉及参数进行赋值,分析外汇储备和双边货币互换应对国际资本流动性冲击的福利效应。参数的赋值及说明见表 6 – 1。

表 6 – 1  参数赋值结果与说明

| 参数 | 赋值 | 说明 |
|---|---|---|
| $\theta$ | 0.2 | 调整成本根据不同国家金融市场发展程度的不同而有所差异,而且评估银行流动性风险调整成本的文献不常见,故本章选取高杠杆金融机构的金融困境成本 * 来衡量,模拟指标选为 0.2 |
| $\rho$ | 0.02 | 由于涉及各国央行间的借贷关系,故选取 1 年期 LIBOR 拆借利率。该利率自 2015 年 2 月底从 0.6796% 开始大幅上升,2017 年 3 月份已达到 1.8% 以上,2017 年 5 月份以来在 1.73% 上下波动,基于 1 年期 LIBOR 拆借利率的上升趋势,本章选取利率为 2% |
| $\alpha$ | 0.33 | 根据柯布道格拉斯生产函数,确定资本对收入的贡献比为 1/3 |
| $p$ | 0.1 | 假设 10 年爆发一次金融危机($z > z_r^*$),即概率 $p = 0.1$,20 年爆发一次规模更大的($z > z_r^* + z_s^*$)金融危机,即概率 $p_1 = p_2 = 0.05$ |

注:安德拉德和开普兰(Andrade & Kaplan, 1998)估计的金融困境成本是公司价值的 10% ~ 20%。

根据表 6 – 1 中的参数说明,基于国际资本流动性冲击发生的概率($p = 0.1$,$p_1 = 0.05$,$p_2 = 0.05$)来描述不同救援工具下的期望净产出,模拟结果如

图 6 - 1 所示。图 6 - 1（a）和图 6 - 1（b）中曲线表示 $p = 0.1$ 时不同救援下期望净产出结果，图 6 - 1（b）是图 6 - 1（a）发生转折点之前的趋势图。

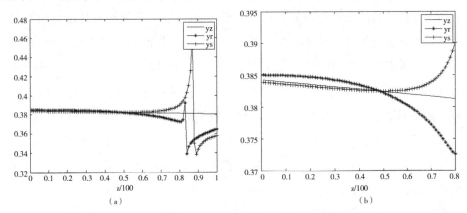

（a）    （b）

**图 6 - 1　不同冲击下、不同应对措施的期望净产出比较**

注：各参数分别为 $\theta = 0.2$，$\rho = 0.02$，$\alpha = 0.33$，$p = 0.1$，$p_1 = p_2 = 0.05$。由于软件只能输出正整数，所以选取的数据为 1 至 100，$z/100$ 即为方程（1）中的 $z$，图中曲线 $yz$ 表示当流动性冲击发生时没有救援措施的期望净产出，曲线 $yr$ 表示当流动性冲击发生时只有外汇储备提供流动性的期望净产出，曲线 $ys$ 表示当流动性冲击发生时外汇储备和双边货币互换共同提供流动性救援的期望净产出。

　　基于 10 年发生一次规模大于外汇储备的流动性冲击的模拟结果揭示：第一，当流动性冲击发生时，没有救援措施的期望净产出随着 $z$ 的增大从 0.3843 不断下降至 0.3805，即国际资本的期望净产出下降了 0.99%，由于章文并未考虑国际资本流动性冲击对期望产出的间接效应，也未考虑流动性风险的传递效应①，所以说，期望净产出下降 0.99% 足以严重影响一国经济的正常运行，甚至带来严重衰退和危机。这证明了采取外汇储备或双边货币互换手段提供流动性的必要性。第二，流动性冲击 $z$ 较低时，只有外汇储备提供流动性的期望净产

---

① 间接效应如国际资本的逆转加重一国国际收支压力，影响国际贸易发展；市场利率的波动造成财富的不均衡流动，降低社会整体消费水平。传递效应如一部分国际资本逆转会带动另一部分国际资本的逆转，国际资本在长期投资项目中的撤资导致国内资本投资短期化，加重资本的流动性风险。

出高于没有救援措施的期望净产出，但当 $z$ 增大到 0.49 时，外汇储备提供流动性的期望净产出开始低于没有救援措施的期望净产出，此时最优外汇储备对国际资本存量的最优占比是 24%，远低于流动性冲击 $z$。若流动性冲击继续增大，增持外汇储备的机会成本也将大大提高，依靠增持外汇储备难以缓解流动性冲击，而且外汇储备的救援收益难以覆盖其成本，导致外汇储备提供流动性的期望净产出反而低于没有救援措施的期望净产出。第三，在流动性冲击较低时，外汇储备和双边货币互换共同提供流动性救援的期望净产出呈现下降趋势，而且双边货币互换的最优占比也是负的，说明此时不需要通过双边货币互换手段来提供流动性，可能的话，当一国所受流动性冲击较低时，是有能力成为双边货币互换协议的提供国的。（1）当流动性冲击低于 $z=0.51$ 时，双边货币互换的最优占比为负，外汇储备和双边货币互换共同提供流动性救援的期望净产出也明显低于没有救援的情况，说明当流动性冲击大于外汇储备的概率较低时，双边货币互换提供流动性救援的成本远高于其收益。[①]（2）当流动性冲击达到 $z=0.51$ 时，外汇储备和双边货币互换共同提供流动性救援的期望净产出变为最高，双边货币互换的最优占比也开始转为正的 0.33%[②]，此时外汇储备的最优占比为 24.18%，二者之和依然低于流动性冲击。（3）直到流动性冲击达到 0.87 时，应对该区域内的流动性冲击最好是采取外汇储备和双边货币互换相结合的方式，此时外汇储备和双边货币互换的最优占比分别为 25.38% 和 35.54%。（4）外汇储备和双边货币互换相结合救援的方式下，期望净产出曲线在 0.87 处转折，之后救援成本远高于收益。

综上所述，当国际资本流动性冲击低于 0.3 时，持有外汇储备的期望净产出高于没有任何救援措施时的期望净产出，同时也高于流动性冲击发生前的净产出。当国际资本流动性冲击增大至 0.48 时，持有外汇储备的期望净产出高于没有任何救援措施时的期望净产出而低于流动性冲击发生前的净产出，

---

① 同时，模拟结果显示，流动性冲击大于外汇储备的概率 $p$ 越大，双边货币互换的救援作用也越明显。

② 起始点为 0.33%，是因为模拟过程中未能准确找到 0 对应的冲击值。事实上，双边货币互换占国际资本的比值应该起始于 0 点。

说明适量持有外汇储备有利于经济增长。但在这之前，启动双边货币互换的福利效应为负。当国际资本流动性冲击达到0.51及以上时，启用双边货币互换，通过国际救援的方式倒逼国内金融市场改革与完善，期望净产出逐渐回升并能实现高于流动性冲击发生前的净产出，当然这要基于资金接受国和资金提供国之间存在共同利益。而当国际资本流动性冲击达到0.88及以上时，无论是依靠外汇储备还是结合双边货币互换提供流动性的效果都不是很理想，此时还需求助于更广区域范围内的流动性救援机制，诸如区域性流动性救援机制和IMF等。

### 四、最优外汇储备规模、最优货币互换额度与流动性冲击

第三部分证明了双边货币互换的流动性救援功能在适当的国际流动性冲击阶段具有正向效应，接下来通过上述参数设定，寻找双边货币互换规模的最优区间，进而检验源自中国人民银行和美联储所提供的实际双边货币互换规模是否恰当。结合图6-1（a）和图6-2，当流动性冲击低于0.48及以下时，一国提供流动性的最佳手段是利用外汇储备，这要求一国的外汇储备占国际资本的最优区间为19.7%~23.9%。此时，最优双边货币互换额度为负，说明此时外汇储备足以应对流动性不足问题，而启用双边货币互换的成本大于其收益，所以，流动性冲击较弱时，最好不要启用双边货币互换额度，这也印证了一个事实，尽管很多国家签订了双边货币互换协议，但很少有国家轻易将之启动。而当流动性冲击达到0.51但低于0.88时，救援流动性不足的最佳手段是启动双边货币互换，同时结合外汇储备共同提供流动性。应对该阶段流动性的冲击，外汇储备占国际资本的最优区间为24.18%~25.55%，双边货币互换占国际资本的最优区间为0.33%~35.54%。这期间，随着流动性冲击的增大，外汇储备的最优占比先增后降，双边货币互换的最优占比逐渐增大，当流动性冲击达到0.76时，外汇储备的最优占比达到最大值25.55%，此时双边货币互换的最优占比为24.43%，流动性冲击达到0.78时，双边货币互换的最优占比超过外汇储备的最优占比，流动性救援的重任转移到双边货币互换。而当流动性冲击达到0.88及以上时，从图6-1（a）

中也得出，不管是外汇储备还是双边货币互换都不能提供有效的流动性，其救援成本远大于收益，需依赖其他救援机制。

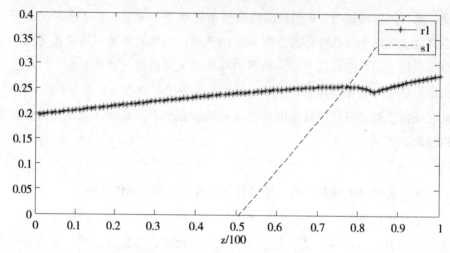

**图 6 - 2　模拟应对不同流动性冲击的外汇储备和双边货币互换最优占比**

注：曲线 $r1$ 表示不同流动性冲击下外汇储备最优占比，曲线 $s1$ 表示不同流动性冲击下双边货币互换最优占比。

根据外汇储备规模和最优货币互换额度的模拟结果，对照源自中国人民银行和美联储所提供的实际货币互换协议规模与各国相应的国际资本存量之比，具体对照如表 6 - 2 所示。本章检验同中国人民银行或美联储签署双边货币互换协议的国家的外汇储备额和双边货币互换额度是否恰当。我们知道，应对小于 0.5 的流动性冲击，外汇储备占国际资本的最优区间为 19.7% ~ 24.1%，应对处于 0.51 到 0.87 之间的流动性冲击，外汇储备和双边货币互换占国际资本的最优区间分别为 24.18% ~ 25.55% 和 0.33% ~ 35.54%。

表6－2 检验签订互换协议时外汇储备、双边货币互换应对的流动性冲击范围

| 央行 | 相应时期的外汇储备（10亿＄） | 双边货币互换额度（括号内为签订时间） | | IIP项下债务（10亿＄） | 外汇储备应对的冲击范围 | 货币互换应对的冲击范围 |
|---|---|---|---|---|---|---|
| | | 与美联储签订（10亿＄） | 与中国人民银行签订（10亿RMB/Currency） | | | |
| 阿根廷 | 36.32 | | 70/155（2017/7/18） | 246.48 | (0, 0.01) | (0.51, 0.55) |
| 亚美尼亚 | 1.78 | | 1/77（2015/3/25） | 11.81 | (0, 0.01) | (0.51, 0.52) |
| 澳大利亚 | 30.69<br>46.54 | 30（2008/9/29） | 200/40（2015/3/30） | 1854*<br>3037* | (0, 0.01)<br>(0, 0.01) | (0.51, 0.53)<br>(0.51, 0.52) |
| 白俄罗斯 | 2.74 | | 7/16000（2015/5/10） | 54.55 | (0, 0.01) | (0.51, 0.53) |
| 巴西 | 192.84 | 30（2008/10/29） | | 811.29 | (0, 0.46) | (0.51, 0.55) |
| 加拿大 | 43.78<br>74.58 | 30（2008/9/29） | 200/30（2014/11/8） | 1993*<br>3323* | (0, 0.01)<br>(0, 0.01) | (0.51, 0.53)<br>(0.51, 0.52) |
| 智利 | 38.63 | | 22/2200（2015/5/25） | 370.80 | (0, 0.01) | (0.51, 0.52) |
| 丹麦 | 40.47 | 15（2008/9/29） | | 3932* | (0, 0.5) | (0.51, 0.53) |
| 欧央行 | 218.72<br>333.87 | 240（2008/9/29） | 350/45（2016/9/27） | 3899*<br>8143* | (0, 0.01)<br>(0, 0.01) | (0.51, 0.56)<br>(0.51, 0.52) |
| 埃及 | 20.86 | | 18/47（2016/12/6） | 172.67 | (0, 0.01) | (0.51, 0.52) |
| 匈牙利 | 25.82 | | 10/416（2016/9/12） | 100740* | (0, 0.01) | (0.51, 0.55) |
| 冰岛 | 7.15 | | 3.5/66（2016/12/21） | 3860* | (0, 0.16) | (0.51, 0.53) |

续表

| 央行 | 相应时期的外汇储备（10亿＄） | 双边货币互换额度（括号内为签订时间） | | IIP项下债务（10亿＄） | 外汇储备应对的冲击范围 | 货币互换应对的冲击范围 |
| --- | --- | --- | --- | --- | --- | --- |
| | | 与美联储签订（10亿＄） | 与中国人民银行签订（10亿RMB/Currency） | | | |
| 日本 | 1009.36 | 120（2008/9/29） | | 294223* | (0, 0.5) | (0.51, 0.55) |
| 哈萨克斯坦 | 21.81 | | 7/200（2014/12/14） | 218.09 | (0, 0.01) | 0.51 |
| 韩国 | 201.14 358.78 | 30（2008/10/29） | 360/64000（2014/10/11） | 606.57 994.31 | (0, 0.5) (0, 0.5) | (0.51, 0.56) (0.51, 0.57) |
| 马来西亚 | 93.98 | | 180/90（2015/4/17） | 1554* | (0, 0.29) | (0.51, 0.57) |
| 墨西哥 | 95.12 | 30（2008/10/29） | | 689.01 | (0, 0.01) | (0.51, 0.55) |
| 蒙古 | 1.24 | | 15/5400（2017/7/6） | 34.09 | (0, 0.01) | (0.51, 0.58) |
| 摩洛哥 | 24.54 | | 10/15（2016/5/11） | 1055* | (0, 0.26) | (0.51, 0.52) |
| 新西兰 | 11.05 17.81 | 15（2008/10/28） | 25/5（2017/5/19） | 179.45 276.82 | (0, 0.01) (0, 0.01) | (0.51, 0.60) (0.51, 0.52) |
| 挪威 | 50.95 | 15（2008/9/29） | | 732.79 | (0, 0.01) | (0.51, 0.53) |
| 塞尔维亚 | 10.06 | | 1.5/27（2016/6/17） | 58.73 | (0, 0.01) | 0.51 |
| 巴基斯坦 | 11.81 | | 10/165（2014/12/23） | 99.81 | (0, 0.01) | (0.51, 0.52) |
| 新加坡 | 173.98 246.36 | 30（2008/10/29） | 300/64（2016/3/7） | 1500.54 3387* | (0, 0.01) (0, 0.01) | (0.51, 0.53) (0.51, 0.53) |
| 南非 | 41.62 | | 30/54（2015/4/10） | 356.65 | (0, 0.01) | (0.51, 0.52) |

续表

| 央行 | 相应时期的外汇储备（10亿$） | 双边货币互换额度（括号内为签订时间） | | IIP项下债务（10亿$） | 外汇储备应对的冲击范围 | 货币互换应对的冲击范围 |
| | | 与美联储签订（10亿$） | 与中国人民银行签订（10亿RMB/Currency） | | | |
| --- | --- | --- | --- | --- | --- | --- |
| 斯里兰卡 | 7.32 | | 10/225（2014/9/16） | 52.81 | (0, 0.01) | (0.51, 0.54) |
| 苏里南 | 0.28 | | 1/0.52（2015/3/18） | 4.04 | (0, 0.01) | (0.51, 0.55) |
| 俄罗斯 | 339.87 | | 150/815（2014/10/13） | 964.95 | (0, 0.5) | (0.51, 0.53) |
| 瑞典 | 25.90 | 30（2008/9/29） | | 1174.31 | (0, 0.01) | (0.51, 0.53) |
| 瑞士 | 45.06<br>640.59 | 60（2008/9/29） | 150/21（2017/7/21） | 2586*<br>3628* | (0, 0.01)<br> | (0.51, 0.54)<br>(0.51, 0.52) |
| 塔吉克斯坦 | 0.06 | | 3/3（2015/9/3） | 5.75 | (0, 0.01) | (0.51, 0.60) |
| 泰国 | 151.25 | | 70/370（2014/12/22） | 426.72 | (0, 0.5) | (0.51, 0.54) |
| 土耳其 | 92.92 | | 12/5（2015/9/26） | 598.53 | (0, 0.01) | 0.51 |
| 乌克兰 | 12.37 | | 15/54（2015/5/15） | 170.04 | (0, 0.01) | (0.51, 0.52) |
| 英国 | 44.35<br>119.03 | 80（2008/9/29） | 350/35（2015/10/20） | 9019*<br>9557* | (0, 0.01)<br>(0, 0.01) | 0.51<br>0.51 |

注：①外汇储备是指总储备减黄金，包含特别提款权、国际货币基金组织（IMF）成员国在IMF的储备头寸以及由货币基金当局管理的外汇储备，数据按现价美元计（欧元区为2015年数据）；②国际资本即凭借流入本国的国际资本形成的对外总负债，选取距离签订协议日期最近的数据，"＊"表示该数据的单位不是美元而是本国货币或欧元，其中ECB对应的是欧洲货币联盟的对外总负债；③在统一汇率的基础上，最后两栏外汇储备和货币互换应对的冲击范围分别根据外汇储备和双边货币互换额度与IIP项下债务的比值对应图6-1数据所得。

资料来源：外汇储备源于世界银行发展数据库WDI；双边货币互换协议签订日期及额度源于中国人民银行和美联储；对外总负债采用CEIE数据库国际投资头寸表下债务项。

虽然对应不同程度的国际资本流动性冲击，一国利用国际资本存在最优值，但现实中却很难通过政策引导实现最优国际资本存量，所以在参数模拟和实证计算中采用国际投资头寸项下的负债作为国际资本存量，并未考虑其最优情况。本章计算与中国人民银行或美联储签订双边货币互换协议时的外汇储备/对外总负债、双边货币互换额度/对外总负债，分别与模型模拟出来的外汇储备、双边货币互换最优占比进行对照，结果发现：当流动性冲击低于 0.48 及以下时，大部分的国家的外汇储备量偏低，冰岛、马来西亚和摩洛哥的外汇储备能够应对 0.2 左右的流动性冲击，巴西、丹麦、日本、韩国、俄罗斯、泰国外汇储备量相对足够；当流动性冲击达到 0.51 及以上时，启动双边货币互换来看，与中国人民银行和美联储所签订的双边货币互换的大部分国家能够应对 0.51~0.60[①] 的流动性冲击。其中，中国对韩国、马来西亚、蒙古、苏里南和塔吉克斯坦的双边货币互换额度以及美国对欧央行、韩国、墨西哥、新西兰的双边货币互换额度相对较大，能够应对略低于 0.6（0.56~0.60）的流动性冲击。而中国对哈萨克斯坦、土耳其、塞尔维亚、英国以及美国对英的双边货币互换额度虽然落在应对 $p=0.1$，$z \geqslant 0.51$ 流动性冲击的最优货币互换范围内，但规模相对较小，仅能应对 $z=0.51$ 的流动性冲击。考虑到近几年美联储所提供的双边货币互换额度是没有上限的，但并不是所有的发展中国家都能得到美联储流动资金的支持，尤其是哈萨克斯坦、土耳其、塞尔维亚，一旦这些国家发生超过外汇储备的流动性冲击，其外汇储备会在短时间内耗尽，而其与中国可启用的货币互换额度也可能出现不足，很容易导致流动性危机的发生，并向国际市场蔓延。

基于外汇储备、双边货币互换的流动性救援机制，本章建议阿根廷、亚美尼亚等国家增加外汇储备存量，同时扩大中国与发展中国家的双边货币互换规模。而且双边货币互换的目的除了在必要时提供流动性，遏制流动性冲击在国际范围内蔓延外，还在于加强区域货币的贸易结算功能，实现区域金融稳定、

---

① 鉴于模型中外汇储备和双边货币互换共同作用下能够应对的流动性冲击范围是 0.51~0.87，我们认为，当一个国家的外汇储备足够时，同时结合双边货币互换的政策工具却只能够应对 0.6 的流动性冲击，相对于 0.87 的流动性冲击来说，此时的双边货币互换额度是不足的。

深化区域内金融合作的长远目标。所以说，中国所提供的双边货币互换协议额度还有很大的提高空间。更何况，在货币互换正式启动时可根据货币互换最优区间选择启用的货币互换额度。

### 五、结论与建议

本章第三部分与第四部分的实证检验与第二部分基于理论模型提出的推论基本吻合，本章所建模型具有理论意义和现实价值。具体来说，实证模拟的外汇储备、双边货币互换福利效应分析结果表明以下两点。（1）当流动性冲击低于 0.48 时，外汇储备足以提供所需流动性，也就明确了一国至少应持有的外汇储备量。从最优规模结果看，当外汇储备占国际资本存量的最优占比为 24%，能应付大部分的国际资本流动性冲击。（2）当流动性冲击达到 0.5 以上时，仅依靠外汇储备提供流动性的效果不佳，甚至会错过提供流动性救援的最佳时机，导致流动性冲击进一步蔓延，此时双边货币互换结合外汇储备共同救援流动性不足的效果更佳，随着流动性冲击的变化，相应的外汇储备量与国际资本存量最优区间为 24.18% ~25.55%，相应的双边货币互换额度与国际资本存量最优区间为 0.33% ~35.54%。但双边货币互换的启用不会达到动用外汇储备那样的直接、迅速的效果。所以如果能预见到流动性冲击蔓延的程度与速度，一定要在流动性冲击扩大之前，启用双边货币互换共同应对流动性不足。预计在流动性冲击达到 0.87 以上时，依靠一国外汇储备的自我救援机制或双边的货币互换并不能提供充足的流动性，这时需要求助于区域范围内或者国际货币基金组织的货币救援机制。

从外汇储备的规模分析，基于一国金融危机的自我防范功能，建议阿根廷、亚美尼亚等国家增加外汇储备存量。从中国人民银行和美联储所提供的双边货币互换额度的分析，再次强调了启用双边货币互换时点与规模的重要性。当国与国之间签订双边货币互换协议时，不仅要考虑资金接受国的国际资本存量，也要时刻关注流动性冲击的大小及相应的双边货币互换的最优规模。虽然在现实中，我们很难准确估计流动性冲击大小及其蔓延速度，但通过对照本章模型模拟出的货币互换的最优区间，能在一定程度上优化救援效果。鉴于中国与很多国家的双边货币互换协议即将到期,甚至还有很多未与中国签订协议的国家,所以接下来签订双边货币互换协议时,双边货币互换额度应参考资金接受国可能发生的国际资本流动逆转的规模。

当然,中国签署双边货币互换协议的目的不仅是在危机出现时提供流动性,而且在于实现区域内金融稳定、促进双边贸易结算和人民币国际化等。从本章第五部分的对照结果可以看出,如果仅考虑以双边货币互换作为持有外汇储备之外的一个潜在的流动性救援机制,已签署的双边货币互换额度虽落入最优区间,但大部分不能应对 0.6 以上的流动性冲击。建议扩大中国所提供的双边货币互换规模,同时,当双边货币互换基于提供流动性启用时,启用额度应严格落在一个合理区间,这样才能充分实现其流动性提供功能。

# 第七章

## 中国签订本币双边货币互换协议影响因素实证分析

1997 年亚洲金融危机给亚洲各国带来巨大的损失，深受危机影响的亚洲国家意识到，在金融全球化的趋势下任何国家都不能置身于危机之外，唯有进一步强化区域金融协调和货币合作，才能共同抵御金融危机的侵蚀。2000 年 5 月，东盟 10 国和中日韩 3 国（即"10 + 3"）的财政部长在泰国清迈共同签署了《清迈协议》①（*Chiang Mai Initiative*），建立东盟"10 + 3"范围内的区域性双边货币互换网络，目的在于为短期内出现资金困难的成员国提供流动性救援，预防金融危机的发生。中国在清迈协议框架下，于 2001 年 12 月 6 日与泰国签署第一个货币互换协议，开启了中国双边货币互换协议的大门，截至 2017 年 2 月，中国已经与 38 个国家或地区签订了 67 份双边货币互换协议，互换规模超过 3 万亿人民币。

中国货币互换协议发展历程以 2008 年金融危机爆发的标志性事件——雷曼兄弟公司宣告破产②和 2011 年年底中国政府应对金融危机的刺激性政策基本生效为节点，大致可以划分为三个阶段：分别是 1997 年金融危机爆发后到 2008

---

① 2000 年 5 月 4 日，第九届东盟与中日韩"10 + 3"财长在泰国清迈共同签署了建立区域性货币互换网络的协议，即《清迈协议》（*Chiang Mai Initiative*）。《清迈协议》主要包括两部分：首先，扩大了东盟互换协议（ASA）的数量与金额；其次，建立了中日韩与东盟国家的双边互换协议。

② 雷曼兄弟公司成立于 1850 年，为全球公司、机构、政府和投资者的金融需求提供服务的一家全方位、多元化投资银行，是全球最具实力的股票和债券承销和交易商之一。北京时间 2008 年 9 月 15 日，在次级抵押贷款市场危机（次贷危机）加剧的形势下，美国第四大投行雷曼兄弟最终宣布申请破产保护。

年次贷危机发生前的第一阶段，2008 年美国次贷危机发生后，到 2011 年年底次贷危机基本结束的第二阶段，以及 2012 年全球经济开始逐步复苏至今的第三阶段。中国从早期基于《清迈协议》框架下进行货币互换协议的初步试水，到 2008 年金融危机爆发后，开始大规模地运用双边货币互换协议作为短期流动性管理的工具，用以稳定金融秩序。2012 年后，中国人民银行以更加积极主动的姿态，不断推进人民币货币互换网络，其政策目标也从此前的单一化，逐步转变为以推动人民币国际化为主，多目标的新导向。

可见，在不同阶段，影响中国货币互换协议的签订因素各有侧重，货币互换协议的目标与其所处的时代背景、国内外形势、政策等相关，因此通过分析中国与其他国家签署的货币互换协议的背景，对于可能影响中国签订货币互换协议的驱动因素进行实证研究，有助于发现货币互换协议签订背后深层次的原因，对于中国进一步推动区域金融合作，包括"一带一路"沿线国家金融合作，以及发现和挖掘各国家/地区签订双边货币互换协议的需求具有参考意义。

## 一、双边货币互换协议的相关研究进展

关于货币互换协议的研究近年来得到了许多国内学者的关注。钟阳（2011）通过研究发现，双方的贸易合作伙伴关系、一国政府承担的外债、实际人均 GDP 以及两国之间的地理距离均影响着人民币国际化的进程。胡华锋（2012）认为，中国签订货币互换协议主要是为了在危机期间提供短期流动性，稳定金融秩序，恢复市场信心，推动双边经贸合作，防止经济衰退，同时兼顾推进人民币国际化。李巍、朱艺泓（2014）从国际政治的角度分析，认为现阶段，中国的货币互换协议并非技术性安排而是战略安排，其更重要的意义在于传递货币互信和政治支持的信号，进而构建一个庞大的货币盟友体系，为加快人民币成为国际货币提供一定的政治保障。罗凌和黄薇（2016）通过对美元互换使用的影响因素进行研究，发现美国与互换接受国的投资关联度决定了美元互换的参与对象，美国主要扮演危机救助角色。刘轶、高劲（2014）认为双边货币互换协议是推进人民币国际化的主要手段之一，是实现人民币输出的短期方式，为跨境贸易人民币结算提供了资金来源。张明（2012）认为双边货币互换能够

加强一国央行提供美元流动性的能力，因此有助于降低央行积累外汇储备的必要性以及减少外汇储备积累相关的成本。

而国外学者对于双边货币互换协议的研究则有以下观点。史蒂文（Steven Liao，2013）认为，双边的贸易和投资的合作关系越紧密，则签署双边货币互换协议的可能性就越大。奥布斯特菲尔德等人（2009）发现，如果将 M2/GDP 指标纳入外汇储备是否充足的体系内，那么在 2007 年至 2008 年与美联储签署双边美元互换的国家中，除了新加坡、日本外，其他国家的实有外汇储备量都低于充足外汇储备量。艾泽曼与帕斯里查（2009）研究得出，在利益驱动下，美国会优先选择那些在美国直接投资较多的新兴经济体；艾伦等（2010）也认为，国际金融中心所在国与美国签署双边货币互换的概率更高。艾泽曼（2010）进一步研究指出，由于美国在双边货币互换中主要扮演救助者的角色，如果想与美国签署货币互换从而获得援助，则双方的经贸联系要十分显著。因此，新兴市场国家可能会由于得到美元流动性救援的不确定性，而积累更多的外汇储备。

综合上述国内外学者的研究可以发现，目前对于货币互换协议的研究主要集中在货币互换协议的作用及影响的理论分析。而在实证分析方面，主要是基于货币互换对人民币国际化的影响分析。而国外学者，对于影响货币互换的因素分析是主要基于美联储的美元互换网络，目前对于研究影响中国货币互换协议的驱动因素实证分析还是处于相对空白，因而本章通过结合目前已有的对于中国货币互换协议驱动因素的理论分析，结合近几年中国货币互换协议发展的新形势，对影响中国货币互换协议的驱动因素进行实证分析。


**二、中国双边货币互换协议发展现状**

货币互换，一般是指交易市场中拥有不同币种的两个国家或地区，提前约定好在期初交换等面值货币，期末再换回各自货币并相互支付所需利息的行为。根据参与主体的不同，一般划分为中央银行流动性互换（Central bank liquidity swap）和商业性货币互换两大类。中央银行之间的双边货币互换主要是为了提供短期流动性救援，防范金融危机，而商业机构之间的双边货币互换主要是为规避汇率变动风险，降低双方融资成本。本章所研究的货币互换均指前者。对于中央银行而言，双边货币互换是一种具有创新性的准货币政策手段。其最早可以追溯到 20 世纪 60 年代。1962 年 5 月，美联储与法国法兰西银行签订了世界上第一份双边货币互换协议，开启了央行之间货币互换的新时代。此后，货币互换协议被各国广泛运用。自 2008 年美国金融危机爆发以来，双边货币互换发展迅速。目前已形成了以美联储为中心的美元互换网络、欧元互换网络、清迈协议（CMI）框架下的东亚互换网络等主要的货币互换网络。

双边货币互换的作用主要表现在以下几个方面：

第一，提供外汇市场干预的货币资金，维护金融稳定。在固定汇率时代，如果一国出现大量外资撤离，国际收支不平衡，就需要进行外汇市场干预，以维持汇率稳定。同时，当一国货币面临贬值压力时，政府需要利用外汇储备进行干预以稳定汇率，确保国际收支平衡和外汇市场稳定运行，此时货币互换则为政府提供了外汇来源。在布雷顿森林体系下，为了巩固美元的地位，美联储成为签订双边货币互换协议的主要实践者及领导者。

第二，提供短期流动性应援，预防金融危机。一般来说，一国可以通过本国的外汇储备、地区性的金融机构，或是全球性的多边救援体系来获得短期流动性支持。但危机发生国通常缺乏足够的外汇储备规模，而全球性多边救援机制存在着效率不高等问题，并且往往带有较多的附带条件。双边货币互换协议在提供短期流动性上所具有的灵活、及时、快速等优点便体现出来，因此货币互换协议也成为央行获取流动性救援、抵御金融危机的重要工具。

第三，降低各国央行积累外汇储备的规模及成本。正因为 1997 年亚洲金融危机中 IMF 等国际金融机构的贷款难以获得，以东亚国家为代表的新兴市场国家才在亚洲金融危机过去 10 年内通过积累外汇储备来增强自身抵御金融危机冲击的能力。然而随着外汇储备规模上升到一定程度，积累更多的外汇储备的成本也相应提高。央行可以通过货币互换协议获取短期流动性，从而避免了对大量的外汇储备的依赖，进而有效提高外汇储备的使用效益，盘活资金。

第四，促进双边贸易及投资，推进人民币国际化进程。我国与周边一些经贸往来密切的国家签订双边货币互换协议后，外国央行可以利用货币互换协议将人民币注入本国金融体系中，向本国商业银行和企业提供人民币融资，用以支持双边贸易往来或直接投资。使用人民币作为双边贸易与投资中的计价和结算货币，可以大大消除汇率风险，防止汇率变动风险给双方造成的损失。在目前我国资本项目尚未完全开放，人民币并不能完全自由兑换的背景下，货币互换在一定程度上可以推动人民币"走出去"，实现人民币在局部区域发挥计价、结算甚至是储备货币的职能，进一步扩大人民币的流通及影响范围。因此，央行双边货币互换对于推动双方的经贸合作，提升人民币国际化程度具有积极意义。

根据中国人民银行的公开数据显示，中国自 2001 年 12 月 6 日与泰国签订第一个货币互换协议以来，截至 2016 年 12 月，中国目前已经与 38 个国家或地区签署了 67 份双边货币互换协议，货币互换对象国覆盖亚洲、欧洲、北美、拉美、非洲、大洋洲，互换规模超过 3 万亿人民币。中国双边货币互换协议的签订从时间上大致可以划分为三个阶段。分别是 2008 年美国金融危机爆发前、2008—2011 年年底金融危机期间及 2011 年年底金融危机基本结束之后至今三个阶段（详情见表 7 - 1）。

表 7 - 1 中国在 3 个不同阶段的双边货币互换协议对比

| 时段 | 第一阶段<br>（2001. 12. 6—2008. 9. 15） | 第二阶段<br>（2008. 9. 15—2011. 9. 30） | 第三阶段<br>（2011. 9. 30—2016. 12） |
|---|---|---|---|
| 背景 | 1997 年亚洲金融危机<br>《清迈协议》 | 2008 年全球金融危机<br>欧洲债务危机 | 全球经济逐步复苏<br>人民币不断走出去 |
| 互换规模 | 较小 | 大 | 较大 |
| 协议货币 | 美元/外币为主 | 人民币/外币 | 人民币/外币 |
| 协议期限 | 必要时 | 协议实施期限 3 年，经双方同意后可以展期 | 协议实施期限 3 年，经双方同意后可以展期 |
| 覆盖区域 | 局限于东盟"10 + 3" | 主要是亚太地区[a] 贸易合作伙伴 | 亚太贸易合作伙伴为主，同时拓展到区域外的区域枢纽经济体 |

| 时段 | 第一阶段<br>（2001.12.6—2008.9.15） | 第二阶段<br>（2008.9.15—2011.9.30） | 第三阶段<br>（2011.9.30—2016.12） |
|---|---|---|---|
| 互换形式 | 先双边，然后拓展到多边 | 双边 | 双边 |
| 政策态度 | 试探性，按部就班 | 主动，力度大 | 积极主动，有多重目的性 |

资料来源：根据中国人民银行官网公开数据整理所得。

a. 这里所指的亚太地区是特指广义上的亚太地区，包括整个环太平洋地区。太平洋东西两岸的国家和地区，即包括加拿大、美国、墨西哥、秘鲁、智利等南北美洲的国家和太平洋西岸的俄罗斯远东地区、日本、韩国、中国（包括台湾和香港特区）、东盟各国和大洋洲的澳大利亚、新西兰等国家和地区。

第一个阶段：从2001年12月6日中国与泰国签署第一份货币互换协议，至2008年9月全球金融危机爆发前。这段时间，中国人民银行与6个国家签署了9份货币互换协议（详情见表7-2）。

1997年亚洲金融危机的惨痛教训，促使了东盟"10+3"通过了《清迈协议》（*Chiang Mai Initiative*），建立起区域性双边货币互换网络。中国根据《清迈协议》，分别与泰国、日本、韩国等六国签署了双边货币互换协议。然而，由于政治、历史等复杂的原因，导致了此时的区域合作带有很大程度的尝试性。本阶段签署的货币互换协议的互换规模较小，总额度小于200亿美元；互换币种除了中日之间采用本币外，其余均采用美元作为协议货币；覆盖国家也相对集中在东盟"10+3"国家的范围内。本阶段签订的货币互换协议的主要目的是通过借入外币，提高外汇储备，强化央行干预汇率的能力，稳定市场信心。

表7-2 中国人民银行在《清迈协议》框架下签订的货币互换协议一览表

| 国家/地区 | 签订时间 | 互换币种 | 互换规模 | 续签情况 |
|---|---|---|---|---|
| 泰国 | 2001.12.6 | 美元/泰铢 | 20亿美元 | |
| 日本 | 2002.3.27 | 人民币/日元 | 30亿美元 | 2007.9续约30亿 |

| 国家/地区 | 签订时间 | 互换币种 | 互换规模 | 续签情况 |
|---|---|---|---|---|
| 韩国 | 2002.6.24 | 人民币/美元或美元/韩元 | 20 亿美元 | 2005.5 增至 40 亿 |
| 马来西亚 | 2002.10.9 | 美元/林吉特 | 15 亿美元 | |
| 菲律宾 | 2003.8.30 | 美元/比索 | 10 亿美元 | |
| 印度尼西亚 | 2003.12.30 | 美元/印尼盾 | 10 亿美元 | 2005.10 增至 20 亿 |

资料来源：根据中国人民银行官网公开数据整理所得。

第二个阶段：从 2008 年 9 月 15 日，美国雷曼兄弟公司宣告破产，标志次贷危机全面发生，到 2011 年 9 月 30 日中国应对金融危机的刺激政策效益基本显现时。本阶段中国与 12 个国家/地区签署了 12 份货币互换协议（详情见表 7-3）。

本阶段面临着美国次贷危机引起的金融危机的全面爆发，导致全球性流动性紧缺，进而影响微观主体对金融体系的信心，全球实体经济，特别是国际贸易受到严重冲击的严峻形势。此外、欧洲债务危机也进一步加剧了欧元区的流动性问题。而与此同时，中国跨境贸易人民币结算也逐步开启。本阶段所签订的货币互换协议，互换对象仍然以亚洲周边主要贸易伙伴为主体，同时也拓展了阿根廷、冰岛、新西兰 3 个区域外国家。货币互换规模相对此前有了较大幅度的提高，总额达到 8412 亿人民币。互换币种均为双边本币，改变了以往的美元为主。中央银行进行期限创新，将互换协议期限延长为 3 年且可展期。本阶段货币互换协议主要目的是应对本次金融危机及欧洲债务危机造成的流动性紧缩，各国中央银行相互拆借所需货币，为本国市场注入流动性，进而促进和稳定双边贸易和投资，防止实体经济在金融危机下发生过快下滑或是严重衰退，稳定经济发展。

第三个阶段：从 2011 年 9 月 30 日中国应对金融危机的刺激政策效益基本显现后，至今 5 年时间内（截至 2017 年 2 月），中国已与 35 个国家/地区签署了 46 份货币互换协议（详情见表 7-4）。

本阶段，全球经济正在逐步复苏，中国的经济总量不断上升，同时人民币跨境贸易结算范围不断扩大，人民币离岸市场逐步形成，人民币纳入SDR[①]，人民币国际化有序推进。在人民币不断走出去的背景下，中国更加积极主动地拓展货币互换网络。本阶段签订的货币互换协议除了之前到期续约签订之外，新增了23个国家/地区。覆盖面从亚太地区进一步向外辐射，拓展到区域外的重要枢纽经济体、战略合作伙伴等。例如中东的土耳其、阿联酋，北美的加拿大，大洋洲的澳大利亚，非洲的南非、埃及，欧洲的欧央行、英国、瑞士，拉美的阿根廷、巴西等。互换规模进一步扩大，如韩国由原先的1800亿人民币扩大一倍到3600亿人民币。互换规模达到24925亿人民币，相比上阶段8412亿人民币，大约翻了3倍。本阶段签署的货币互换协议的主要目标是加强双边经贸合作，促进经济增长，进一步推动人民币国际化。

表7-3 中国人民银行在2009年4月—2011年9月期间签订的双边货币互换协议

| 国家/地区 | 签订时间 | 互换规模 | 期限 |
|---|---|---|---|
| 韩国 | 2009.4.20 | 1800亿元人民币/38万亿韩元 | 3年 |
| 马来西亚 | 2009.2.8 | 800亿元人民币/400亿马来西亚林吉特 | 3年 |
| 白俄罗斯 | 2009.3.11 | 200亿元人民币/8万亿白俄罗斯卢布 | 3年 |
| 印度尼西亚 | 2009.3.23 | 1000亿人民币/175万亿印尼卢比 | 3年 |
| 阿根廷 | 2009.4.2 | 700亿元人民币/380亿阿根廷比索 | 3年 |
| 冰岛 | 2010.6.9 | 35亿元人民币/660亿冰岛克朗 | 3年 |
| 新加坡 | 2010.7.23 | 1500亿元人民币/300亿新加坡元 | 3年 |
| 新西兰 | 2011.4.18 | 250亿元人民币/50亿新西兰元 | 3年 |
| 乌兹别克斯坦 | 2011.4.19 | 7亿元人民币/1670亿乌兹别克苏姆 | 3年 |

---

① 北京时间2015年12月1日凌晨1点，IMF（国际货币基金组织）正式宣布，人民币2016年10月1日加入SDR（特别提款权）。IMF总裁拉加德在发布会上表示：人民币进入SDR将是中国经济融入全球金融体系的重要里程碑，这也是对于中国政府在过去几年在货币和金融体系改革方面所取得的进步的认可。

续表

| 国家/地区 | 签订时间 | 互换规模 | 期限 |
|---|---|---|---|
| 蒙古 | 2011.5.6 | 50 亿元人民币/1 万亿蒙古图格里克 | 3 年 |
| 哈萨克斯坦 | 2011.6.13 | 70 亿元人民币/1500 亿哈萨克坚戈 | 3 年 |
| 总金融 | | 8412 亿人民币 | |

资料来源：根据中国人民银行官网公开数据整理所得。

**表 7 - 4 中国人民银行在 2011 年 12 月—2016 年 12 月期间和其他中央银行或货币当局双边本币互换一览表 (2011.12—2016.12)**

| 国家/地区 | 签订时间 | 互换规模 | 期限 |
|---|---|---|---|
| 韩国 | 2011.10.26（续签）<br>2014.10.11（续签） | 3600 亿人民币/64 万亿韩元（续签）<br>3600 亿人民币/64 万亿韩元（续签） | 3 年 |
| 马来西亚 | 2012.2.8（续签）<br>2015.4.17（续签） | 1800 亿人民币/900 亿马来西亚林吉特（续签）<br>1800 亿人民币/900 亿马来西亚林吉特（续签） | 3 年 |
| 白俄罗斯 | 2015.5.10（续签） | 70 亿元人民币/16 万亿白俄罗斯卢布（续签） | 3 年 |
| 印度尼西亚 | 2013.10.1（续签） | 1000 亿元人民币/175 万亿印尼卢比（续签） | 3 年 |
| 阿根廷 | 2014.7.18（续签） | 700 亿元人民币/900 亿阿根廷比索（续签） | 3 年 |
| 冰岛 | 2013.9.11（续签） | 35 亿元人民币/660 亿冰岛克朗（续签） | 3 年 |
| 新加坡 | 2013.3.7（续签）<br>2016.3.7（续签） | 3000 亿元人民币/600 亿新加坡元（续签）<br>3000 亿元人民币/600 亿新加坡元（续签） | 3 年 |
| 新西兰 | 2014.4.25（续签） | 250 亿元人民币/50 亿新西兰元（续签） | 3 年 |

| 国家/地区 | 签订时间 | 互换规模 | 期限 |
|---|---|---|---|
| 蒙古 | 2014. 8. 21（续签） | 150 亿元人民币/4.5 万亿蒙古图格里克（续签） | 3 年 |
| 哈萨克斯坦 | 2014. 12. 14（续签） | 70 亿人民币/2000 亿哈萨克坚戈 | 3 年 |
| 泰国 | 2011. 12. 22<br>2014. 12. 22（续签） | 700 亿元人民币/3200 亿泰铢<br>700 亿元人民币/3700 亿泰铢（续签） | 3 年 |
| 巴基斯坦 | 2011. 12. 23<br>2014. 12. 23（续签） | 100 亿元人民币/1400 亿巴基斯坦卢比<br>100 亿元人民币/1650 亿巴基斯坦卢比（续签） | 3 年 |
| 阿联酋 | 2012. 1. 17<br>2015. 12. 14（续签） | 350 亿元人民币/200 亿阿联酋迪拉姆<br>350 亿元人民币/200 亿阿联酋迪拉姆 | 3 年 |
| 土耳其 | 2012. 2. 21<br>2015. 9. 26（续签） | 100 亿元人民币/30 亿土耳其里拉<br>120 亿元人民币/50 亿土耳其里拉（续签） | 3 年 |
| 澳大利亚 | 2012. 3. 22<br>2015. 3. 30（续签） | 2000 亿元人民币/300 亿澳大利亚元<br>2000 亿元人民币/400 亿澳大利亚元（续签） | 3 年 |
| 乌克兰 | 2012. 6. 26<br>2015. 5. 15（续签） | 150 亿元人民币/190 亿乌克兰格里夫纳<br>150 亿元人民币/540 亿乌克兰格里夫纳（续签） | 3 年 |
| 巴西 | 2013. 3. 26 | 1900 亿元人民币/600 亿巴西雷亚尔 | 3 年 |
| 英国 | 2013. 6. 22<br>2015. 10. 20（续签） | 2000 亿元人民币/200 亿英镑<br>3500 亿元人民币/350 亿英镑（续签） | 3 年 |
| 匈牙利 | 2013. 9. 9 | 100 亿元人民币/3750 亿匈牙利福林 | 3 年 |
| 阿尔巴尼亚 | 2013. 9. 12 | 20 亿元人民币/358 亿阿尔巴尼亚列克 | 3 年 |
| 欧央行 | 2013. 10. 8 | 3500 亿元人民币/450 亿欧元 | 3 年 |
| 瑞士 | 2014. 7. 21 | 1500 亿元人民币/210 亿瑞士法郎 | 3 年 |

| 国家/地区 | 签订时间 | 互换规模 | 期限 |
|---|---|---|---|
| 斯里兰卡 | 2014.9.16 | 100 亿元人民币/2250 亿斯里兰卡卢比 | 3 年 |
| 俄罗斯 | 2014.10.13 | 1500 亿元人民币/8150 亿卢布 | 3 年 |
| 卡塔尔 | 2014.11.3 | 350 亿元人民币/208 亿元里亚尔 | 3 年 |
| 加拿大 | 2014.11.8 | 2000 亿元人民币/300 亿加元 | 3 年 |
| 苏里南 | 2015.3.18 | 10 亿元人民币/5.2 亿苏里南元 | 3 年 |
| 亚美尼亚 | 2015.3.25 | 10 亿元人民币/770 亿德拉姆 | 3 年 |
| 南非 | 2015.4.10 | 300 亿元人民币/540 亿南非兰特 | 3 年 |
| 智利 | 2015.5.25 | 220 亿元人民币/22000 亿智利比索 | 3 年 |
| 塔吉克斯坦 | 2015.9.3 | 30 亿元人民币/30 亿索摩尼 | 3 年 |
| 摩洛哥 | 2016.5.11 | 100 亿元人民币/150 亿迪拉姆 | 3 年 |
| 塞尔维亚 | 2016.6.17 | 15 亿元人民/270 亿塞尔维亚第纳尔 | 3 年 |
| 埃及 | 2016.12.6 | 180 亿元人民币/470 亿埃及镑 | 3 年 |
| 总金额 | | 24925 亿元人民币 | |

资料来源：根据中国人民银行官网公开数据整理所得。

### 三、中国签订双边货币互换的影响因素分析

影响双边货币互换协议的因素众多，本章在以往学者研究的基础上，结合实际搜集到的数据，基于两国经贸往来密切程度和互换对象国的国际收支情况的考虑，最终选取了双边贸易额、双边直接投资额、一国外汇储备、一国政府外债负担占比及一国是否处于"一带一路"沿线这五个影响因素进行分析。

1. 双边贸易额：在国际贸易中，一国可以通过出口货物或服务获得外汇，同时其在进口货物或服务时也要消耗外汇。目前，世界上大部分的大宗商品贸易主要以美元进行计价及结算，然而在 2008 年美国次贷危机爆发以来，美元持续的量化宽松政策导致美元汇率的贬值及波动，这对以美元计价的进出口商会造成汇率波动风险，同时许多国家在使用美元贸易结算后，还需要将美元兑换回本币，这会产生兑汇成本。因而，与中国双边贸易额大的国家，其国内的企业及个人更希

望能通过人民币直接进行跨境贸易结算。而通过货币互换，双方央行可以将对方货币注入本国金融系统，借给商业银行及企业用于贸易结算，避免汇率变动带来的损失及降低贸易兑汇成本，进一步促进双边经济及贸易的发展。

2. 双边直接投资额：罗凌和黄薇（2016）对影响美元互换使用的因素进行实证研究，发现美国与互换接受国的投资关联度决定了美元互换的参与对象，美国主要扮演危机救助角色。因而，当一国与中国的双边直接投资额越高时，一国发生流动性紧缺时，中国就有可能通过双边货币互换协议提供短期流动性，帮助该国稳定国际收支平衡，避免经济动荡。此外，通过货币互换协议借入对方外汇注入本国金融体系，可以降低本国企业融资成本，使用本国货币进行对外直接投资，避免汇率波动风险，进一步促进双边直接投资。

3. 一国外汇储备：一般来说，一国可以通过本国的外汇储备、区域性金融机构或全球性的多边救援机制三个层面的救援体系来获取短期流动性。但危机发生国无法及时有效地获取流动性支持时，双边货币互换协议可以灵活、便捷、快速地为危机国提供短期流动性。因此，当一国外汇储备不足时，在其他条件相同下，中国就越可能与其签订货币互换协议进行流动性救援。奥布斯特菲尔德等人（2009）发现，在 2007 年至 2008 年与美联储签署双边美元互换的国家中，大部分都是实际外汇储备规模低于充足外汇储备规模的国家。

4. 一国政府外债：政府外债是指以政府作为债务担保人，以国家主权信用为基础，与外国政府、企业、金融机构、居民个人以及国际机构所形成的债权债务关系。钟阳认为政府外债是影响人民币国际化的重要因素。一国政府外债越多，其需要偿还的外债负担则越重，而当其出现财政紧张，可能造成主权债务违约时，其越有可能通过包含双边货币互换协议在内的各种渠道获得外汇进行偿还外债。因而，一国政府外债越多，在其他条件相同下，中国与其签订货币互换协议的可能性也越大。

5. 一国是否处于"一带一路"沿线：丝绸之路经济带和21世纪海上丝绸之路经济带，简称"一带一路"。"一带一路"倡议是基于沿线国家共同发展的需求，充分利用沿线各国的资源，实现优势互补、共同发展，打造一个互利共赢、开放共享的国际合作新平台。资金融通是"一带一路"建设的重要支撑。

通过"一带一路"倡议的实施，进一步深化区域内货币协调和金融合作，扩大沿线国家双边本币互换、结算的范围和规模，推动人民币境外结算和人民币离岸市场的发展。贸易畅通是"一带一路"建设的重点内容。借助"一带一路"倡议，积极推动沿线国家和地区自由贸易协定的谈判，提升投资贸易便利化程度，消除投资和贸易壁垒，拓宽贸易投资领域，构建区域内良好的商业环境，实现全方位、多层次的经贸合作。因此，"一带一路"倡议将极大地促进沿线国家的经贸发展，处于"一带一路"沿线的国家，与中国签订货币互换协议的可能性较大。

### 四、实证分析

为了更清晰直观地了解各因素对中国货币互换协议签订与否的影响，本章基于 CEIC、IMF、WB、中国统计年鉴等数据，选取了双边贸易额、双边投资额、一国的外汇储备、一国政府外债及该国是否处在"一带一路"沿线这五个因素作为解释变量，是否与中国签订双边货币互换协议作为被解释变量，建立二元 logistic 回归模型。纳入回归方程中的变量说明参见表 7-5。

表 7-5　变量说明

| 变量名称 | 变量符号 | 变量说明 |
|---|---|---|
| 双边贸易额 | Trade | 若双方没有签订协议，则取双方国家 2013—2015 年双边贸易额的平均值；若双方已签订协议，则取双方国家签订年份前三年双边贸易额的平均值 |
| 双边投资额 | Invest | 若双方没有签订协议，则取双方国家 2013—2015 双边投资额的平均值；若双方已签订协议，则取双方国家签订年份前三年双边投资额的平均值 |
| 一国的外汇储备 | Reserve | 若双方没有签订协议，则取该国 2013—2015 年外汇储备的平均值；若双方已签订协议，则取该国签订年份前三年外汇储备的平均值 |

| 变量名称 | 变量符号 | 变量说明 |
|---|---|---|
| 一国的政府外债 | Debt | 若双方没有签订协议，则取该国 2013—2015 年政府外债总量的平均值；若双方已签订协议，则取该国签订年份前三年政府外债总量的平均值 |
| 是否处于"一带一路"沿线 | Position | 根据这个国家的地理位置，将处于"一带一路"沿线的国家取值1；不处于的国家取值0 |
| 双边货币互换协议的签订 | Agreement | 将双方签订货币互换协议的取值1；未签订的取值0 |

数据来源：CEIC、IMF、WB、中国人民银行等网站。样本数量共计215个，剔除缺失值及异常值后，有效样本数量为145个。

为了具体分析双边货币互换协议签订与否的影响因素，根据因变量的取值情况，本章选定二元 logistic 模型进行回归分析。采用统计软件 SPSS21.0 回归结果如表7-6、7-7、7-8和7-9所示。

从表7-6和7-7给出了 Hosmer 和 Lemeshow 检验结果，从中我们可以看出，P = 0.728 > 0.05；同时从随机性表中，比较期望值和观测值大致相同，因此可以认为该模型能很好地拟合数据。

从表7-8可以看出，该模型总体的预测的正确率为92.4%。绝大多数观测量被正确预测，整体准确率较高。

回归结果如表7-9所示，从中可以看出，除常量外，五个解释变量均在5%的显著性水平下显著，并且双边贸易额、双边投资额、一国的政府外债负担及是否处于"一带一路"沿线这四个因素的系数为正，表明这四个因素对中国双边货币互换协议签订这一事件具有促进作用。在控制其他变量的情况下，当一国与中国的双边投资及贸易的关联度越高，双方签订货币互换协议的可能性越高。当一国的政府外债越多，其承担的外债负担越重，则与中国签订双边货币互换协议的可能性越大。同样的，当一国属于"一带一路"沿线国家，该国与中国的经贸合作的程度可能更加深入，因而与中国签订双边货币互换协议的可能性也更大。而外汇储备这一变量的系数为负，表明这个因素对中国双边货币互换协议签订这一事件具有阻碍作用。当一国的外汇储备越少，其对于短期流动性的需求越大，则与中国签订货币互换协议的可能性越高。

表 7-6 Hosmer 和 Lemeshow 检验

| 卡方 | df | Sig. |
|---|---|---|
| 5.278 | 8 | 0.728 |

表 7-7 Hosmer 和 Lemeshow 检验的随机性表

| | 货币互换协议 =.0 | | 货币互换协议 =1.0 | | 总计 |
|---|---|---|---|---|---|
| | 已观测 | 期望值 | 已观测 | 期望值 | |
| 1 | 15 | 14.899 | 0 | 0.101 | 15 |
| 2 | 15 | 14.750 | 0 | 0.250 | 15 |
| 3 | 14 | 14.616 | 1 | 0.384 | 15 |
| 4 | 15 | 14.416 | 0 | 0.584 | 15 |
| 5 | 14 | 14.256 | 1 | 0.744 | 15 |
| 6 | 15 | 13.876 | 0 | 1.124 | 15 |
| 7 | 14 | 13.038 | 1 | 1.962 | 15 |
| 8 | 9 | 11.045 | 6 | 3.955 | 15 |
| 9 | 2 | 2.098 | 13 | 12.902 | 15 |
| 10 | 0 | 0.006 | 10 | 9.994 | 10 |

表7-8 模型预测准确率分类表

| 观测值 | | 预测值 | | |
|---|---|---|---|---|
| | | 货币互换协议 | | 百分比校正 |
| | | 0 | 1.0 | |
| 货币互换协议 | 0 | 111 | 2 | 98.2 |
| | 1.0 | 9 | 23 | 71.9 |
| 总计百分比 | | | | 92.4 |

表7-9 回归结果

| | B | S.E, | Wals | df | Sig. | Exp（B） |
|---|---|---|---|---|---|---|
| Trade | 0.002 | 0.001 | 13.152 | 1 | 0.000 | 1.002 |
| Invest | 0.048 | 0.016 | 9.117 | 1 | 0.003 | 1.049 |
| Reserve | -1.182 | 0.581 | 4.142 | 1 | 0.042 | 0.307 |
| Debt | 0.136 | 0.047 | 8.288 | 1 | 0.004 | 1.146 |
| Position | 2.276 | 0.725 | 9.855 | 1 | 0.002 | 9.738 |
| c | 2.544 | 3.016 | 0.711 | 1 | 0.399 | 12.725 |

五、结论

纵观中国近十几年来的货币互换协议发展历史，虽然中国越来越积极主动与各国签订双边货币互换协议，覆盖的国家越来越多，协议的规模越来越大，协议的时效越来越长，人民币互换网络快速发展壮大。但是，不可忽视的是，目前中国签订的大部分货币互换协议的象征意义大于实际意义，货币互换协议的实际使用情况仍然是少数，大部分还是处于备用状态。中国人民银行不仅需要继续保持货币互换的规模，扩大货币互换的覆盖范围，并使与相关国家的货币互换常态化、制度化，进一步推动人民币互换网络的发展和壮大。还需要提高货币互换的效果，更好地发挥货币互换在提供短期流动性、稳定金融秩序、促进双边贸易及投资、推动人民币国际化的积极作用。

本章基于双边经贸往来密切程度和互换对象国（地区）国际收支情况的角度对影响中国签订货币互换协议的驱动因素进行实证研究。研究结果表明双边贸易额、双边直接投资额、一国的外汇储备、一国政府外债及是否属于"一带一路"沿线国家是影响中国是否与其签订双边货币互换协议的重要因素。其中，一国与中国的经贸往来密切程度是影响中国是否与其签订货币互换协议的基础因素，当一国与中国的双边贸易额和双边投资额越大，其越有可能与中国签订货币互换协议。而外汇储备是影响中国是否与其签订货币互换协议的最重要因素，在其他条件相同下，一国外汇储备越低，其对短期流动性的需求越大，越可能与中国签订货币互换协议。一国政府外债越多，其越可能与中国签订货币互换协议。此外，"一带一路"沿线国家比非"一带一路"沿线国家有更大的可能性与中国签订货币互换协议。结合上述实证结果，针对进一步推动人民币货币互换网络的发展，我们提出以下建议。

第一，加速推动中国与各国、各区域经济组织的自由贸易协定（Free Trade Area，FTA）的谈判，化解贸易壁垒，降低贸易成本，加强与各国之间的贸易往来，促进双边贸易发展。进而以双边贸易需求为基础，推动货币互换协议的签订，将双边货币互换资金用以支持双边贸易融资。

第二，推动资本项目的进一步开放，完善国内金融市场体系，逐步实现人民币的自由兑换。加强对外资的吸引力和提高利用外资的效益。同时，推动双边及多边自由投资协议的签订，促进投资便利化，积极鼓励中国企业走出去，加大对外投资的力度，提高中国参与全球资源配置的能力和效率。而双边投资产生的资金需求，有可能推动货币互换协议的签订，进而利用互换货币资金支持双边投资及融资。

第三，在"一带一路"倡议的框架下，积极加强和沿线国家的经贸往来，深化双边货币合作的深度和广度。实现政策、交通、贸易、资金、信息的互联互通，构建全方位、宽领域、高水平的区域合作体系。进一步推进人民币成为区域性结算货币及储备货币，推动人民币互换网络的形成与发展，从而提升人民币国际化程度。

第四，进一步推动人民币离岸市场的发展，扩大人民币离岸市场的试点范围,提高人民币离岸市场的存量,丰富人民币金融衍生品,实现人民币境外产品的规模化、多样化,建立良性的回流机制。同时,加快区域性人民币结算中心的建设,拓宽人民币用于国际结算的范围,吸引更多企业参与人民币跨境结算,提高跨境贸易人民币结算的规模。

# 第八章

## 外部资产头寸及估值效应分析——以金砖国家为例①

金砖国家（BRICs）最初指中国、俄罗斯、印度、巴西四个成长前景看好的新兴市场国家。正式的金砖国家合作机制肇始于 2006 年 9 月联合国大会期间，经俄罗斯倡议，上述四国举行了首次金砖国家外长会晤。2010 年 12 月，四国在协商一致的基础上，正式吸收南非加入合作机制。2006—2016 年，金砖国家对世界经济增长贡献率超过 50%，五国经济总量占世界经济比重从 12% 上升到 23%，贸易总额比重从 11% 上升到 16%，对外投资比重从 7% 上升到 12%②。2017 年是金砖国家合作第二个十年的开局之年，而经济全球化目前也走到了转型复苏的关键点。2010 年以来，新兴市场经济体的增长速度持续放缓，2015 年下跌至 3.8%，低于其长期的平均增速，2015 年全球 GDP 增长 2.63%，贸易增速 -2.91%，创下了自2008 年金融危机以来的新低③。就金砖五国而言，中国增长放慢，南非持续萎靡，俄罗斯和巴西分别自 2014 年和 2015 年以来急剧衰退。从 2016 的表现来看，中国实现了全年 6.7% 的增长，印度实现了 6.6% 的增长，达到了预定的经济增长目标，但是其他三个金砖国家没有摆脱零增长或负增长的态势。

雪上加霜的是，金砖国家通过贸易出口而累积的国家财富正不断由"不为人知"的金融渠道——估值效应而流失。而在分析金砖国家估值效应之前，我

---

① 本章主要内容以题为《金砖国家估值效应规模和结构分析：1990—2015》发表于《世界经济研究》，2017 年第 10 期。

② 数据引自外交部金砖国家事务特使王小龙在一次金砖国家智库研讨会上的发言。该会议于 2017 年 3 月 22 日由金砖国家智库合作中方理事会和中国人民大学联合主办，主题为"深化金融合作，共促金砖发展"。

③ 根据 World Bank，World Development Indicator 数据库数据整理。

们首先需了解对外净资产（Net Foreign Asset，简称 NFA）和经常项目余额（Current Account Balance，简称 CA）这两个概念。一国的对外净资产指的是在开放经济条件下，一国对外资产与负债相抵后所得的对外净财富，各国用国际投资头寸表（International Investment Position，简称 IIP）表示特定时点上一国对世界其他国家的金融资产存量；经常项目余额则反映一国在一段时间内以贸易往来表示的资金流动，各国用国际收支平衡表（Balance of Payments，简称BOP）表示在特定时期内一个国家与世界其他国家发生的一切经济交易流量。根据存流量关系，一国期末净资产应等于该国期初资产与期间资产变动（即期间流量）之和：

$$S_t - S_{t-1} = F_t \qquad\qquad (8-1)$$

$$NFA_t - NFA_{t-1} = CA_t \qquad\qquad (8-2)$$

其中，$S_t$ 表示 t 期期末存量值，$F_t$ 表示 t 期期间流量变化，$NFA_t$ 表示一国期末对外净资产存量。

但是事实并非如此完美。除了不可避免的统计误差，一国用国际投资头寸变化（ΔNIIP）表示的对外净资产变动（ΔNFA）往往与用经常账户余额（CA）表示的期间流量不一致（详见图 8-1）。如图 8-1 所示，21 世纪之前，金砖国家 ΔNIIP 和 CA 曲线较吻合，进入 21 世纪后，两者距离逐渐增大且波幅不一致。以 2014 年中国为例，该年中国经常账户余额为正，净资产本应增加，而 ΔNIIP为负说明中国当年对外净资产减少，这部分"不为人知"的净财富损失即为估值效应，且发挥着越来越重要的作用。

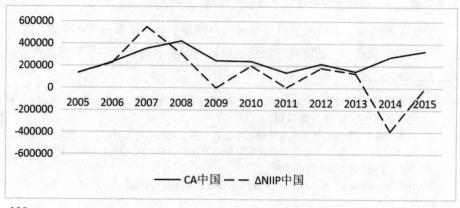

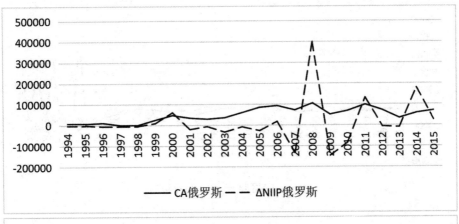

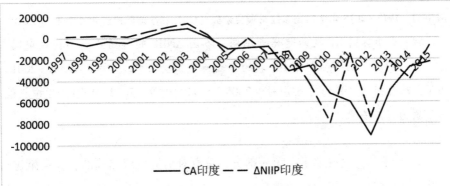

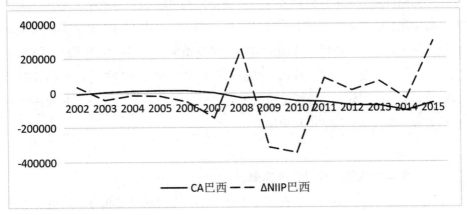

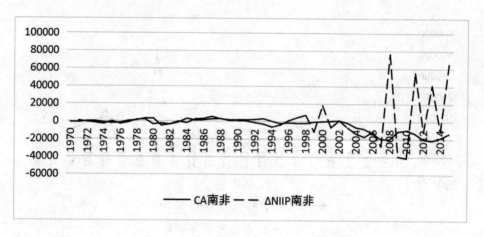

**图 8 - 1　1970—2015 年金砖国家经常项目余额（CA）和净国际投资头寸变化（ΔNIIP)**

注：由于各国 IIP 表的起始点不同，各国 ΔNIIP 的起始点也不同。中国、俄罗斯、印度、巴西和南非 IIP 表的起始点分别为 2004、1993、1996、2001、1970，故各国 ΔNIIP 的起点分别为 2005、1994、1997、2002、1971。图中数值单位均为百万美元。

本章余下部分安排如下：第一部分，重点对估值效应测算的相关文献进行了回顾，同时介绍了本章估值效应的测算方法；第二部分，描述了 1970—2015 年金砖国家估值效应相关的特征事实；第三部分，运用 PVAR 模型实证检验金砖国家估值效应的资产价格变动渠道和汇率变动渠道的相对作用程度；第四部分，分析了汇率变动通过金砖国家外部资产负债外币占比和外币币种结构而影响估值效应；第五部分，分析金砖国家对外资产负债的结构差异引起的估值效应的差异；第六部分是结论和建议。

## 一、估值效应的估算及相关文献

关于估值效应，国际上目前还没有统一的定义，从核算角度，估值效应可定义为不能被经常项目解释的一国对外净资产的变动。从驱动因素出发，估值效应又可理解为由于资产价格或汇率变动导致的存量资产的价格变动（Lane 和 Shambaugh，2010）。国外对估值效应的研究主要集中在测算和估算、估值效应对外部失衡的调整作用、估值效应与国内外资产收益率差异这三方面。在估值效应测算和估算方面，菲力普和米勒斯（Philip Lane & Milesi - Ferretti，2011）做出了最大贡献，其建立的外部财富数据库（External Wealth of Nations II，EW-NII）[①] 被众多学者采用；在研究估值效应对外部失衡的调整作用方面，有学者（Gourinchas & Rey，2007）基于 NFA 现值方程[②]，从估值效应对外部失衡的金融调整角度出发，结合国际投资头寸（NFA）和净出口（NX），开创性地构建了衡量外部失衡的周期性指标（nxat），该指标在后来被众多学者广泛使用；在估值效应与国内外资产收益率差异方面，学者们基于对美国巨额经常账户赤字这一全球经济失衡现象的思考，从美国对外资产负债收益率不同的角度，论证估值效应对美国债务可持续性的作用（Higgins，Tille 和 Kliggaard，2007；Gourinchas，Rey 和 Govillot，2010；Konstantinou，2010 等）。国内的估值效应研究起步较晚，初始大多为定性讨论，即对中国估值效应存在与否、影响大小以及正负性的研究。国内最早关注这一问题的是宋效军、陈德兵和任若恩（2006），其通过误差修正模型对中国1977—2002 年净外币资产、出口、进口变量进行回归，发现中国存在负的估值效应。后期学者的研究也证明了中国存在负的估值效应（范志勇和沈俊杰，2009；廖泽芳和詹新宇，2012）。随着中国和世界各国 IIP 表的数据可得，另一部分学者开始关注估值效应的测算问题，如贺力平和林娟（2011）、刘琨（2016）、廖泽芳和雷达（2012）、那明和戴振亚（2017）、宋芳秀和冯天骄（2014）等。

在估算估值效应时，因为资本账户余额一般数值较小，可忽略该项（Lane 和 Milesi - Ferretti，2004；Tille，2008；Devereux 和 Sutherland，2010），一国估值效应为：

$$NFA_t - NFA_{t-1} = CA_t + VAL_t \qquad (8-3)$$

上述估值效应又可细分为由资产价格变动导致的净对外资产价格变动（$VAL_t^{MV}$）和由汇率变动导致的净外币资产价格变动为（$VAL_t^{XR}$）（Lane 和 Sham-

---

[①] 该数据库记录的是莱恩基于市场价值调整的一国对外净资产价值，即真实估算的一国对外净资产存量。

[②] $NFA_t = -E_t \left[ \sum_{i=1} \left[ \prod_{j=1}^i R_{t+j} \right]^{-1} N_{t+i} \right]$

baugh，2010)：

$$VAL_t = VAL_t^{XR} + VAL_t^{MV} \tag{8-4}$$

在具体分析金砖国家估值效应规模与结构前，本章首先估算 2012 年以后金砖国家的对外资产负债的现值。莱恩（Lane，2001）将一国持有的国际资产细分为五类——直接投资、股权证券投资、债券性证券投资（其他投资也归为该项）、金融衍生品和储备资产，将一国持有的国际负债细分为四类，除储备资产外，各项资产均对应一项负债。自 2009 年 IMF《国际收支和国际投资头寸手册》（第六版）出版以来，世界各国逐渐将 BOP 表和 IIP 表分别按照账面价值和市值进行编制（详见表 8 - 1），我国自 2015 年起也开始采用 IMF 的 IIP 表编制方法①。因此，国内学者（刘坤，2016；宋芳秀和冯天骄，2014）在研究估值效应时，数据来源多为各国 IIP 表，并未考虑该表数据与莱恩的数据衔接问题，以及不同国家 IIP 表的数据质量问题。而本章将金砖国家 IIP 表数据和莱恩（2011）估算数据对比，发现两者股权证券投资和储备类资产数据差异较大，故有必要重估这两项数据。另一方面，金砖国家 IIP 表中的对外直接投资项和债务性证券投资项数据与莱恩的数据拟合较好（巴西除外，巴西债务性证券投资类资产和负债均采用估算数据），故直接采用 IIP 表这两项数据。

**表 8 - 1　金砖国家 IIP 表记账基准**

| 中国 IIP 表 | | | |
| --- | --- | --- | --- |
| 项目名称 | 计价基础 | 项目名称 | 计价基础 |
| FDI equity | 市值 | FDI debt securities | 名义价值 |
| Portfolio investment | 市值 | Other investment | 名义价值 |
| 注：2015 年后中国采用市值，2014 年前以历史成本计价。 | | | |
| 俄罗斯 IIP 表 | | | |
| 项目名称 | 计价基础 | 项目名称 | 计价基础 |
| FDI equity | 市值 | FDI debt securities | 市值 |

---

① 中国外汇管理局对国际投资头寸的编制方法可参见国家外汇管理局发布的《正确解读中国国际投资头寸表》，具体参见国家外汇管理局网站。

| Portfolio investment | 市值 | Other investment | 名义价值 |
|---|---|---|---|
| 印度 IIP 表 | | | |
| 项目名称 | 计价基础 | 项目名称 | 计价基础 |
| FDI equity | 历史成本 | FDI debt securities | 名义价值 |
| Portfolio investment | 历史成本 | Other investment | 名义价值 |
| 巴西 IIP 表 | | | |
| 项目名称 | 计价基础 | 项目名称 | 计价基础 |
| FDI equity | 市值 | FDI debt securities | 名义价值 |
| Portfolio investment | 市值 | Other investment | 用摊销法计算价格 |
| 南非 IIP 表 | | | |
| 项目名称 | 计价基础 | 项目名称 | 计价基础 |
| FDI equity | 市值 | FDI debt securities | 市值 |
| Portfolio investment | 市值 | Other investment | 名义价值 |

来源：IMF – International Investment Position（IIP）metadata.

　　估算方法如下：首先，以 EWNII 中金砖国家 2011 年的年度数据为估计基年，按莱恩（2001）估算方法得到流量数据，同时向前重估（2011 年以前）和向后重估（2011 年后），并对其进行价值调整。然后，将本章估算所得数据和各国 IIP 表数据分别与莱恩数据对比，选择拟合度更高的数据。

　　价值调整的核心是存流量关系，以及不同类型资产的价格不同，具体调整过程如下：

$$D_t = \frac{p_t}{p_{t-1}} D_{t-1} + \frac{p_t}{p'_t} d_t \qquad (8-5)$$

　　其中，$D_t$ 表示 t 期期末的存量，$d_t$ 表示 t 年之内的净流量。$p_t$ 为 t 期期末资产 $D_t$ 的价格，$p'_t$ 为流量资产 $d_t$ 在 t 期间的平均价格。则 t 期期末的存量价值等于 t-1 期期末的存量，加上经过价值调整的该期间的流量。

　　本章仅估计股权证券投资项和巴西的债务性证券投资项，故以下仅介绍这两项资产价格模拟方法。对于股权证券投资项目，该项负债价格用国内市场的股票指数表示（假设外国投资者在本国的投资组合为多样化），中国为上证综合指数、俄罗斯为 RTS 指数、印度为孟买 SENSEX30 指数、巴西为圣保罗 IBOVESPA 指数、南非为南非 MSCI 指数。该项资产价格用国际股票市场指数（斯坦利摩根资本国际指数，Morgan Stanley Capital International's World Index）表示（假设一国持有多样化的全球资产组合），对于那些国内股票市场很大的国家（如美国），则用除去该国的全球指数表示。

值得注意的是，估算的巴西和南非的股权证券类资产和负债数据与莱恩估算数据差异较大，而 IIP 的数据与之更接近，故巴西和南非这两项数据仍采用 IIP 表。究其原因，可能是巴西和南非所持有的资产组合与全球投资组合偏差较大，其吸收的国内投资组合也与总体指数的投资组合不同。

债务性证券投资项价格调整较复杂，工业化国家和新兴市场国家的价格调整方法不同。对于工业化国家，该项资产负债的价格由其货币构成决定，故价值调整基于资产或负债的计价货币对美元的期间和期末汇率变化。对于新兴市场，这种方法不适用，应直接选取国际组织数据，负债数据来源有世界银行和国际货币基金组织的 WEO，资产数据来源主要是各国 IIP 表。金砖国家均有 IIP 表，故可直接选取各国 IIP 表数据，但巴西 IIP 表中该项资产和负债数据明显偏低（该国可能存在潜在的资本外逃），故应重估该项资产（利用误差与遗漏项可捕捉资本外逃）：

$$\Delta DEBTA = \Delta PDA + \Delta OA + EO \qquad (8-6)$$

最后，关于储备类资产项，世界银行国际债务统计（International Debt Statistics）数据库中的储备类资产数据与莱恩的数据完全吻合，IIP 表中该部分数据与莱恩略有差异，故此项采用世界银行数据。

## 二、1970—2015 年金砖国家估值效应特征事实

### （一）估值效应规模总量

根据上述方法，计算得金砖国家 1970—2015 年各年估值效应（参见图 8-2），具体描述如下：首先，21 世纪以前，由于金砖国家的外部资产和负债规模较小，各国估值效应较小，2000 年以后，金砖国家估值效应明显增大，且波

动幅度大；其次，金砖国家估值效应随2008年金融危机的发生呈现波浪式变动，各国分别在金融危机前（2007）、金融危机期间（2008）、金融危机后（2009）呈现负、正、负的估值效应；最后，金砖国家估值效应总体趋势处于正负波动状态，中国负的估值效应趋势明显，巴西估值效应为正的年份居多。同为新兴市场国家的潜力股，中国和巴西的估值效应变化趋势却与其他金砖国家不同，值得我们深入研究其背后原因。究竟是汇率变动，还是对外资产结构的不同导致这两个国家的不同发展趋势？中国为何在持有如此巨额储备类资产（收益小，资产价格稳定）的情况下，资产减值形势仍然严峻？

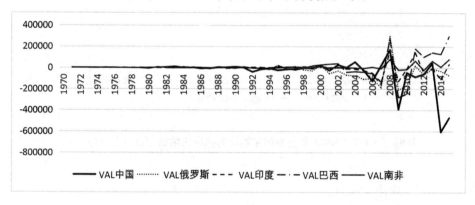

**图 8 - 2　1970—2015 年间金砖国家估值效应（VAL）**

图中数值单位为百万美元。

（二）标准化估值效应

当一国对外资产负债的总规模很大时，单位对外资产的微小价格变动会导致较大的估值效应。为消除此规模效应影响，使估值效应在国际间可比，本章采取与莱恩和米勒斯（2007）同样的做法，用各国名义国内生产总值（GDP）将估值效应标准化，得到图 8 - 3。比较图 8 - 2、图 8 - 3，各国估值效应在标准化前后差异较大。首先，巴西标准化前后的估值效应变动趋势不变，说明其对外资产存量在 2008 年急剧增值，对外净财富的流入远超过当年通过大宗商品出口赚取的国民财富。其次，中国标准化后的估值效应明显减小，且波动幅度较小，说明前文所述中国较大的估值效应主要是其经济规模较大，单位资产价格变动产生巨大的估值效应影响。另一方面，南非标准化后的估值效应规模大且波幅明显，较多年份为正的估值效应。俄罗斯2001—2007年的标准化估值效应为负且规模大，其估值效应规模远超过同时期的其他金砖国家。

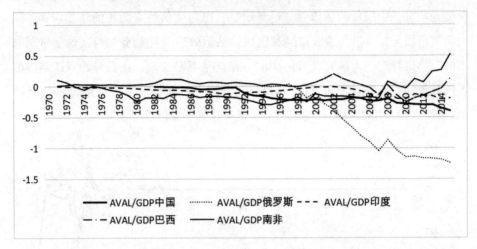

**图8-3  1970—2015年金砖国家累计的标准化估值效应（AVAL/GDP）**

（三）累计估值效应

金砖国家的估值效应有正有负，当年正的标准化估值效应能抵消以往年度负的标准化估值效应造成的一国净财富损失。而累加的各年度标准化估值效应能准确描述一国对外财富损失或收益的总体情况（参见图8-4）。

总体而言，金砖国家累计估值效应变化趋势可分为三类，南非和巴西为正的估值效应趋势，中国和印度为稳定且小幅波动的负估值效应趋势，俄罗斯为不断增大的负估值效应趋势。特别地，南非和俄罗斯两条截然不同的累计估值效应发展趋势值得我们深思。南非在2008年以前还处于财富流失的不利地位，但2008年以后，其估值效应逆转为正且规模持续扩大。结合图8-3，可知南非分别于2008年、2011年和2013年产生较大的正的估值效应，导致其累计的正的估值效应不断增加，因此，下文分析将着重关注这三年南非对外资产负债的结构变化。另一方面，俄罗斯估值效应常年为负，导致累计的负估值效应不断加剧，财富流失状况严重。结合图8-3，俄罗斯在2001—2007年产生较大的负

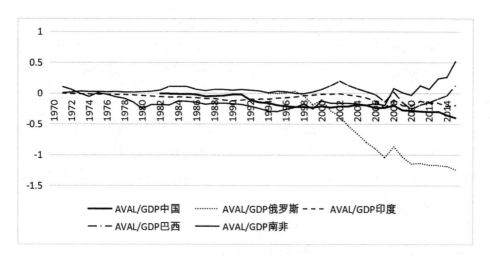

**图8—4 1970－2015年金砖国家累计的标准化估值效应（AVAL/GDP）**

估值效应，以2007年为例，俄罗斯由于估值效应导致的财富流失几乎冲减了该国以往年度累计的国内生产总值（－1.046），此数值在2015年更是达到了－1.241。因此，分析俄罗斯在该时期的资产负债结构尤为重要。

此外，金砖国家在金融危机期间都有不同程度的正的估值效应，若以国民财富的增减为衡量标准，则金融危机"有利于"金砖国家净财富流入。

### 三、1990—2012年金砖国家估值效应的PVAR分析

上文从估值效应角度分析了金砖国家外部财富的不同发展路径。下文通过具体分析估值效应的两个生成因素贡献大小，深入探讨导致金砖国家外部财富损益地位不同的主要原因。

一国对外净资产（NFA）的价格变动来源有两个：一是对外资产和负债本身的价格变动，例如中国持有的德国股票价格受德国股票市场的影响而产生的价格变动；二是在对外资产和负债价格没有发生变动的前提下，由于对外资产或负债计价货币的汇率变动导致的账面价格变化。前者即资产价格变动导致的估值效应（$VAL_t^{MV}$），后者为汇率变动导致的估值效应（$VAL_t^{XR}$）。值得注意的是，汇率变动和资产价格变动虽然在理论上属于两类不同的估值效应，但在现

实应用中，两者的变动往往是相互作用的，不能绝对区分。

$VAL_t^{XR}$ 可通过汇率变动直接计算，但无法直接估算 $VAL_t^{MV}$。本章基于莱恩和沈大伟（2014）估算的各国对外资产负债的外币占比数据，选取 IMF 以 2010 年为基年的名义有效汇率（IFS 数据库），计算 $VAL_t^{XR}$：

$$VAL_t^{XR} = \sum (\omega_{ijt}^A * A_{it-1} - \omega_{ijt}^L L_{it-1}) * \% \Delta E_{ijt} \qquad (8-7)$$

值得注意的是，该项资产（负债）的外币占比数据并不是真实记录的数据，而是由莱恩和沈大伟（2014）通过"二步法"（Two - step process）[①] 估算的数据。估算的关键是用一国对外资产（负债）中该类资产（负债）的地理分布代表该国该项资产（负债）的币种构成。此假设前提是一国在国内只能发行以本国货币计价的各类金融资产或金融衍生品[②]。

为比较汇率波动和资产价格波动对总估值效应波动的影响，本章用方差分解的方法分离两种估值效应对总估值效应的贡献度（刘坤，2016；宋芳秀和冯天骄，2014；那明和戴振亚，2017）。本章首先建立面板向量自回归模型（Panel Data Vector Autoregression，PVAR）。该模型由霍尔茨（Holtz - Eakin，1988）提出，在继承 VAR 模型优点的基础上，将系统中所用变量都视为内生，通过正交化脉冲 - 响应函数分离出一个内生变量的冲击给其他内生变量所带来的影响，同时通过引入个体效应和时点效应变量，分别捕捉个体差异性和不同截面受到的共同冲击。在 PVAR 中，只要 T≥m+3（T 为时间序列的长度，m 为滞后项的长度）便可以对模型的参数进行估计，而且当 T≥2m+2 时，便可在稳态下估计滞后变量的参数，如（8-8）式：

$$Z_{t+1} = C_t Z_t + \varepsilon_t, Z_t = [VAL_t^{XR}, VAL_t^{MV}, VAL_t]' \qquad (8-8)$$

（8-8）式中 $C_t$ 表示系数矩阵，$\varepsilon_t$ 表示残差。在构筑 PVAR 模型后，对样本数据 $VAL_{it}$，$VAL_{it}^{MV}$ 和 $VAL_{it}^{XR}$ 分别做单位根检验，发现各项在 1% 的置信水平下均

---

① 第一步是计算一国持有的每项对外资产（或负债）的货币构成，第二步是利用第一步估计的按资产项目划分的货币占比，结合各项资产（负债）权重，计算出一国总对外资产（或负债）的货币占比。

② 关于这个假设，莱恩在文中有解释该假设的缺陷，但是由于在岸市场发行的外币负债数据不可得，故本章对此不考虑。

平稳。在此基础上，利用 GMM 方法对 PVAR 进行估计，各变量滞后三期在 1% 显著水平下完全显著，基于此进行后续脉冲响应函数分析及方差分解分析。

（一）脉冲响应函数分析

脉冲响应函数分析主要是通过对随机扰动项施加一个标准差的冲击后，研究该冲击对内生变量当期值和未来值所产生的动态影响。本章给予各变量 1 个标准差冲击，用蒙特卡洛法模拟 500 次得到脉冲响应函数（详见图 8 - 5），并构造了 95% 的置信区间。图 8 - 5 中横轴代表冲击反应的响应期数（滞后期数为 6），纵轴表示内生变量对于冲击的响应程度。结果发现，对于金砖国家而言，分别给予 $VAL_t^{MV}$ 和 $VAL_t^{XR}$ 一个标准差的冲击，$VAL_t^{MV}$ 对总估值效应的冲击更大，该影响在滞后 5 期后趋于稳定，$VAL_t^{XR}$ 影响相对较小。

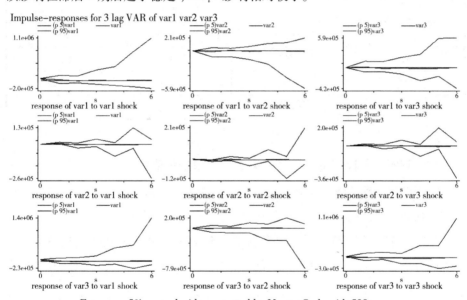

Errors are 5% on each side generated by Monte-Carlo with 500 reps

**图 8 - 5　1990—2012 年金砖国家 $VAL_{it}$，$VAL_{it}^{MV}$ 和 $VAL_{it}^{XR}$ 脉冲响应函数**

注：VAR1、VAR2 和 VAR3 分别代表总估值效应、汇率变动导致的估值效应和资产价格变动导致的估值效应。

（二）方差分解

方差分解是分析对应内生变量对标准差的贡献比例。本章在 PVAR 模型估计的基础上，分别选取 10 个预测期、20 个预测期和 30 个预测期进行方差分解，由于这三个不同长度预测期的方差分解结果基本一致，本章仅报告 10 个预测期的结果（参见表 8-2）。结果显示，金砖国家资产价格波动导致的估值效应（$VAL_t^{MV}$）远远高于汇率变动导致的估值效应（$VAL_t^{XR}$）的贡献率，前者为 22.3%，后者为 7.3%。故本章在后续分析中，更关注金砖国家资产配置结构不同导致的各国资产价格变动。

**表 8-2 1990—2012 年金砖国家 $VAL_{it}$，$VAL_{it}^{MV}$ 和 $VAL_{it}^{XR}$ 方差分析结果**

| 被解释变量 | 解释变量 | | |
|---|---|---|---|
| | $VAL_{it}$ | $VAL_{it}^{XR}$ | $VAL_{it}^{MU}$ |
| $VAL_{it}$ | 0.697 | 0.073 | 0.223 |
| $VAL_{it}^{XR}$ | 0.236 | 0.172 | 0.592 |
| $VAL_{it}^{MU}$ | 0.649 | 0.042 | 0.31 |

## 四、1990—2012 年金砖国家汇率变化导致的估值效应

汇率变化导致的估值效应，究其产生原因是一国持有以外币计价的资产和负债，从而导致该国对外净资产价格易受汇率波动的影响。本章结合金砖国家 $VAL_t^{XR}$ 变化趋势，分别从资产端和负债端探索各国对外资产的外币占比情况。本章首先分析金砖国家总体外币占比趋势，然后具体分析各国资产和负债中的持有币种情况。

（一）金砖国家对外资产和负债的外币占比的趋势

从图 8-6 可见，金砖国家的对外资产接近 100% 都以外币计价（其间，部分金砖国家外币资产占比略微减少 1% 左右），对外负债的外币占比大幅度减少，中国减少的外币负债比例最大。截至 2012 年，俄罗斯、印度、巴西、南非和中国的外币负债占比分别为 43%、43%、31%、29% 和 28%。在这种资产负债外币占比高度不对称的情况下，本币的升值导致一国对外资产缩水的同时，也减轻了部分

对外负债，$VAL_t^{XR}$ 的正负不确定，还取决于该国对外资产和负债的规模。

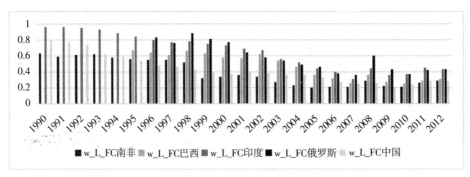

**图 8 - 6　1990—2012 年金砖国家国际资产外币占比情况**

注：W_ A_ FC 表示的用外币计价的对外资产在总对外资产中的占比，W_ F_ FC 表示的用外币计价的对外负债在总对外负债中的占比。

（二）金砖国家对外资产负债中各主要国际货币占比情况

图 8 - 7 反映了金砖国家对外资产和负债中持有的主要国际货币情况。从图 8 - 7 可知，无论资产端还是负债端，美元是各国选择持有的第一大外币（南非除外），欧元是较多国家选择持有的第二大外币。由此可见，美元的国际霸主地位仍未动摇，但近几年金砖国家为摆脱对美国经济的过度依赖，逐渐减持美元负债，其中，南非减持比例最大，巴西次之。

除此之外，各国在选择对外资产计价货币时，除了考虑币种发行国的经济实力外，国家之间的政治关系也有一定影响。从理论上分析，国家之间的政治关系能够影响国民对外国经济实力和货币坚挺的信心，从而选择持有或者放弃以该国货币计价的资产。现实恰巧吻合（详见图 8 - 7）。俄罗斯在 2000 年后与欧洲的关系不断恶化，其开展的乌克兰东部军事行动、入侵波罗的海上空等威胁欧洲安全体系的活动，导致欧盟对俄罗斯实施制裁；与此同时，俄罗斯在 21 世纪后急剧减少欧元持有比例，是金砖国家中持有最少欧元负债的国家。无独有偶，南非选择持有英镑作为其对外资产的第一大计价外币，欧元与美元比例相当，这与英国对南非的长期殖民历史不无相关。

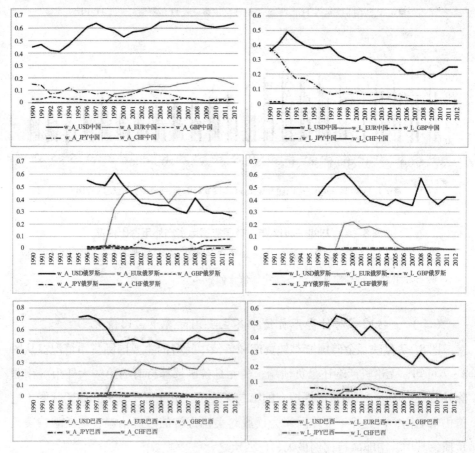

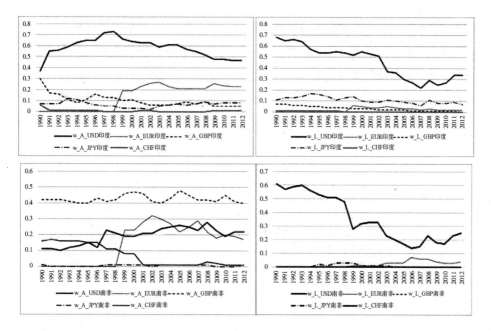

**图 8 - 7　1990—2012 年间金砖国家对外资产和负债的主要国际货币占比情况**

注：W_ A_ USD，W_ A_ EUR，W_ A_ GBP，W_ A_ JPY；W_ A_ CHF 表示的用美元、欧元、英镑、日元和瑞士法郎计价的对外资产在总对外资产中的占比。W_ L_ USD，W_ L_ EUR，W_ L_ GBP，W_ L_ JPY，W_ L_ CHF 表示的用美元、欧元、英镑、日元和瑞士法郎计价的对外负债在总对外负债中的占比。

### 五、1970—2015 年金砖国家资产价格变化导致的估值效应

第三部分得出资产价格变动导致的估值效应是金砖国家估值效应波动的主要因素，且该部分估值效应与汇率变动导致的估值效应高度相关。因此，下文着重分析金砖国家对外资产负债的结构差异，在横向比较国家之间资产负债配置不同的基础上，从纵向上研究各国资产负债结构的时间变化。

### （一）金砖国家对外资产结构总体趋势

图 8 - 8 为各国对外资产中股权证券投资、债务性证券投资、对外直接投资和储备类资产的 GDP 占比情况。可以发现，南非股权投资类资产比例远远超过其他金砖国家。俄罗斯债务性证券投资自 1992 年始急剧增加，于 2000 年达到顶峰后急

剧减少,但仍处于领先地位。对外直接投资方面,南非在 2002 年前遥遥领先,于 2002 年后被俄罗斯反超,但在 2010 年后又急剧增加。中国在储备类资产方面处于绝对优势,储备类资产规模明显高于其他四个国家。综上,南非股权证券投资类和对外直接投资类资产规模较大,在非状态依存型资产①方面处于绝对优势。

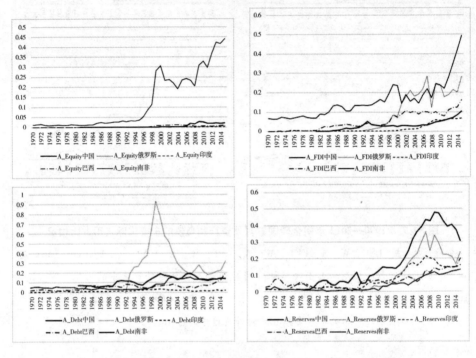

图 8-8    1970—2015 年金砖国家对外资产情况

注: A_ Equity, A_ Debt, A_ FDI 和 A_ Reserves 分别表示股权证券投资、债务性证券投资、对外直接投资和储备类资产的 GDP 占比 (%)。

(二) 金砖国家对外负债结构总体趋势

图 8-9 为各国对外负债中股权证券投资、债务性证券投资和对外直接投资的

---

① 非状态依存型资产大多为股权投资,易因交易所产生的资本溢价而产生市值变动,未来收益不稳定。状态依存型资产主要指债券、贸易信贷及储备资产,这类资产是对固定收益的获取权,收益稳定且可预测性强,资产市值与账面价值基本相等且变化不大。

GDP 占比情况，总结如下。首先，金砖国家在负债端的股权证券投资，呈现随金融危机"波浪式"变动的相同的变化趋势，该部分负债于 2007、2008、2009 年分别呈现增加、减少、再增加的变化。由此可见，股权证券投资类负债易受宏观经济波动的影响，就金融危机而言，其对各国的影响趋同。其次，南非的股权证券投资和对外直接投资类负债远高于其他金砖国家，对外直接投资类负债在 1970 年至 1992 年间虽然有所减少，但在 1999 年后，南非该部分负债又急剧增加至一位。最后，就债务性证券投资类负债而言，俄罗斯于 1992 年开始迅速增加并于 2000 年达至顶峰，次年急剧减少，但俄罗斯仍为持有最多债务性证券投资负债的国家。

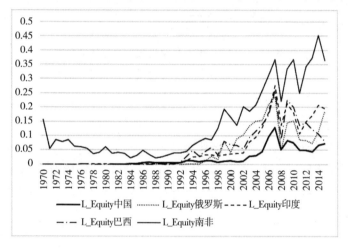

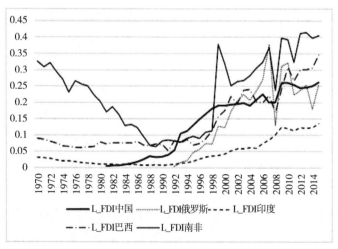

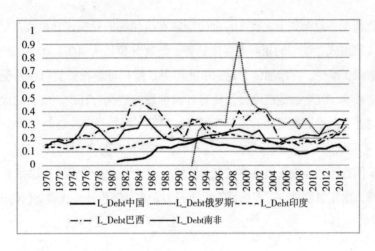

**图 8 - 9　1970—2015 年金砖国家对外负债情况**

注：L_ Equity，L_ Debt 和 L_ FDI 分别表示股权证券投资、债务性证券投资和对外直接投资类负债的 GDP 占比（%）。

### （三）金砖各国对外资产和负债结构变化

上述结果表明，金砖国家各类对外资产负债的总体变化趋势相似。以下分别从金砖国家对外资产和对外负债两方面，分析比较各国对外资产负债结构的变化。

### 1. 南非

图 8 - 10 表示南非的对外资产和负债情况。从资产端看，南非的对外直接投资类资产于 21 世纪前处于领先地位，2000 年被急剧增加的股权证券投资类资产反超。债务性证券投资类资产和储备类资产相对较少。从负债端看，股权证券投资类负债稳步增加，对外直接投资类负债在 1996 年前后先减后增，债务性证券投资类负债不断波动。结合图 8 - 5 发现南非在 2008、2011 和 2013 这三年产生巨大的正估值效应，故重点关注 2008、2011 和 2013 年南非的资产负债结构变化。资产端，股权证券投资类资产和对外直接投资类资产于 2008 年和 2011 年均小幅减少，与此同时，二者在负债端的减少幅度则更显著（减少幅度在 10% 的 GDP 占比左右）。鉴于此，本章推测金砖国家对外直接投资和股权证券投资类净负债的减少可能会导致正的估值效应。而南非 2013 年的对外资产和负

146

债结构并无明显变化趋势，深入研究发现此年为南非 GDP 下降的转折点，小幅的估值效应波动（VAL）可能会导致大幅的标准化估值效应（VAL/GDP）。

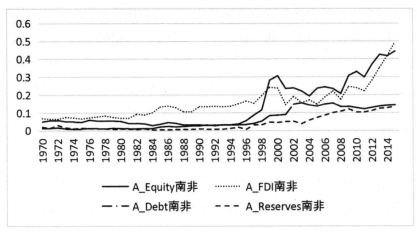

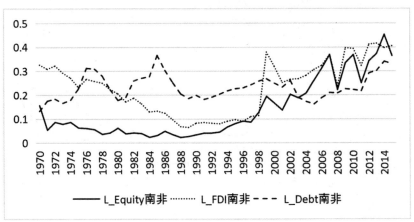

**图 8 - 10　1970—2015 年南非对外资产负债情况**

注：A_ EQUITY，A_ FDI，A_ DEBT 和 A_ RESERVES 分别表示股权证券投资、对外直接投资、债务性证券投资和储备类资产的 GDP 占比（%）。L_ EQUITY，L_ FDI 和 L_ DEBT 分别表示股权证券投资、对外直接投资和债务性证券投资类负债的 GDP 占比（%）。

2. 巴西

图 8-11 表示巴西的对外资产和负债情况。从资产端看，巴西四项资产均处于增长趋势，除股权证券投资类资产几乎不变，各项资产增长趋势较明显。从负债端看，2007 年前巴西的债务性证券投资占主导地位，2007 年后，对外直接投资类负债占主导地位，股权证券投资类负债自 2010 年开始呈现下降趋势。结合图 8-5，巴西于 2008 年产生了巨大的正估值效应，且 2011 年后估值效应均为正。就金融危机前后资产负债变化而言，巴西在此期间资产端变化不大，负债端出现了与南非相似的结构变化（股权证券投资类和对外直接投资类负债在 2008 年急剧减少，次年增加），间接证明了上述推测的合理性。2011 年后，巴西的估值效应均为正且为上升态势，同时，负债端的股权证券投资类负债下降趋势明显，对外直接投资类负债在此期间增长，由此推测，巴西股权证券投资类负债对其估值效应的影响至关重要。

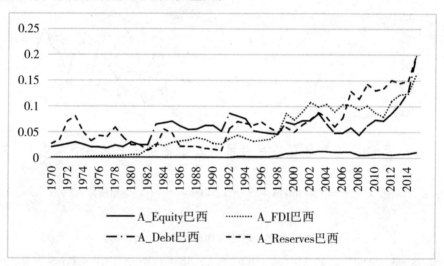

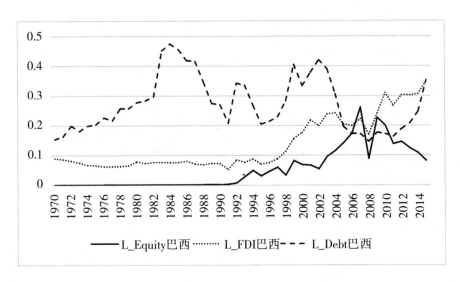

**图 8 - 11    1970—2015 年巴西对外资产负债情况**

注：A_ EQUITY，A_ FDI，A_ DEBT 和 A_ RESERVES 分别表示股权证券投资、对外直接投资、债务性证券投资和储备类资产的 GDP 占比（％）。L_ EQUITY，L_ FDI 和 L_ DEBT 分别表示股权证券投资、对外直接投资和债务性证券投资类负债的 GDP 占比（％）。

3. 印度

图 8 - 12 表示印度的对外资产和负债情况。从资产端看，资产规模从大到小依次为对外直接投资、股权证券投资、债务性证券投资和储备类资产，前两者规模相当，后两者规模相当。从负债端看，三类负债规模相当，股权证券投资类负债和对外直接投资类负债波动较大，呈波浪式增长。结合图 8 - 5，印度在 2008 年和 2011 年分别产生了正估值效应，而印度这两年股权证券投资类负债和对外直接投资类负债明显下降，负债端和估值效应的相互变动规律印证了本章的推测。

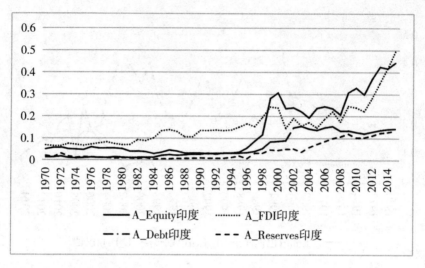

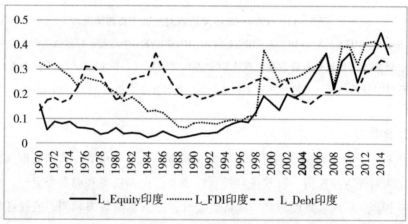

**图 8 – 12    1970—2015 年印度对外资产负债情况**

注：A_ EQUITY，A_ FDI，A_ DEBT 和 A_ RESERVES 分别表示股权证券投资、对外直接投资、债务性证券投资和储备类资产的 GDP 占比（％）。L_ EQUITY，L_ FDI 和 L_ DEBT 分别表示股权证券投资、对外直接投资和债务性证券投资类负债的 GDP 占比（％）。

4. 俄罗斯

图 8－13 表示俄罗斯的对外资产和负债情况。从资产端看，债务性证券投资自 1992 年开始急剧增长，并于 2000 年达到顶峰，之后该项资产急剧下降，并与其他类资产规模相当。储备类资产与对外直接投资类资产自 2001 至 2007 年逐渐增加，两者规模相当，并在金融危机期间小幅波动。股权证券投资类资产几乎为零。从负债端看，债务性证券投资类和对外直接投资类负债的变动趋势与资产端相同，股权证券投资类负债的变动趋势与对外直接投资类负债趋同。结合图 8－5，俄罗斯在 2001 至 2007 年间产生了较大的负估值效应，而此年间，俄罗斯对外资产负债结构的最大变化是债务性证券投资类资产和负债的急剧减少，负债端股权证券投资和对外直接投资呈现增长趋势，与本章推测相吻合。此外，俄罗斯在金融危机前后的非状态依存型负债与估值效应反向变动，两者相互变动规律不变。

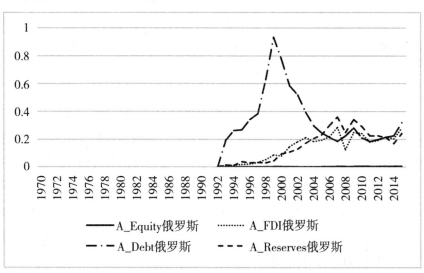

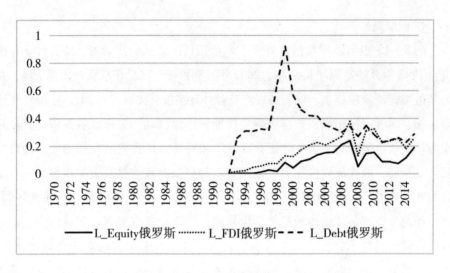

**图 8 – 13　1970—2015 年俄罗斯对外资产负债情况**

注：A_ EQUITY，A_ FDI，A_ DEBT 和 A_ RESERVES 分别表示股权证券投资、对外直接投资、债务性证券投资和储备类资产的 GDP 占比（％）。L_ EQUITY，L_ FDI 和 L_ DEBT 分别表示股权证券投资、对外直接投资和债务性证券投资类负债的 GDP 占比（％）。

5. 中国

图 8 – 14 表示中国的对外资产和负债情况。从资产端看，中国储备类资产的 GDP 占比远远超过其他三类资产，债务性证券投资、对外直接投资和股权证券投资类资产依次减少。从负债端看，对外直接投资类负债增加明显，债务性证券投资类负债先增后减，股权证券投资类负债较少。结合图 8 – 5，虽然中国相对于其他金砖国家而言，估值效应较小，但其估值效应仍然呈现随着金融危机变动的趋势，而中国负债端股权证券投资类负债和对外直接投资类负债与估值效应变动方向相反，与上述推测吻合。

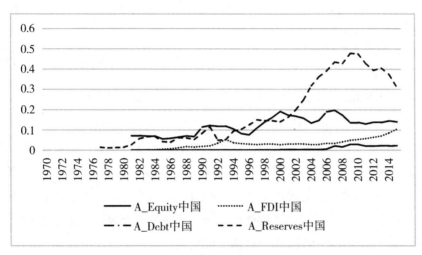

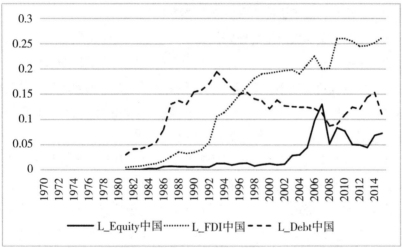

**图 8 – 14　1970—2015 年中国对外资产负债情况**

注：A_ EQUITY，A_ FDI，A_ DEBT 和 A_ RESERVES 分别表示股权证券投资、对外直接投资、债务性证券投资和储备类资产的 GDP 占比（％）。L_ EQUITY，L_ FDI 和 L_ DEBT 分别表示股权证券投资、对外直接投资和债务性证券投资类负债的 GDP 占比（％）。

## 六、结论及对策建议

### (一) 结论

首先，在消除估值效应的规模因素之后，中国标准化的估值效应明显减少，不再是金砖国家中估值效应最大的国家，南非、巴西估值效应波动较大，并在较多年份产生正的巨额财富收益，俄罗斯负的估值效应明显。就累计的估值效应而言，南非在较多年份维持正的估值效应，且其正估值效应规模不断扩大，遥遥领先于其他四国。这说明南非的资产负债结构在一定程度上具有优势，值得学习借鉴。俄罗斯累计的估值效应为负，且规模不断增加，是金砖国家中财富损失最严重的国家。中国和印度累积估值效应虽然为负，但相对于其经济总量来说，影响略小，属于金砖国家中最小的两个国家。

其次，本章借鉴面板向量自回归模型 (PVAR)，对金砖国家的估值效应进行脉冲响应函数分析和方差分解，结果发现金砖国家资产价格变动导致的估值效应对总估值效应的贡献率为 22.3%，汇率变动导致的估值效应对总估值效应的贡献率为 7.3%，说明对于金砖国家而言，资产价格变动是导致其估值效应的主要原因，汇率变动对其存量资产的价格变动影响较小。

再次，通过对金砖国家资产负债的外币结构进行特征事实分析，得出了金砖国家资产负债本外币占比结构相似，外币资产负债中币种结构略有差异的结论。金砖国家的对外资产几乎均以外币计价，倾向于持有美元、欧元等主要国际货币，对外负债的外币占比在 35% 左右，且处于不断减少的趋势。此外，本章认为国家之间的政治经济关系影响一国选择持有的国际货币币种结构及占比比例，国家之间政治关系的恶化将减少另一国货币在本国资产或负债的货币占比，如俄罗斯与欧洲国家、中国与日本、南非与英国。

最后，本章认为金砖国家高收益类 (股权证券投资类和对外直接投资类) 负债规模的增加是导致这些国家财富流失的主要原因。本章从金融危机期间金砖国家产生较大的正估值效应这个特征事实出发，对比各国在金融危机前 (2007 年)、金融危机中 (2008 年) 和金融危机后 (2009 年) 对外资产和负债的结构变化，得出直接投资和股权证券投资等非状态依存型负债的减少会导致正的估值效应。除了金融危机期间，该变化规律也适用。本章通过比较南非、俄罗斯在非金融危机期间的估值效应异常点（南非，2011 和 2013 年；俄罗斯在 2001 年至 2007 年间），证明了相同变化规律。

（二）对策建议

基于上述分析结论，本章提出以下建议：

首先，加强金砖国家金融市场的发展与融合，深化金融体制和经济体制改革，相互开放金融市场。在金融合作中，除了需要协同政策，还需要相互借鉴经验，如印度在金融自由化、金融稳定及提高资本效率方面具有较高的能力和水平，印度 2015 年在依据经济增长、金融稳定、人身安全、腐败、政府侵占、当地合作伙伴剥削、资本控制和汇率等多指标测算的经济体投资收益率评估指标——全球基准盈利能力指数 BPI 中跃居榜首，值得其他金砖国家学习。

其次，加强金砖国家间金融合作。从合作内容上看，促进"一带一路"沿线国家、金砖国家之间的货币金融合作，不仅包括外汇储备应急安排、本币双边货币互换等，还应包括推进金砖国家货币在区域内的使用，从而促进金砖国家之间相互持有股权证券、直接投资等权益性资产的投资比例。以人民币为代表，金砖国家货币币值随着国家经济发展水平的提高而越来越稳定，所以虽然金砖国家货币均为非主要国际货币，但出于分散风险以及稳定性考虑，有必要增加金砖国家货币的双边持有。增加对外资产和负债中金砖国家货币计价资产的占比，还可以抵御发达国家货币贬值给金砖国家带来的汇率风险。基于这一点，金砖国家相互之间保持政治友好，加强政治联系和民族群众沟通交流，定期举办金砖会议，组织领导人及相关学术研究人员互相访问显得尤为重要。我们在净资产结构部分研究中也发现，国家之间的政治经济关系影响着一国持有的国际货币及货币比重，因此，金砖国家之间紧密的政治联系，有利于增加本币被其他金砖国家持有的比例。

最后，要进一步推动金砖国家相互间的直接投资和证券投资关系。金砖国家的负的估值效应很大一部分原因是金砖国家经济增速快，资产增值比例远远高于其他国家，不断吸引外资。而这些外资大部分源于发达国家，这些国家本国的权益性投资的回报率远远不及金砖国家的投资回报，金砖国家对发达国家的投资远不及发达国家对金砖国家的投资回报，而这对金砖国家来说，却在无形中增大了对外负债的成本。若金砖国家增加相互之间的直接投资以及股权市场投资，则其对外负债的主要债权人为其他金砖国家，资产增值速度与负债增值速度配比，减少了估值效应对国家财富的损失。

# 第九章

# 周期性趋势、估值效应与国际消费风险分担

## 一、问题的提出

自巴克斯（Backus）等人（1992）提出国际消费风险分担之谜以来，众多学者致力于探究如何解释跨国消费增长率的相关性远较理论值低这一经验事实。国际消费风险分担之谜的相关研究中，国际金融市场日益成为国际消费风险分担水平的一个很重要的解释因素。不论是国际资本市场或是国际信贷市场的消费风险分担，均通过跨境资本流动得以实现。换句话说，任何影响跨境资本流动的因素都可能对国际消费风险分担产生影响。

20世纪90年代以来，国际资本流动加快，国际金融一体化发展迅速。国际金融一体化一方面丰富了各国政府和私人的投资组合，提高了全球范围内的资金配置效率；另一方面，增强了全球宏观经济的联动性，扩大了全球经济运行的不确定性，加剧了全球金融市场的波动。随着国际金融一体化的发展，各国可以通过不断持有国外资产以分散国家异质风险。估值效应（Valuation Effect）作为外部失衡调整的金融渠道，在这过程中扮演着重要的角色。估值效应指的是一国对外净资产由于资产价格变动或汇率变动而导致的该国对外净资产的价值变动，这部分资产价值变动在重置国际间财富分配的同时，由于其隐含着与市场价格、汇率密切相关部分的跨境资本流动，造成一国的经济实体波动，从而影响一国的最终消费。因此，估值效应虽然源于存量资产价格的变动，但是其本质上属于一种跨境资本流动，且存量源于流量的累加，故其理论上也会对

国际消费风险分担产生影响。

目前，国际消费风险分担和估值效应失衡调整作用的相关研究较多且日趋成熟，但是鲜有学者关注到估值效应与国际消费风险分担的内在联系。随着各国国际投资头寸表的完善与估值效应研究的深入，少数学者开始对估值效应的国际风险分担作用进行探讨。本章立足于国际金融一体化的时代背景，分别从多国禀赋经济模型和国际风险分担渠道出发，从周期性趋势的视角探讨估值效应与国际风险分担联系的内在机理，并对其进行实证检验。本章余下部分的结构如下：第二部分回顾了估值效应、国际消费风险分担以及估值效应的国际风险分担水平等三方面的经典文献，第三部分介绍估值效应和国际消费风险分担的理论模型及计量方法，第四部分展示了两者共同变化趋势及其与经济周期的联系，在此基础上给出本章的理论假说，第五部分基于上述理论假说，从两者共同周期性趋势的角度对估值效应的国际消费风险分担进行了实证检验，最后是总结和本章研究的宏观经济政策含义。

## 二、文献回顾

### （一）国际消费风险分担

国际消费风险分担是指降低国家异质风险（国民产出波动）对该国最终消费的影响。当一国遭受国家异质性冲击时，国内产出发生变动，从而导致该国国民收入的波动，最终影响该国消费变动。在存在国际消费风险分担的情况下，该产出波动会传导至世界市场，造成各国收入和消费的波动。国际消费风险分担的研究大致包括以下三方面。

1. 国际消费风险分担路径分析

国际消费风险分担的路径分析最早源于国内消费风险分担的研究成果。阿斯德鲁巴利（Asdrubali）等人（1996）开创了此类研究的框架思路，其将美国各州之间的消费风险分担细分为资本市场、信贷市场和联邦政府三个渠道，通过方差分解得出各渠道的风险分担作用分别为39%、23%和13%，剩余25%没有被任何市场平滑。众多学者利用阿斯德鲁巴利等人（1996）的方法，对国内外消费风险分担渠道展开分析，包括一国国内各州或各省市的风险分担渠道分析（Balli 等，2012a；洪勇，2016）和经济联盟组织或区域经济体间的风险分担渠道分析（Sørensen 和 Yosha，1998）。从所研究的区域看，国外研究主要集中于发达工业国家、经济合作发展组织国家（OECD）、欧盟国家（EU）和东亚等区域（Sørensen 和 Yosha，1998；Mélitz 和 Zumer，1999；Christev 和 Melitz，2013；Kim 等，2004）。

2. 国际消费风险分担影响因素分析

巴克斯等人（1992）提出国际消费风险分担之谜之后，众多学者围绕国际消费风险分担的影响因素，从多个视角展开了研究。李维斯（Lewis，1996）是最早研究国际消费风险分担影响因素的学者，其实证结果证明，商品或劳务的可贸易性和资本市场开放程度的共同作用会影响国际消费风险分担。希思柯特和佩里（Heathcote & Perri，2002）认为，金融市场的不完全性使得通过充分持有与国家产出相关的或有资产规避国际异质产出风险的渠道无效。另外，交易成本的存在（交通、关税和非关税政策等）也会影响一国的国际消费风险分担水平（Bai 和 Zhang，2011；Epstein 等人，2016）。阿蒂斯和霍夫曼（Artis & Hoffmann，2011）、周程（2015）等证明了一国面临的产出冲击的持续性对一国消费风险分担路径选择的影响。

在所有影响因素研究中，国际金融一体化对国际消费风险分担的影响至关重要，也是目前学者们研究分析的重点（Rangvid 等，2016）。理论上，国际金融一体化的发展应有利于各国国际消费风险分担水平的提高。但是，实证结果往往得出国际金融一体化对发达经济体作用显著、对新兴市场国家作用不明显的结论（Kose 等，2007）。针对这一现象，学者们分别从外部资产、负债流量和存量角度，对国际金融一体化并未显著提高风险分担的现象进行探讨。存量角度的研究侧重于存量对外资产的投资组合结构对消费风险分担的影响（Sørensen 等，2007；Fratzscher 和 Imbs；Bracke 和 Schmitz，2011；Holinski 等，2012），认为一国股权投资母国偏好的减少会促进该国国际消费风险分担水平的提高。流量角度的研究强调了跨境资本流动构成对消费风险分担的影响（Kose 等，2008）。

3. 国际消费风险分担福利收益分析

随着金融一体化的快速增长，国家间消费风险分担水平得到了显著提高

（Sørensen 等，2007；Artis 等，2006），但即使在发达工业化国家，国际消费风险分担水平相对于模型预期的仍然很低（Sørensen 等，1998；Malik，2015）。这意味着存在较大的潜在福利收益。这类研究按照研究方法可分为两类：一类是基于消费的福利研究（Cole 和 Obstfeld，1989；Wincoop，1994；Wincoop，1999），另一类是基于股票回报率的福利研究（Haim 和 Sarnat，1970；Lewis 和 Liu，2015；Fletcher，2018）。前者从禀赋经济出发求消费最优解，然后求解股权交易开放市场中的消费，将之代入效用方程，得出消费风险分担潜在福利不大的结论；后者通过均值－方差关系计算国内外资产的最优组合，将之代入效用方程，得出多样化资产投资组合能够显著提高一国风险分担水平的结论。李维斯（2000）通过将两种方法对比，提出上述差异主要原因是股票回报率的大幅波动影响了边际效用的跨期替代。

（二）估值效应

估值效应最先由莱恩和米勒斯（2001）提出，其在以市值计价法对各国国际投资头寸重估时，发现美国通过汇率贬值的方法实现了对外净资产（Net Foreign Asset，下文简称 NFA）的增加，他们称之为估值效应。2005 年后，权益类资产的兴起使得资产价格大幅波动，资产价格对国际投资头寸的影响愈发明显。由此，莱恩等人（2007）将估值效应的概念扩充为由汇率变动或资产价格变动引起的估值效应，这个概念被学者们广泛使用并受到了国际货币基金组织的认可。估值效应的研究主要集中在以下三方面。

1. 估值效应的测量

莱恩和米勒斯（2001）是最早关注估值效应数据收集和完善的学者，他们以国际收支平衡表为基础，测算了 1970—1998 年间 67 个国家的外部资产和负债组成。莱恩和米勒斯此后又多次重新估计和更新了世界上数据可得的所有国家自 1970 以来的外部资产和负债数据，并公开发布在莱恩的主页上①。另一对估值效应估算做出重要贡献的是吉兰沙和雷伊（2005）。他们基于 NFA 现值方程，首次提出了估值效应的估算方法。

---

① 参见 Lane 主页上的数据更新。

随着中国资本市场的逐步开放，国内学者针对估值效应展开了研究。贺力平和林娟（2011）采用解析法得到中国2001—2009年间的估值效应，发现自2005年以来中国的估值效应均为负。刘琨和郭其友（2016）测算并分析了中国、美国、日本和欧元区四大经济体估值效应规模和内部结构。杨权和鲍楠（2017）对金砖国家1970—2015年的估值效应规模进行了重估。

2. 估值效应对外部失衡的调整作用

在外部失衡调整中估值效应的作用研究方面，古兰沙和雷伊（2007）结合国际投资净头寸（NFA）和净出口（NX），开创性地构建了衡量外部失衡的周期性指标（$nxa_t$），并得出估值效应在短期和中期有重要的外部失衡调整作用、在长期作用较小的结论。康斯坦丁诺（Konstantinou，2010）也得出了类似结论，即估值效应在1年以内的外部均衡调整中占主要作用，贸易渠道在1年至4年间的长期外部均衡调整中占主要地位。宋效军等人（2006）通过误差修正模型对中国1977—2002年净外部资产、出口、进口变量进行回归，结果证明中国存在负的估值效应，外部资产缩水严重。廖泽芳和詹新宇（2012）则用1991—2009年度数据和1981—2010年季度数据证明了中国存在负的估值效应，且该效应在金融危机期间加剧。

3. 可预期与不可预期的估值效应

估值效应是否可预期源自学者们对美国对外资产和负债收益率的思考，部分学者认为美国持有的外部资产收益率远高于外部负债收益率，估值效应可预期（Higgins 等，2007；Gourinchas，2008；Gourinchas 等，2010；Cavallo 和Tille，2006），报酬效应主要导致了上述资产负债的超额报酬率（Gourinchas 和Rey，2007）。另一部分学者认为资产负债收益率差异不大，估值效应不可预期（Curcuru 等，2009；Lane 和 Milesi - Ferretti，2008）。所谓的美国"超额收益"是存量数据和流量数据收集频率的不同所导致的统计误差，流入他国的美国证券被高估，流入美国的他国债券被低估（Curcuru 等，2009）。还有学者认为，可预期的和不可预期的估值效应同时存在（Pavlova 和 Rigobon，2009）。

（三）国际风险分担与估值效应的相关研究

随着全球经济的风险上升以及估值效应在各国宏观经济中扮演着越来越重

要的角色，学者们逐渐展开了基于估值效应的国际风险分担研究。德弗罗和萨瑟兰（Devereux & Sutherland，2009）提出未预期的估值效应作为国内外投资者持有的或有债权（contingent claims）的未来收益，会减少各国边际消费效用的波动，有利于国际消费风险分担。奥斯特菲尔德（2012）也证明了估值效应在短期发挥风险分散的作用，在长期发挥跨期消费平滑的作用。在理论模型的基础上，少量文献对估值效应的国际消费风险分担水平进行了实证研究。布莱克和施密茨（2011）将股权证券投资的投资回报分成投资收益和资本利得两部分，通过对17个新兴市场国家和18个工业国家1970—2005年间的国际消费风险分担实证分析，发现工业国家股权证券投资的净资本利得呈现逆周期趋势，且净资本利得的逆周期性越强，其体现的消费风险分担水平更高；保利等人（2012b）强调净资本利得规模的重要性，从国际消费风险分担渠道分析角度证明了1992—2007年间估值效应对欧洲货币联盟国家（10个）、欧盟国家（13个）和经济合作与发展组织国家（20个）有提高国际消费风险分担的作用；施罗德（Schröder，2015）通过对1980—2010年53个国家的估值效应和国际风险分担水平进行实证分析，证明估值效应对于发达国家具有提高国际风险分担水平的作用，对于新兴市场国家则取决于估值效应与国内消费增长的关系。

综上所述，国际消费风险分担领域的研究不论是在理论分析方面还是实证检验方面都比较完善，估值效应领域的研究以理论模型为主，实证研究则主要强调估值效应的外部失衡调整作用。基于估值效应的国际消费风险分担的实证研究则刚刚起步，迄今可见的三篇文献中，缺乏对估值效应影响国际消费风险分担的理论机制的深入分析，并且存在估值效应测算不全面、国家样本量小、时间滞后等不足，显示出在该领域做出边际贡献的空间仍然较大。基于此，本章试图做出的边际贡献如下：引入周期性趋势因素，通过估计估值效应及国际消费风险分担的共同趋势性特征，提出周期性趋势的估值效应存在国际消费风险分担功能的理论假说并进行实证检验。

### 三、基本理论模型与测算方法

（一）国际消费风险分担的理论模型及测算方法

首先，我们做如下定义：

$i = 1, 2, \cdots, N$ 表示世界上的国家个数；

$t = 1, 2, \cdots, T$ 表示时间；

$s = 1, 2, \cdots, S$ 表示共有 S 种自然状态；

$\pi(s^t)$ 表示 t 时期状态 s 发生的概率；

$C^i(s^t)$、$Y^i(s^t)$ 表示 t 时期状态 s 发生情况下 i 国的消费、产出；

$C^W(s^t)$、$Y^W(s^t)$ 表示 t 时期状态 s 发生情况下世界的消费、产出；

$P(s^t)$ 表示 t 时期状态 s 发生情况下与产出相关的或有资产的价格。

假设世界（或一个经济区域）由 N 个小国组成，存在一个完备的阿罗－德布鲁证券市场，在该市场下，每个国家 i 的产出价格 $P(s^t)$ 外生给定。同时，将各国产出视为同质可贸易商品，产出水平 $Y^i(s^t)$ 是随机外生的，其被一系列国家异质禀赋冲击 $\zeta^i_t$ 决定，则 $Y^i(s^t) = f(\zeta^i_t)$。将每个国家视为一个代表性消费者，则每个代表性消费者面临以下最优化问题：

$$max \sum_{t=0}^{\infty} \beta^t \sum_{s=1}^{S} \pi(s^t) u(C^i(s^t)), 0 < \beta < 1, s^t \in S$$

$$s.t. \sum_{s=1}^{S} P(s^t) C^i(s^t) \leq \sum_{s=1}^{S} P(s^t) Y^i(s^t) \qquad (9-1)$$

其中，$\beta^t$ 表示 t 时期的折现因子，该折现因子介于 0 和 1 之间，且对所有国家而言相同。建立 Lagrange 函数求最优解得：

$$u'(C^i(s^t)) = \frac{\varphi^i_t P(s^t)}{\pi(s^t)} \qquad (9-2)$$

（9-2）式适用于世界上任何一个国家 j，由此得出（9-3）式：

$$\frac{u'(C^i(s^t))}{u'(C^j(s^t))} = \frac{\varphi^i_t}{\varphi^j_t}, \forall \, s^t \in S \qquad (9-3)$$

（9-3）式表示在完全风险分担情形下，i 国和 j 国的边际效用之比等于其

Lagrange 乘数之比，这在任何状态 $s'$ 下均成立。同时，（9-3）式也说明了国家之间消费的精确关系依赖于效用函数的形式。假设各国消费效用函数均相同，不考虑国内风险分担的差异，则（9-3）式表示各国消费的影子价格相同，从而在该模型中，世界各国的消费增长率相同。

世界各国的消费增长率相同说明任意国家消费增长率与世界消费增长率的差值为零。假设该效用函数是对数效用形式，则最优条件可表示为下式：

$$E(\Delta log\ C_t^i - \Delta log\ C_t^W \mid X_t^i) = 0 \qquad (9-4)$$

其中，$X_t^i$ 表示一系列能够影响国家异质风险因素的向量，这些因素能随时间变化。当式（9-4）允许除国家异质风险以外的其他变量影响消费时，$E(\Delta log\ C_t^i - \Delta log\ C_t^W \mid X_t^i) \neq 0$，即

$$\Delta log\ C_t^i - \Delta log\ C_t^W = b'\ X_t^i + \epsilon_t^i \qquad (9-5)$$

其中，$\Delta_t^i$ 表示上述影响消费的主观因素，并假设该因素与国家异质风险无关。在完全风险分担情况下，一国的相对消费增长率与该国的国家异质风险无关，$b'$ 为0。李维斯（1996）和阿斯德鲁巴利等（1996）等学者认为，一国的国家异质风险 $X_t^i$ 可用一国产出与世界产出水平的偏差表示。由此，（9-5）式可转变为：

$$\Delta log\ C_t^i - \Delta log\ C_t^W = b'(\Delta log\ Y_t^i - \Delta log\ Y_t^W) + \Delta_t^i \qquad (9-6)$$

同样的，当风险完全分担时，一国的消费增长率与世界消费增长率的偏离与本国异质产出风险无关，则 $b'$ 系数为零。当不完全风险分担时，$b'$ 不为零，一国消费增长率与世界消费增长率存在差异，该部分差异主要由于该国的国家异质风险导致的，因而 $b'$ 的系数大小表示未被国际消费风险分担机制分担的那部分风险，$1-b'$ 视为国际消费风险分担程度（Sørensen 等，2007；Kose 等，2008）。

（二）估值效应的理论模型及估算方法

假设一国对外资产组合中有 I 种本币资产和 J 种外币资产，在 t 时期，该国内、国外资产价格分别为 $P_t^i$（i=1，2，…，I）和 $P_t^j$（J=1，2，…，J），国内、国外资产数量分别为 $X_t^?$ 和 $X_t^j$，且 t 时期该国在直接标价法的汇率为 $E_t^j$。则该国 t 时期的资产篮子的本币价格（$NFA_t$）为：

$$NFA_t = \sum_{i=1}^{I} X_t^i P_t^i + \sum_{j=1}^{J} X_t^j P_t^j E_t^j \qquad (9-7)$$

当以第一种商品作为计价物时，该国 t 时期资产组合的实际本币价值为：

$$\frac{NFA_t}{P_t^1} = X^1 + \frac{\sum_{i=2}^{I} X_t^i P_t^i}{P_t^1} + \frac{\sum_{j=1}^{J} X_t^j P_t^j E_t^j}{P_t^1} \qquad (9-8)$$

由（9-8）式可知，汇率（$E_t^j$）和资产价格相对变化（$P_t^i / P_t^1$）都会引起该资产篮子价值的变化，进而影响估值效应。

假设一国对外净资产价格在某一期间发生变化，则该国期末对外净资产价格可表示为式 9-9（Gourinchas，2008）：

$$NFA_{t+1} = R_{t+1} NFA_t + NX_t + CAP_t + EOM_t \qquad (9-9)$$

其中，$R_{t+1}$ 表示对外净资产在 t+1 期的回报率，$NX_t$ 表示 t 期的净出口水平（等于出口总额减去进口总额），$CAP_t$ 表示净资本转移，$EOM_t$ 表示误差与遗漏项。

在等式两边分别减去期初对外净资产存量，等式右边分别加上和减去净投资收益（$NI_t$），变换得：

$$NFA_{t+1} - NFA_t = (R_{t+1} - 1)NFA_t - NI_t + NX_t + NI_t + CAP_t + EOM_t$$
$$(9-10)$$

已知估值效应表示一国对外净资产的市值变化，则其等于对外净资产的投资回报减去期间的投资收益，即（$R_{t+1} - 1$）$NFA_t - NI_t = VAL_{t+1}$。根据经常账户的填报规则，经常账户余额等于贸易账户差额、收益差额和经常转移差额之和，不考虑经常转移，则 $NX_t + NI_t = CA_t$。由此，估值效应可表示为：

$$VAL_{t+1} = \Delta NFA_{t+1} - CA_t - CAP_t - EOM_t \qquad (9-11)$$

有学者（Bénétrix 等，2015；Tille，2008，Devereux 等，2010）证实了将误差与遗漏项涵盖在估值效应中不影响结果，由此上式简化为 $VAL_{t+1} = \Delta NFA_{t+1} - CA_t - CAP_t$。由于资本账户余额（$CAP_t$）较小，可忽略不计，则一国的估值效应计算方法可简化为：

$$VAL_t = NFA_t - NFA_{t-1} - CA_t \qquad (9-12)$$

### 四、特征事实及理论假设

根据上文的理论及核算方法，本章接下来核算国际消费风险分担水平与估值效应规模，讨论两者的长、短期趋势，及其与经济周期的关系，在两者特征事实的基础上，提出周期性趋势是估值效应能够发挥国际消费风险分担功能的作用机制的理论假设。

（一）数据来源及描述性统计分析

1. 指标构建及数据来源

根据上文关于国际消费风险分担水平和估值效应的测算方法，本章选取的指标分别为人均最终消费增长率、人均 GDP 增长率和估值效应渠道的规模。具体指标构建和数据来源如下。

（1）人均最终消费增长率指标

本章的最终消费又称为总消费，是指居民最终消费支出（私人消费）和一般政府最终消费支出之和。其次，本章基于国际消费风险分担侧重于跨国购买力动态变化这一事实，采用基于购买力平价计算的"实际"最终消费，既消除了价格的时间变化影响，还消除了价格的地理差异因素影响。以下人均"实际"GDP 指标亦同。最后，本章用各国"按 PPP 计算的以 2011 年为基年的 GDP 数据"乘以对应国家的"政府最终消费的 GDP 占比"估算得到"按 PPP 计算的以2011 年为基年的政府最终消费"。

（2）人均 GDP 增长率指标

人均 GDP 增长率指标的构建方法与人均消费增长率指标相同，人均 GDP 数据直接源于世界银行数据库，对应指标名称为"按 PPP 衡量的人均 GDP（2011年不变国际元)"①，该指标使得各国的国内生产总值都能与美国同期国内生产总值相比。

（3）估值效应渠道规模指标

估值效应的计算方法如前文所述（详见式 9 - 12）。为了消除国家规模差异的影响，本章将各国的绝对估值效应除以各国 GDP，得到相对估值效应。本章估值效应渠道规模采用的是相对估值效应的标准差，以 5 年期的滚动窗口计算

---

① 以购买者价格计算的 GDP 是一个经济体内所有居民生产者创造的增加值的总和加上任何产品税并减去不包括在产品价值中的补贴。计算时未扣除资产折旧或自然资源损耗和退化。数据以 2011 年不变价国际元计。

标准差，这使得样本时间缩减为 1995 至 2016 年。具体估算如下式：

$$相对估值效应 = \frac{NFA_t - NFA_{t-1} - CA_t}{GDP_t} \qquad (9-13)$$

以上各指标数据来源详见表 9-1。

2. 数据描述性统计分析

为了了解样本数据的特征，本章对各国家组别的相对消费增长率、相对产出增长率和估值效应渠道规模这三个变量进行了统计分析（详见表 9-2）。

如表 9-2 所示（面板 b 和 c），发达国家平均相对消费增长率和相对产出增长率均接近于零，说明发达国家的消费和产出与组内平均值相近，整体经济发展较平均且长期国家异质风险相对较小。与此同时，非发达国家平均相对消费增长率和相对产出增长率均为正数且其波动幅度远大于发达国家，说明该组国家经济水平差异较大，国家异质风险较大，尤其是各国的产出差异大，最大值与最小值差值为 0.525。另外，发达国家的估值效应渠道总体上大于非发达国家，且其波动幅度也远大于非发达国家。

表 9-1　基于估值效应的国家消费风险分担指标体系

| 一级指标 | 符号 | 二级指标 | 数据来源 |
|---|---|---|---|
| 估值效应渠道 | $\sigma\left(VAL^i\right)$ | 净国际投资头寸 | 2011 年前 EWNII[a]<br>2011 年后 IMF 各国 IIP 表 |
| | | 经常账户余额 | IMF |
| | | 名义 GDP | 世界银行 |
| 人均消费增长率[b] | $\Delta log C^i$ | 政府最终消费 GDP 占比 | 世界银行 |
| | | 按 PPP 计算的 GDP（2011 年不变国际元） | 世界银行 |
| | | 按 PPP 计算的居民消费（2011 年不变国际元） | 世界银行 |
| | | 人口 | 世界银行 |

续表

| 一级指标 | 符号 | 二级指标 | 数据来源 |
|---|---|---|---|
| 人均 GDP 增长率[b] | $\Delta\log Y^i$ | 按 PPP 计算的人均 GDP（2011 年不变国际元） | 世界银行 |

注：a. EWNII 是 External Wealth of Nations II 的简称，Philip Lane 的国家外部财富数据库；b. 世界及各分组的平均人均最终消费增长率和平均人均 GDP 增长率指标均为各组对应变量的算术加权平均。

### 表 9-2　相关指标描述性统计

| (a) 全样本 | 观测值 | 平均值 | 标准差 | 最小值 | 最大值 |
|---|---|---|---|---|---|
| 相对消费增长率 | 1584 | 0.039 | 0.037 | -0.181 | 0.194 |
| 相对产出增长率 | 1584 | 0.004 | 0.033 | -0.155 | 0.370 |
| 估值效应渠道 | 1584 | 0.079 | 0.122 | 0.004 | 1.670 |
| (b) 发达国家 | 观测值 | 平均值 | 标准差 | 最小值 | 最大值 |
| 相对消费增长率 | 704 | -1.28e-08 | 0.024 | -0.174 | 0.113 |
| 相对产出增长率 | 704 | -5.71e-09 | 0.023 | -0.104 | 0.218 |
| 估值效应渠道 | 704 | 0.112 | 0.171 | 0.006 | 1.670 |
| (c) 非发达国家 | 观测值 | 平均值 | 标准差 | 最小值 | 最大值 |
| 相对消费增长率 | 880 | 0.007 | 0.045 | -0.181 | 0.194 |
| 相对产出增长率 | 880 | 0.007 | 0.039 | -0.155 | 0.370 |
| 估值效应渠道 | 880 | 0.053 | 0.045 | 0.004 | 0.314 |

注："相对"表示某国指标与该国所属组平均值的差值，由于不同组的基准不同，故不同组的相对消费增长率与相对产出增长率也不同。

（二）国际消费风险分担的长短期趋势

根据上文（9-6）式，本章通过 10 年期滚动窗口将各国"异质"产出增长率对各国"异质"消费增长率进行回归，具体回归方程如下：

$$\Delta\log C_t^i - \Delta\log C_t^W = \alpha_t + \beta_t(\Delta\log Y_t^i - \Delta\log Y_t^W) + \epsilon_t^i \qquad (9-14)$$

其中，$C_t^i$ 和 $Y_t^i$ 分别表示 i 国在 t 期的人均消费和人均产出，$C_t^W$ 和 $Y_t^W$ 分别表示世界 t 期的人均消费和人均产出，$\alpha_t$ 为常数，$\epsilon_t^i$ 表示稳态均值为 0 的误差项。

利用表 9 - 1 及表 9 - 2 数据，对式（9 - 14）回归得到的 $1 - \beta_t$ 即为各国随时间变化的国际消费风险分担水平。

从长期整体来看（见图 9 - 1a），首先，世界、发达国家与非发达国家的平均消费风险分担系数 $\beta_t$ 呈下降趋势，说明这三个经济体的消费风险分担水平（$1 - \beta_t$）都有显著的提高（消费风险分担程度提高百分比分别为 56.96%、15.27% 和 117%）。其次，从长期整体趋势而言，发达国家的总体消费风险分担水平高于非发达国家，世界组的国际消费风险分担水平介于两者之间。这与以往学者的研究结果相吻合。理论上也预期发达国家由于风险分担机制更加完善、风险分担途径更加丰富多样而具备更好的风险分担条件。

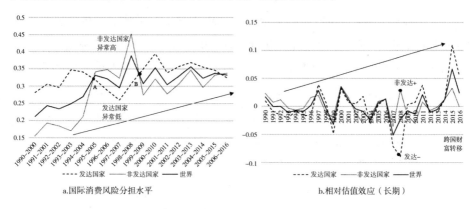

图 9 - 1　国际消费风险分担和估值效应的共同趋势变化

从短期来看，发达国家与非发达国家经济体的国际消费风险分担水平在 2008 年全球金融危机前展现了反常的波动（见图 9 - 1a）。在金融危机前夕（2005—2008），发达国家国际消费风险分担水平总体较低；此期间非发达国家国际消费风险分担水平较高，在 2008 年达到波峰并呈现上升趋势。金融危机后，该趋势逆转——非发达国家消费风险分担水平急剧下降，回到 2005 年之前非发达国家低于发达国家的形态。以金融危机为节点，在金融危机前出现了发达经济体风险分担水平异常降低、非发达经济体反常增加的现象，在金融危机后，发达经济体风险分担水平增加、非发达经济体风险分担水平回落。上述波浪形变动说明了在 2008 年金融危机中，发达国家是国际消费风险分担的受益者，该经济体通过全球消费风险分担机制将国家异质风险在全球市场上分散，从而避免了本国国内消费水平的大幅下降，非发达国家经济体则恰好相反。

（三）估值效应的长短期趋势

利用表 9-1 及表 9-2 数据及指标，可计算得到各国相对估值效应。图 9-1b 展示了 1990—2016 年，世界、发达国家和非发达国家三组国家的相对估值效应的变化趋势。从长期整体趋势而言：在 21 世纪之前，发达国家和非发达国家的估值效应差异不大，与世界总体估值效应趋势一致；在 21 世纪以后，世界各国的估值效应出现显著增加的趋势，增减幅度也随之变大，并且发达国家和非发达国家的估值效应变化趋势出现分化，两者的差异也逐渐显现。

在短期——金融危机前后，估值效应规模出现了与国际消费风险分担相似的变化（详见图 9-2）。在金融危机前夕（2005—2008 年），发达国家的估值效应平均水平出现异常低于世界平均水平的状况，整体呈现负向增加的趋势；与此同时，非发达国家的估值效应水平急剧增加，并在 2008 年达峰顶。金融危机后，发达国家估值效应由负数迅速转为正数，并在 2011 年达到估值效应的第一个峰点，此阶段非发达经济体的估值效应则急剧下降为负数。

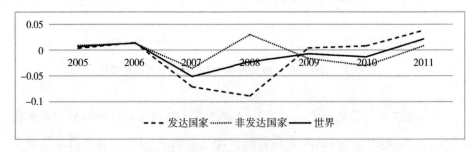

图 9-2　相对估值效应（短期）

在金融危机前后，发达国家估值效应由负转正，非发达国家估值效应由正变负说明了金融危机期间非发达国家与发达国家之间通过国际资产负债表发生了跨国财富转移。这一现象暗示着不同组别国家之间可能通过估值效应的正负变化实现资本的跨境流动，从而改变各国国内收入水平、平滑各国消费。具体地，当发达国家持有非发达国家资产，则其国内遭受负面冲击时，能通过该资产的升值实现资本回流，而这部分财富增加能够缓解该冲击对本国国内消费的负面影响。

（四）共同趋势

通过上述分析，本研究发现，发达国家和非发达国家的估值效应和国际消费风险分担在长期和短期均出现了一致的变动趋势（见图 9 - 1a 和 9 - 1b）。在长期，随着金融一体化的加深，世界、发达国家和非发达国家的国际消费风险分担水平不断提升，在此期间，估值效应的大小与波动幅度也不断增大。在短期，尤其是金融危机前后，不论发达国家还是非发达国家，其估值效应和国际风险分担展现出了惊人的一致波浪式变动。这意味着估值效应是国际消费风险分担的渠道之一，其在 2008 年金融危机期间与国际消费风险分担水平的同步变动很可能是其短期面临冲击后发挥风险分担作用的体现。

那么，估值效应相对于一国产出波动是否也存在某种联系呢？根据经济周期理论，一个经济周期①一般可分为两个时期（繁荣期与衰退期）、两个转折点（波峰与波谷）和四个阶段（繁荣、衰退、萧条和复苏阶段）。顺（逆）周期趋势指的是一国估值效应与经济的运行趋势相同（反）。因此，若一国估值效应的逆周期性越强，该国基于估值效应的国际消费风险分担水平就越高。据此，本章用布莱克和施密茨（2011）的周期性系数来检验：

$$\Delta VAL_t^i = \alpha_i + \gamma \Delta y_t^i + \mu_{it} \qquad (9 - 15)$$

其中，$\Delta VAL_t^i$ 表示 i 国 t 期的相对估值效应增量，$\Delta y_t^i$ 表示 i 国 t 期的真实 GDP 增长量，$\gamma$ 为周期性系数。国民产出增长量和估值效应增长量描述性统计如表 9 - 3 面板 a 所示，世界平均产出增长为正数，发达国家的产出增长和波动性明显大于非发达国家。就估值效应而言，世界平均估值效应增长量几乎为零，各子样本的平均估值效应增长也接近于零。但发达国家估值效应增量的波动性明显大于非发达国家，长期来看估值效应的波动表示估值效应渠道的大小（Gourin-

---

① 经济在运行过程中会出现经济扩张和收缩的现象，该现象在整个经济发展历程中循环往复，学者们将该现象称为经济周期。

chas，2008），说明发达国家通过估值效应实现的跨境资本流动整体规模较大。

回归结果如表 9－3 面板 b。世界样本中，估值效应的周期性系数为负数，且在 1% 的显著水平上显著，说明全球估值效应与全球经济形势呈逆周期变动，因而估值效应具备国际消费风险分担的条件。在子样本中，发达国家估值效应的周期性系数显著为负（$\gamma$ 为 $-2.61e-05$），非发达国家估值效应的周期性系数显著为正（$\gamma$ 为 $1.93e-05$，且显著水平小于发达国家），说明在国际消费风险分担机制中，发达国家相对于非发达国家而言，基于估值效应的国际消费风险分担水平可能更高。同时，表 9－3 还展示了三个样本中估值效应增量与 GDP 增量之间的相关系数，该结果与水平样本回归所得结果一致，证明了估值效应确实存在所预期的逆周期趋势与负相关关系。

表 9－3　产出增量、估值效应增量及周期性系数

| a | 样本 | 观测值 | 平均值 | 标准差 | 最小值 | 最大值 |
|---|---|---|---|---|---|---|
| 产出增量 | 世界 | 1872 | 372.159 | 829.455 | －5801.610 | 11817.300 |
| | 发达国家 | 832 | 592.319 | 1116.595 | －5801.610 | 11817.300 |
| | 非发达国家 | 1040 | 196.031 | 414.572 | －2848.650 | 1828.780 |
| 估值效应增量 | 世界 | 1872 | 0.000 | 0.213 | －3.568 | 3.346 |
| | 发达国家 | 832 | 0.002 | 0.298 | －3.568 | 3.346 |
| | 非发达国家 | 1040 | 0.001 | 0.101 | －0.697 | 0.611 |
| b | 世界样本 | | 发达 | | 非发达国家 | |
| 周期性系数 | $-1.79e-05***$ (5.91e$-06$) | | $-2.61e-05***$ (9.23e$-06$) | | $1.93e-05**$ (7.51e$-06$) | |
| 相关系数 | $-0.070***$ (0.002) | | $-0.098***$ (0.005) | | $0.079**$ (0.010) | |

注：括号内表示标准误差。

（五）理论假设

基于以上估值效应与国际消费风险分担两者在金融危机前后共同趋势的特征事实，即在金融危机期间，发达经济体的估值效应呈现逆周期趋势（经济衰

退、估值效应为正），非发达经济体呈现顺周期趋势（经济衰退、估值效应为负），逆周期的估值效应使得发达经济体在金融危机后迅速恢复，非发达经济体恢复缓慢。由此，本章推测如果估值效应体现的流量因素确实与风险分担挂钩，则估值效应的周期性能更好地作为一种风险分担福利分配的指标。此外，德弗罗等（2009）和奥布斯特菲尔德（2012）的研究成果为此猜想提供了理论支持。学者们认为，估值效应存在可预期部分和不可预期部分，不可预期部分估值效应体现了一国或有债权未来收益，很可能是与风险因素相关的流量支付。若此观点成立，将之引用至此次金融危机中，发达经济体金融危机后估值效应的增加体现为或有债权未来收益的增加，非发达经济体金融危机后估值效应的减少体现为或有债权未来收益的降低。

综合以上分析，本章提出理论假设：估值效应可能存在周期性趋势，该周期趋势使得其在国际消费风险分担机制中发挥作用。同时，估值效应的周期性还可能是其参与国际消费风险分担获益成果的指标（顺周期或逆周期），即估值效应为逆周期的国家的国际消费风险分担机制可能更有效，从而使其在国际消费风险分担中获益更多，估值效应为顺周期的国家的国际消费风险分担有限，在风险分担中获益较少。逆周期的估值效应相对于顺周期的估值效应或者是周期性质不显著的估值效应，其母国遭受冲击的幅度更大或是更频繁，从而使得其在国际风险分担机制中更多扮演着被保险人的角色，该角色将放大估值效应渠道对其国际消费风险分担水平的影响。另一方面，若估值效应为顺周期，其在国际消费风险分担过程中大多数时间起到承保人的作用，该角色将降低估值效应渠道规模的扩大对国际消费风险分担的正向作用，但总体上而言，估值效应渠道规模的扩大仍然有利于一国消费风险分担渠道的扩大。

**五、实证检验**

（一）模型构建与实证方法

1. 模型构建

本章沿用梅里兹和祖默（Mélitz & Zumer, 1999）对式（9-14）$\beta_t^i$ 的拓展，即任何可能影响 i 国国际消费风险分担作用的因素都可作为交互项 $\theta^i$ 加入至上述风险分担系数，$\beta_t^i$ 可表示为：

$$\beta_t^i = \beta_{t0} + \beta_{t1}^i \, \theta^i \tag{9-16}$$

i 国的平均国际消费风险分担水平仍然可以表示为 $1 - \beta_t^i$。将式（9-16）代入式（9-14）得：

$$\Delta log \, C^i - \Delta log \, C^W = \alpha^i + \beta_0(\Delta log \, Y^i - \Delta log \, Y^W) + \beta_1^i \, \theta^i(\Delta log \, Y^i - \Delta log \, Y^W) + \varepsilon^i$$
$$\tag{9-17}$$

上式及以下均省略下角标 t。

本章引入（9-16）式的交互项有两个：一是索伦森（Sørensen）等（2007）的宏观经济变量的时间变化趋势，即（$t - \bar{t}$）；另一个是估值效应渠道的规模（用估值效应的标准差表示），即 $\sigma(VAL^i)$。故本章的实证模型为：

$$\Delta log \, C^i - \Delta log \, C^W = \alpha^i + \beta_0(\Delta log \, Y^i - \Delta log \, Y^W) + \beta_1$$
$$(t - \bar{t})(\Delta log \, Y^i - \Delta log \, Y^W) + \beta_2^i \, \sigma(VAL^i)(\Delta log \, Y^i - \Delta log \, Y^W) + \varepsilon^i$$
$$\tag{9-18}$$

回归系数中，$1 - \beta_0$ 表示 i 国所属组的平均国际消费风险分担水平，$\beta_1^i$ 表示 i 国逐年增加的平均国际消费风险，包含了国际消费风险的时间变化趋势。本章研究的重点是系数 $\beta_2^i$，该系数表示了 i 国因估值效应渠道变化而导致的那部分国际消费风险分担水平的变化，该系数也可理解为以估值效应体现的损益与以消费平滑体现的风险分担的"交换比率"。最后，$1 - \beta^i = 1 - \beta_0^i - \beta_1^i(t - \bar{t}) - \beta_2^i \, \sigma(VAL^i)$，即为 i 国在 t 期且估值效应渠道规模为 $\sigma(VAL^i)$ 时的国际消费风险分担水平。

值得注意的是，以往文献均强调各国风险分担程度（$1 - \beta^i$）的大小或截面差异，但本章的研究主旨是一国的估值效应能否影响该国的消费风险在全球市场上的分担过程，因此本章着重关注加入估值效应这个交叉项前后各国风险分担程度的对比，即侧重于系数 $\beta_2^i$ 的正负号。当 $\beta_2^i$ 为负数时，估值效应渠道的扩大有利于该国风险分担水平的提高；反之，则估值效应渠道的扩大不利于国际风险分担水平的提高。

根据上文理论假设，本章预期发达国家与非发达国家的 $\beta_2^i$ 都将为负号，即不论发达国家还是非发达国家，估值效应渠道规模的扩大都将提高各国的国际风险分担水平。但发达国家与非发达国家估值效应周期性的不同将导致发达国家的估值效应渠道发挥更多的风险分担作用，非发达国家的估值效应渠道发挥更多的风险承担作用，从而可能会导致发达国家该交叉项系数在同一显著水平下大于非发达国家或是发达国家的该项系数比非发达国家更显著。

（二）实证过程与结果分析

本章首先对各变量进行单位根检验以验证变量的平稳性，然后采用混合效应模型对式（9-18）进行回归，检验并分析各回归系数的显著性、符号及相关意义，在上述回归基础上，最后从改变回归模型和增减变量两方面对本模型进行稳健性检验分析。

1. 变量的单位根检验

在对基于估值效应的国际消费风险分担进行回归分析之前，为了防止出现"伪回归"现象，本章对各变量进行了平稳性检验。此处的单位根检验方法用了最常用的 LLC 检验、ADF 检验、PP 检验和 IPS 检验，检验结果显示（详见表9-4），所有变量均在1%的显著水平上拒绝了存在单位根的原假设，说明本样本中所有变量均平稳，因而可直接进行回归分析。

表9-4 单位根检验结果

| | LLC 检验 | | IPS 检验 | ADF 检验 | PP 检验 |
|---|---|---|---|---|---|
| | (1, 0, 1) | (1, 1, 1) | (1, 0, 0) | (C, 0, 1) | (C, 0, 1) |
| 相对消费增长率 | -9.901*** | -8.444*** | -3.529*** (-1.730) | -13.412*** | -20.280*** |
| 相对产出增长率 | -10.054*** | -7.998*** | -3.644*** (-1.730) | -13.573*** | -20.920*** |
| 估值效应渠道规模 | -4.545*** | -3.985*** | -1.709*** (-1.730) | -2.738*** | -2.349*** |

注：检验形式（C, T, K）分别表示是否含有常数项、时间趋势和滞后阶数，是的值为1，否的值为0。LLC 检验过程中，根据 AIC 信息准则选择的平均滞后阶数为1，表格中显示的是偏差校正t*统计量。表中 IPS 检验为 t 统计量，括号内为小于1%水平的临界值。

ADF 检验和 PP 检验过程中，四个统计量均强烈拒绝单位根原假设，相应的 p 值为 0.0000，表格中记录的是"逆正态变换"的统计量 Z。

## 2. 回归结果及分析

本章将上述回归过程分为四个面板进行，通过在各面板中分别加入各交叉项变量的方式，检验估值效应的国际消费风险分担效应。具体包括不含时间趋势或估值效应、含时间趋势、含估值效应和含时间趋势和估值效应（详见表 9 – 5）。

在回归过程中，文章通过 F 检验和 LM 检验证明了混合回归模型相对于固定效应模型和随机效应模型能更好地拟合本样本（F 检验和 LM 检验均接受个体随机扰动项为 0 的原假设），因此以混合回归模型的回归结果为主，分析估值效应的国际消费风险分担作用。

在世界全样本的（a）面板中，我们可以发现，全球平均国际风险分担水平为 0.289，且在 1% 的显著水平上显著，说明随着全球产出的波动，仍存在 0.711 的国际消费风险不能被任何渠道所分担，国际平均消费风险分担程度较低，与所谓的国际消费风险分担之谜相符。在面板（b），全球消费风险分担的时间趋势（$\beta_1^i$）在各组面板回归中均不显著且系数大小几乎为零，说明国际消费风险分担的时间趋势不大，总体较为稳定。

加入估值效应交叉项的面板（c）和（d）中，$\beta_2^i$ 的系数均在 1% 的显著水平上显著，且符号为负，说明估值效应在总体上起到了全球消费风险分担的作用。除此之外，交叉项系数（$\beta_2^i$）的大小富含经济意义，以面板（d）为例，估值效应的国际消费风险分担系数（$\beta_2^i$）为 – 0.486，这说明全球估值效应渠道每扩大一单位，全球的国际消费风险分担水平将得到 48.6% 的提升，即世界消费波动将下降 48.6%。由此可见，估值效应不仅对各国外部失衡起到了调节缓和的作用，同时降低了全球的消费波动，使得世界实体经济呈现平稳的趋势变动。

进一步看发达国家和非发达国家之间的差异。首先是系数 $\beta_0$。本章证实在（a）（b）（c）（d）任意面板中，发达国家的该项系数均小于非发达国家，说明发达国家的国际消费风险分担水平在 1995—2016 年，总体上高于非发达国家，与预期相符。其次是交叉项系数（$\beta_2^i$）。不论是否含有时间趋势项（面板 c 或面板 d），发达国家和非发达国家的 $\beta_2^i$ 均显著为负，这说明估值效应不同程度地提高了金融一体化背景下的国际消费风险分担水平，降低了各国消费波动对产出的联动性。此外，发达国家的 $\beta_2^i$ 均在1%的显著水平上显著，非发达国家交叉项系数显著性为10%，明显小于发达国家，这说明估值效应渠道规模的扩大对于发达国家的国际消费风险分担作用更强。这符合本章理论假设关于该系数的预期，也证实了周期性属性能够更好地解释估值效应产生国际消费风险分担效应的作用机制。

表9－5 消费风险分担系数－混合回归模型

| | 世界 | 发达国家 | 非发达国家 |
|---|---|---|---|
| （a）不含时间趋势或估值效应 | | | |
| $\beta_0$ | 0.711*** | 0.682*** | 0.715*** |
| | (0.022) | (0.029) | (0.031) |
| 观测值 | 1584 | 704 | 880 |
| $R^2$ | 0.398 | 0.443 | 0.383 |
| （b）含时间趋势 | | | |
| $\beta_0$ | 0.734*** | 0.551*** | 0.776*** |
| | (0.046) | (0.069) | (0.065) |
| $\beta_1^i$ | −4.67 e−05 | 0.000** | −0.000 |
| | (8.18 e−05) | (1.62 e−04) | (0.000) |
| 观测值 | 1584 | 704 | 880 |
| $R^2$ | 0.398 | 0.447 | 0.384 |
| （c）含估值效应 | | | |
| $\beta_0$ | 0.751*** | 0.754*** | 0.793*** |
| | (0.027) | (0.037) | (0.050) |
| $\beta_2^i$ | −0.483*** | −0.399*** | −1.371* |
| | (0.181) | (0.131) | (0.700) |
| 观测值 | 1584 | 704 | 880 |
| $R^2$ | 0.401 | 0.451 | 0.386 |

|  | 世界 | 发达国家 | 非发达国家 |
|---|---|---|---|
| (d) 含估值效应和时间趋势 | | | |
| $\beta_0$ | 0.778*** | 0.638*** | 0.816*** |
|  | (0.049) | (0.075) | (0.069) |
| $\beta_1^i$ | −5.36 e−05 | 0.000* | −5.60 e−05 |
|  | (8.17 e−05) | (0.000) | (0.000) |
| $\beta_2^i$ | −0.486*** | −0.374*** | −1.259* |
|  | (0.182) | (0.131) | (0.736) |
| 观测值 | 1584 | 704 | 880 |
| $R^2$ | 0.401 | 0.453 | 0.386 |

注：其中，$\beta_0^i$，$\beta_1^i$和$\beta_2^i$分别表示平均的、随时间增加的和与估值效应相关的国际消费风险分担系数。括号内为标准误差，以下表格不赘述。

此外，与之前研究不同，本章实证结果表明非发达国家估值效应渠道的作用也是显著的。究其原因，本章认为近期新兴市场金融一体化快速发展功不可没。若以十年窗口期，将两组国家2004—2010年间、2010—2016年间的金融一体化指标相比，则在第一个时间段内，非发达国家和发达国家的金融一体化指数分别为9.5%和30.7%[①]，第二个时间段内，非发达国家和发达国家的金融一体化指数分别为20.0%和37.6%，可以发现，在这六年内非发达国家金融一体化程度从9.5%增长至20.0%，增长迅速，使得其估值效应渠道的作用不断增加。另一方面，非发达国家的平均相对估值效应在2004—2010年及2010—2016年这两个时间段里分别为−2.3%至2.8%，与此同时，发达国家的平均估值效应从−0.7%变为0.2%，非发达国家财富的增加说明其外部资产负债结构不断优化，风险分担能力增强。

---

① 数据来自作者计算，下同。

### 3. 稳健性检验

本章在原回归模型中增加冲击的持续性[①]（Asdrubali 等人，1996）作为新增变量，检测本章结果的稳健性。

为了量化冲击持续性，本章借鉴坎贝尔和曼昆（Campbell & Mankiw, 1987）的方法通过三阶滞后的自回归模型计算了 1991—2016 年间各国冲击波动的持续性 $P_i$：

$$\Delta log\, y_{it} = \mu_i + \sum_{j=1}^{3} \varphi_{ij} \Delta log\, y_{it-j} + \varepsilon_{it} \qquad (9-19)$$

$$P_i = \left(1 - \sum_{j=1}^{3} \varphi_{ij}\right)^{-1} \qquad (9-20)$$

式（9-20）中的 $P_i$ 即冲击持续性指标[②]，滞后产出的回归系数越大，则产出冲击的持续性越大。将 $P_i$ 作为国际消费风险分担的交叉项加入 $\beta^i$，可得 $\beta^i = \beta_0 + \beta_1^i (t - \bar{t}) + \beta_2^i \sigma(VAL^i) + \beta_3^i P_i$，则式（9-18）可转化为：

$$\Delta log\, C^i - \Delta log\, C^W = \alpha^i + \beta_0 (\Delta log\, Y^i - \Delta log\, Y^W) + \beta_1^i (t - \bar{t})(\Delta log\, Y^i - \Delta log)$$

$$Y^W + \beta_2^i \sigma(VAL^i)(\Delta log\, Y^i - \Delta log\, Y^W) + \beta_3^i P_i (\Delta log\, Y^i - \Delta log\, Y^W) + \varepsilon^i \qquad (9-21)$$

上式回归结果如表 9-6。各样本中交叉项系数 $\beta_2^i$ 仍显著为负数，说明估值效应渠道对国际消费风险分担的正向促进作用较为稳健且不受自变量增加的影响。另一方面，交叉项系数 $\beta_2^i$ 在发达国家样本中显著性最高。值得注意的是，新加入的冲击持续性交叉项系数 $\beta_3^i$ 在三个样本中均显著为正，说明随着冲击持续性的增大，各国的国际消费风险分担水平将降低，与预期相符。由于该系数在三个样本中均在 1% 的显著水平上显著，故比较其系数大小具有意义。具体而言，发达国家的冲击持续性对风险分担的影响大于非发达国家（0.143 > 0.115）。该结果符合现实情况，发达国家经济体量大，对冲击持续性的敏感度也越高，面对相同规模的冲击、冲击持续时间也相同，发达国家能在更广的范围内产生较大的振幅，从而扩大了冲击持续性对国际消费风险

---

① 冲击的持续性表示一国当期产出波动对其后期国内生产总值的影响。

② 限于篇幅，详细过程略去。感兴趣者可向作者索取。

分担的负面影响。

表9-6 消费风险分担系数-含冲击持续性指标

| | 世界 | 发达国家 | 非发达国家 |
|---|---|---|---|
| $\beta_0^i$ | 0.527*** | 0.395*** | 0.551*** |
| | (0.067) | (0.111) | (0.094) |
| $\beta_1^i$ | 4.85 e-05 | 0.000** | 2.95 e-05 |
| | (8.31 e-05) | (0.000) | (0.000) |
| $\beta_2^i$ | -0.293* | -0.270** | -0.587* |
| | (0.173) | (0.135) | (0.332) |
| $\beta_3^i$ | 0.120*** | 0.143*** | 0.115*** |
| | (0.022) | (0.049) | (0.029) |
| 观测值 | 1584 | 704 | 880 |
| $R^2$ | 0.412 | 0.460 | 0.397 |

注：其中，$\beta_0^i$，$\beta_1^i$和$\beta_2^i$分别表示平均的、随时间增加的和与估值效应相关的国际消费风险分担系数。

## 六、结论与政策建议

首先，从长期而言，世界、发达国家与非发达国家的国际消费风险分担水平自20世纪90年代以来显著提高，且发达国家国际消费风险分担水平明显高于非发达国家。与此同时，世界各国的估值效应规模和波动幅度都在此期间显著增加。其次，从短期来看，发达国家经济体在2008年金融危机之前，出现了估值效应与国际消费风险分担程度同步增加的现象；在金融危机之后，两者均显著下降。非发达国家经济体呈现趋势与上述发达国家经济体相反。由此，本章得出世界、发达国家经济体估值效应呈逆周期发展趋势、非发达国家经济体估值效应呈顺周期发展趋势的结论。在此基础上，本章提出该估值效应周期性趋势可作为国际消费风险分担的显示指标，其逆周期性越强，国际消费风险分担的程度越高。最后，本章实证检验证实了估值效应渠道规模的扩张有利于各国国际消费风险分担水平的提高，间接证明了估值效应的逆周期性越强、基于估值效应的国际消费风险分担作用越显著。除此之外，在稳健性检验过程中，本章将冲击持续性指标加入上述实证模型中，在证明实证结果稳健的同时，还发现了冲击持续性降低了一国国际消费风险分担水平。

　　本章实证结论具有丰富的宏观经济政策含义，具体包括：第一，世界、发达国家和非发达国家的国际消费风险分担都随着国际金融一体化的加深而显著提高。因此，深化国际金融一体化改革，不断推进全球资本、债券和信贷市场建设，有利于从整体上提高全球国际消费风险分担水平。此外，推进区域金融合作和区域金融市场一体化，有利于各国能够持有不同国家不同类型的金融资产，在更广的范围内融资，形成一个共赢的可持续风险抵御系统。第二，估值效应渠道规模的扩大对各国国际消费风险分担水平的提高具有正向促进作用。促进一国外部资产负债规模稳步增长，有利于一国估值效应渠道规模的有效增长，从而拓宽了一国的国际消费风险分担渠道。因此，通过推进宏观经济稳步增长，及其与世界的紧密联系，外部资产负债规模扩张将随之扩张。第三，逆周期的估值效应所产生的国际消费风险分担水平相对于周期性质不明显，或是顺周期国家更高，说明调整资产负债结构，使得估值效应呈现逆周期趋势至关重要。因此，在保持外部资产负债表规模不变的情况下，一国通过优化资产负债表结构，可以掌握国际消费风险分担主动权。具体而言，优化外部资产负债表结构可分为两方面——对外丰富资产种类、对内促进负债多样化。因此，本章认为，非发达国家应充分利用所持有的对外资产，不断丰富对外投资资产的类型，增加证券类资产的投资比例。一方面，逐步开放本国金融市场，扩大外商对本国的投资渠道，而不仅局限于吸引外商直接投资。本国金融市场参与者的多样化（类似于发达国家经济体）能够使得一国在遭受产出风险时，快速将此风险分担给该国金融市场的所有参与者。第四，冲击持续性的增加不利于国际消费风险分担，因此，完善国内经济基础建设，降低产出冲击对一国国内经济的影响至关重要。另一方面，加强国内资产市场的多层次建设，不断拓宽国内金融市场的广度和深度，能够缓冲外部产出冲击对本国宏观经济的影响，从而降低其外部冲击对本国经济的持续性，提高一国的国际消费风险分担水平。

第十章

# 多边发展银行有效性分析——以世界银行为例

发展项目是多边发展银行实现其发展目标最重要的政策工具。然而，迄今为止，发展项目所取得的发展绩效总是很难令人满意。从宏观上看，在对欠发达国家历经 50 年的援助之后，虽然西方发达国家为此投入了两万多亿美元，但这些欠发达国家依旧在贫困的陷阱中挣扎，即便出现了增长也大多是昙花一现（Easterly，2009）。从微观层面看，发展项目的糟糕表现和项目利益相关者和受益人的失望似乎已经成为当代的规则，而不是例外（Ika 等人，2012）。因此，探究到底什么因素决定了多边发展银行的发展项目成功与否，以使发展项目在达成发展目标上更具有效性，具有重要的理论和政策含义。

## 一、世界银行发展项目执行及评价

1944 年成立的世界银行①是世界上成立最早的，也是迄今为止最大的多边发展银行。世界银行贷款是指由世界银行（主要是 IBRD 和 IDA）提供给发展中国家的政府和由政府担保的公私机构的优惠贷款。其中，IBRD 的贷款条件比较严格，总的来说并不优惠，被称为"硬贷款"；IDA 的贷款门槛较低，条件也比

---

① 世界银行集团由国际复兴开发银行（IBRD）、国际开发协会（IDA）、国际金融公司（IFC）、多边投资担保机构（MIGA）和国际争端解决中心（ICSID）五个成员机构组成，是最大的国际性开发金融结构，而"世界银行"这个名称一直是用于指国际复兴开发银行（IBRD）和国际开发协会（IDA）。参见世界银行网站关于世界银行集团的简介。

较优惠，被称为"软贷款"。① 自成立以来，世界银行通过传统贷款、免息信贷和赠款资助了12000多个发展项目。②

世界银行成立初期主要是帮助欧洲国家和日本在"二战"后的重建，但世界银行的工作中心很快就从复兴转向开发，即转向为发展中国家提供发展资金。此后，这一工作中心不再改变，但世界银行的贷款政策取向却时有调整，主要依据是不同时期全球经济发展趋势，并深受当时主流经济发展理念之影响。20世纪90年代以来，世界银行提供的贷款形式则从传统项目投资贷款，更多地转向以支持借款国的结构改革和政策调整为目标的调整贷款，提高了政策性贷款的比重。③ 1997年亚洲金融危机后，尤其2000年以来，鉴于前一阶段的结构调整贷款并不能解决各国面临的各不相同的问题，以及采用通行解决方案的失败经验，世界银行贷款政策理念有所转变，认识到必须综合考虑受援国政府自己的改革意愿，开发满足本国需求的方案。2010年以来，在减贫和共同繁荣目标的指导下，世界银行提供的发展资金主要支持包括农业、教育、能源、环境和自然资源、金融与市场、政府管理、卫生营养和人口、宏观经济和财政管理、贫困、社会保障和就业、城镇化与农村发展、贸易和竞争、交通与信息沟通科技以及水利在内的14个领域④。

世界银行项目贷款流程包括以下8个阶段（参见图10-1）：一是编制《国别援助战略》（CAS），世界银行有选择性地根据有比较优势的领域、针对国别减贫工作的准备情况，提供贷款和咨询服务；二是项目识别，世界银行要识别出能够支持战略实施、满足财务、经济、社会和环境要求的项目，也要对发展战略进行分析；三是项目准备，世界银行提供政策与项目咨询建议以及资金援助，借款国开展研究并编制最终项目文件；四是项目评估，从经济、技术、机构、财务、环境和社会等各方面对项目进行评估，编制《项目评估文件》（投资

---

① 敦志刚. 世界银行的贷款管理机制及其对亚投行的借鉴 [J]. 国际金融，2015 (8).

② 参见世界银行网站关于世界银行工作内容的介绍.

③ 邹佳怡，莫小龙. 从世界银行政策变化看全球化的矛盾和发展援助的职能 [J]. 中国与国际组织，2002 (1).

④ 宋锦. 世界银行在全球发展进程中的角色、优势和主要挑战 [J]. 国际经济评论，2017 (6).

项目）或《规划文件》（调整贷款项目），以及法律文件草案；五是项目谈判和执董会审批，世界银行和借款国就贷款协议或信贷协议达成一致，然后将项目提交执董会审批；六是项目实施与监督检查，借款国实施项目，世界银行通过监督检查确保贷款/信贷资金用于既定目的，并实现资金的经济和高效使用；七是项目实施完工阶段，编制《实施完工报告》，评价世界银行和借款国绩效；八是项目评价阶段，世界银行独立评价机构及业务评价局编制审计报告，对项目进行评价，有关分析结果将被用于今后项目的设计工作。

独立评价机构（Independent Evaluation Group，IEG）是世界银行的一个附属机构，但本身独立于世界银行，并直接向世界银行执行委员会递交报告。IEG的职责在于对世界银行融资项目执行结果进行评价，以评估世界银行组织在发展中的有效性。实践上，IEG 使用评价等级衡量项目的完成情况以及满意度。随着世界银行集团业务范围及其产品组合的扩大，IEG 不断制定和调整其评价发展实效的方法。这些方法包括根据既定的目标、基准、标准和期望评估项目执行结果，或者评估在没有项目、计划或政策的情况下可能发生的事情（反事实分析法）。

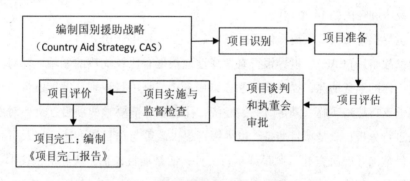

**图 10 - 1　世界银行项目贷款流程图**

综上所述，世界银行发展项目具有完善的业务流程，并在事后由 IEG 对项目执行情况进行评估。但在具体贷款项目的识别和审批上，因不同时期世界银行的运营管理人员及贷款政策取向均有所不同，世界银行给予贷款的项目也具有不同的特征，表现为不同时期的世界银行贷款流向了不同的行业领域、具有不同的地理分布以及不同的贷款来源。那么，世界银行贷款项目识别、项目实施、监督和检查，以及不同时期的贷款政策取向等等，是否世界银行的发展项目执行效果的一个影响因素？换句话说，世界银行是一个好的多边发展银行吗？

## 二、国家发展项目相关研究进展

国际发展项目与纯粹市场化的商业项目具有较大的差异。商业性项目的投资决策、风险识别和运营管理通常基于回报率–风险这一分析框架。而国际发展项目则因其以促进受援国经济社会发展、减贫等为目标，来自多边发展融资机构的项目资金往往享受较低利率，甚至免息，故而用于评价发展项目的分析框架是基于有效性–风险这一分析框架。相对于商业项目分析框架中的回报率，这里的有效性指的是项目实施是否达成了计划的经济社会发展目标。基于此，关于多边发展银行的发展项目的研究，涉及两个方面的文献：一是多边发展银行的发展项目是否成功的评价标准，二是影响项目成功与否的关键成功因素（Critical Successful Factors，CSFs）有哪些。

关于多边发展银行的发展项目成功与否，并不存在一个统一的评判标准。理论上，项目成功包含两个层面的含义：一是项目管理的成功，这与项目完成时常用的评价指标，诸如时间、成本和质量有关，这一概念是面向过程的，涉及用户和关键利益相关者对项目完成的满意程度；二是项目执行的成功，这一概念是面向结果的，其衡量依据是项目所有人的组织目标和目标的实现，以及用户和关键利益攸关方对项目最终产品的需求和满足程度（Baccarini，1999）。

有学者（Belassi 和 Tukel，1996）提出了与项目成功与否相关的四组 CSFs：一是项目本身层面的因素；二是与项目管理者和项目团队相关的因素；三是与项目组织、协调相关的因素；四是项目的外部环境。快克（Kwak，2002）提出了导致已完成或正在进行的国际开发项目受到挑战的十大因素，包括政治、法律、文化、技术、管理、经济、环境、社会、腐败和自然环境。

有学者（Diallo 和 Thuillier，2004）调查了 26 个国家（法语和英语国家）的项目协调员（Project Coordinator），并提出了十项成功标准，可分为三大类：项目管理成功（目标、时间和预算）、项目成功或影响（受益者对提供的货物和服务的满意程度、对受益者的影响以及国家的机构能力）和概况（交付给项目计划的货物和服务是否符合、项目在全国的可见度、项目在捐助方中的声誉以及必要时获得额外资金的可能性）。在此基础上，有学者（Kang & Moe，2008）为非政府组织在越南和缅甸开展的国际发展项目增加了一些成功标准，包括项目需求的相关性、项目执行机构的选择以及关键利益攸关方优先事项和利益之间的协调。

安卡（Ika）等人（2010）指出，虽然项目成功没有受到项目规划努力水平（国家项目协调员及其团队对项目规划工具和技术的投入）的显著影响，但监测和评价工具的使用与项目基本面之间确实存在显著的相关性，而项目基本面是项目长期影响的早期预警指标。安卡等人（2012）分析了一项调查结果，该调查旨在探究世界银行贷款项目的成功因素，特别关注世界银行任务小组组长（项目监理人，project supervisor）所认定的项目成功与CSFs之间的关系。这一对项目成功的解释因素的分析显示，有一组包含5个CSFs的因素组合：监督、协调、设计、培训和制度环境。回归分析表明这5个CSFs与项目成功之间均存在统计上显著的正的相关关系。这些研究指向世界银行的项目监督者和管理者应该加强项目的设计和监督，这样可以改善和提高项目执行的情况和项目成功的概率。

上述已有文献所揭示的成功因素不能充分解释为何发展项目某些情况下取得成功而在另一些情况下却是失败的，这不利于改进项目管理水平工作的开展。针对这一研究现状，安卡和唐纳利（2017）为了检验使得项目成功的最关键的条件，采取案例分析和定性分析方法，通过与项目执行者的20个访谈，调查了加纳、印度尼西亚、斯里兰卡和越南的四个能力建设项目，得出了结构、体制和管理方面的成功条件，不论这些条件是项目执行初期具备的还是项目执行期间形成的。同时，两位作者进一步提出了假说——高水平的多方利益相关者的承诺、合作、结盟和适应性调整是项目成功的必要条件。

由上可见，关于多边发展银行的发展项目是否成功的评价标准的研究，多数为案例研究和定性分析。与此同时，虽然以上文献揭示了发展项目成功的一系列关键因素，但是缺乏实证分析以检验和证实关键因素与项目成功的关系。

在有限的已有实证研究文献中，根据实证中所强调的解释变量，又基本可以分为两类：关注国家层面因素对项目成功的影响，以及项目自身概况对项目成功的影响。国家层面的影响因素首先被引入到实证分析中。伊山姆（Isham）等人（1997）和考夫曼（Kaufmann）等人（1999）采用估计事后经济回报率作为指标，研究了项目成功与否的决定因素。这两篇论文主要集中在影响项目回报的国家层面的因素，特别是民主和公民自由在第一阶段的作用，以及健全的宏观经济政策在第二阶段的作用。随后的许多论文都同样侧重于国家层面的项目绩效决定因素。

由于项目层面的数据存在着非常大的差异，只有少数几篇论文试图将项目执行结果与项目层面的解释变量联系起来。有学者（Dollar 和 Svensson，2000）对世界银行的结构调整项目进行了研究，调查国家层面的政治经济因素和若干项目层面的因素，诸如项目准备和监督时间以及贷款相关条件的数量等，在确定最终期限方面的作用。基尔此（Kilby，2013，2015）检验了政治因素对世界银行项目筹备时间的影响，以及项目筹备时间对项目执行效果的影响。

德尼译尔（Denizer）等人（2013）利用世界银行 1981—2011 年间 6000 多个发展融资项目数据的实证分析，发现国家层面的政策质量和制度质量与发展融资项目执行效果高度相关，该结果与"国家发展绩效对援助有效性至关重要"的观点一致。然而，令人惊讶的是，单个项目成功与否在一个国家内部的差异要远大于在国家之间的差异。一个包括项目层面微观变量的数据集合，包括项目规模、项目时间跨度、致力于项目准备、项目监督的努力程度，以及项目执行阶段标记问题项目的早期预警指标，等等，解释了项目执行效果在国家内部的一些差异。世界银行项目管理人员质量对于项目最终执行效果也很重要。

布尔曼（Bulman）等人（2017）则使用包含 3797 个世界银行项目和 1322 个亚洲开发银行项目的样本数据检验了援助项目执行效果与宏观和微观变量的关系。结果表明：项目执行效果在国家内部的差异要比国家间的差异大得多；宏观变量诸如一国 GDP 增长率和政策环境等与项目执行效果显著正相关；微观变量诸如项目更短的执行时间和有额外的融资等与项目执行效果正相关。在这种相关关系上，世界银行项目和亚洲开发银行项目的差异极小。

综上所述，对于多边发展银行的发展项目成败的主要解释变量包括国家层面的政治经济因素和项目层面的项目相关因素两个方面。德尼泽尔等人（2013）及布尔曼等人（2017）均在研究命题上直接设问："好的受援国还是好的项目决定了多边发展银行贷款项目的成功？"本章认为现有文献很大程度上忽略了多边发展银行本身对发展项目成功与否的影响。基于此，本章提出创新性的视角，即研究命题上进一步设问："是否存在好的多边发展银行的贷款操作和贷款政策，使得多边发展银行贷款项目更为成功？"基于此，本章采用有序 Probit 方法利用 IEG 六元评价指标作为项目的成功与否的指标（即作为因变量），进而分析项目成功或满意度的影响因素。影响因素方面，控制住受援国宏观层面、项目本身特征两个方面指标的基础上，引入反映多边发展银行贷款操作和贷款政策的变量，包括对贷款政策取向调整、项目贷款来源、项目行业类型和项目区位分布等进行实证检验。本章余下的部分安排如下：第三部分是研究设计，第四部分是实证结果分析，第五部分是结论和启示。

### 三、研究设计

（一）实证模型设计

鉴于因变量指标有六个等级，且数值越高表明项目满意度越高，因而本章采用有序（ordered）Probit 模型进行回归分析。回归模型如下：

$$Prob(iegrating = j) = \Phi(\alpha + \beta^{WBO}WBO + \beta^{Pol}Pol + \beta^{Law}Law + \beta^{Tech}Tech + \beta^{Eco}Eco + \beta^{Crrp}Crrp + \beta^{lny}lny + \beta^{lnamt}lnamt + \varepsilon)$$

其中，$\Phi(\cdot)$ 表示正态分布的累计分布函数，$iegrating$ 表示 IEG 评价结果，$j$ 表示 IEG 对项目评价的六个等级，$WBO$ 表示与世界银行贷款操作相关的变量；$Pol$ 表示政治因素指标，$Law$ 表示法律因素指标，$Tech$ 表示技术因素指标，$Eco$ 表示经济因素指标，$Crrp$ 表示腐败因素指标；$lny$ 表示项目贷款期限，$lnamt$ 表示项目贷款金额。$\beta^{WBO}$、$\beta^{Pol}$、$\beta^{Law}$、$\beta^{Tech}$、$\beta^{Eco}$、$\beta^{Crrp}$、$\beta^{lny}$ 和$\beta^{lnamt}$ 分别表示上述解释变量对应的系数。$\alpha$ 表示常数项，$\varepsilon$ 表示误差项。

为了规避遗漏变量误差，本章构建了 1984—2016 年共计 33 个时间虚拟变量，当项目为某一年份设立的项目时，取值为 1，否则取值为 0。类似于在面板数据模型中引入时间固定效应，通过构建时间虚拟变量有助于提取不随国别、地域、行业变化的遗漏变量，以减少遗漏变量误差带来的影响。出于同样的考虑，本章进一步引入了行业虚拟变量和地区虚拟变量，以反映行业和地区类似的固定效应。

（二）变量的选取和说明

本章实证研究的目的是要在"受援国因素"和"项目因素"的基础上检验是否存在"多边发展银行因素"，因此，本章实证分析所用变量主要包括项目层面、世界银行项目决策相关和受援国宏观层面三个方面。

1. 项目层面数据

（1）IEG 评估等级（因变量）

IEG 的六个评估等级（IEG Outcome Rating）衡量项目的完成情况以及满意度。根据 IEG 项目绩效评价手册（World Bank Project Performance Ratings Codebook，WBPPRC），这六个等级分别是：极其满意（Highly Satisfactory），表示完成项目预期目标时没有任何的不足；满意（Satisfactory），表示项目存在少许不足；一般满意（Moderately Satisfactory），表示项目存在些许不足；一般不满意（Moderately Unsatisfactory），表示项目存在明显的不足；不满意（Unsatisfactory），表示项目存在很大的不足；极其不满意（Highly Unsatisfactory），表示项目存在严重的不足。我们以此作为项目成功与否以及项目成功程度的依据。

（2）贷款期限

贷款期限（lny）衡量了世界银行对受援国项目贷款的最长贷款年限。当贷款期限越长，受援国的还款压力越小，项目可以保证在较长的一段时间完成，这有助于提高国际发展项目的成功率。但是，通常投资人会认为项目执行期限越长，不确定性会提高，也就是风险越大。

世界银行数据库并未直接提供项目的贷款期限。我们认为，项目的贷款期限与完成该项目所需要的期限呈高度正相关。当项目完成所需的期限越长，项目的贷款期限往往越长。因而本章做了如下处理：通过将项目关闭日期（Closing Date）与项目批准日期（Approval Date）相减，然后再除以 365，我们就能得到项目完成所需要的期限，并以此作为项目贷款期限的代理变量。其中，根据 IEG 的 WBPPRC 定义，项目批准日期（Approval Date）为理事会同意发放贷款的日期，而项目关闭日期（Closing date）为项目实际完成的日期。

（3）项目贷款金额

项目贷款金额（amt）衡量了受援国为某一发展项目向世界银行申请的贷款金额。可以预见，当项目贷款金额越大，受援国在项目建设时拥有更充足的资金，这大大提高了项目的成功率。考虑到回归的稳健性，本章同样需要对项目借款成本进行对数化处理（lnamt）。

2. 世界银行贷款操作相关变量

（1）贷款政策取向

如前所述，世界银行贷款政策处于不断变动之中，不同时期的贷款政策可能存在较大的差异。本章依据世界银行重大贷款政策调整，以此选择在样本期间内具有代表性的时间点，反映世界银行贷款政策相应发生的变化。具体如下：1987 年巴伯科纳布尔担任世界银行行长后，世界银行贷款开始多元化，关注气候变化和环境问题，主要目标是促进经济发展、消灭贫困，促进经济结构调整、国际自由贸易、缓和债务危机，继续向农业、环保、卫生、人口等专项发放贷款。1997 年亚洲金融危机后，世界银行提供的贷款形式则从传统项目投资贷款，更多地转向以支持借款国的结构改革和政策调整为目标的调整贷款，提高了政策性贷款的比重。2010 年以来，世界银行贷款项目转向服务于"减贫和共同繁荣"目标。因而，本章选取具有代表性的三个时间点：1987 年、1997 年和 2010 年。当项目贷款批准年份在 1987 年及以后，取值为 1，否则取值为 0。同样地，我们也得到 1997 年和 2010 年对应的虚拟变量。

（2）项目贷款来源

项目贷款来源指的是项目贷款的资金来源。世界银行集团由五个成员机构组成，不同成员机构的贷款政策、贷款要求往往存在着差异。因此，我们认为，项目贷款来源一定程度上影响项目的成功率。更为具体地，我们参考 IEG 的 WBPPRC，将项目贷款来源分为以下 13 类：碳协议（Carbon Initiative, CARB）、减债便利（Debt Reduction Facility, DRF）、全球环境基金（Global Environment Fund, GEF）、全球环境基金中型项目（Global Environment Fund Medium,

GEFM）、担保项目（Guarantees，GUAR）、重债穷国项目（Highly Indebted Poor Countries，HIPC）、IBRD 项目（IBRD 贷款总额大于 0）、IDA 项目（IDA 贷款总额大于 0）、机构开发基金项目（Institutional Development Fund，IDF）、蒙特利尔议定书项目（Montreal Protocol，MONT）、热带雨林倡议（Rainforest Initiative，RAIN）、贷款人执行信托基金（Recipient Executed Trust Fund，RETF）、特别基金项目（Special Fund，SPF）。我们以此构建了相应的虚拟变量，即当贷款来源属于上述某种类型，取值为 1，否则取值为 0。

（3）项目行业类型

项目行业类型指的是世界银行发展项目所在行业，它一定程度上反映了项目行业特有因素对项目成功与否的影响。根据世界银行 2016 年 7 月 1 日修订的《行业分类和定义》，我们可以将世界银行项目分为 11 个行业大类，它们分别是农、渔、林业（AX）、教育（EX）、能源和提炼（LX）、金融部门（FX）、健康（HX）、社会保障（SX）、工业贸易和服务（YX）、信息和通信技术（CX）、公共管理（BX）、交通（TX）、水卫生系统和污染管理（WX）。一方面，我们将行业类型作为行业固定效应变量，以避免遗漏变量误差；另一方面，我们通过不同行业的比较，进而分析哪些行业的成功率或满意度更高。我们依据上述行业分类构建虚拟变量，即当项目所属行业为上述某行业，取值为 1，否则取值为 0。

（4）项目区位选择

世界银行贷款项目的区位选择按地理位置进行划分，主要分为以下六个区域：中东和北非（MNA）表示项目位于中东和北非地区，南亚（SAR）表示项目位于南亚地区，拉丁美洲和加勒比（LCR）表示项目位于拉丁美洲和加勒比地区，非洲（AFR）表示项目位于非洲地区，欧洲和中亚（ECA）表示项目位于欧洲和中亚地区，东亚和太平洋地区（EAP）表示项目位于东亚和太平洋地区。

3. 受援国宏观层面数据

关于受援国宏观层面的变量选取，我们依据快克（2002）的分类方法将影响各国发展项目成功与否的风险因素分类为政治因素、法律因素、技术因素、经济因素和腐败因素。

（1）政治因素

政治因素指标考察的是一国政府的稳定性和质量，以及法律环境和外部冲突，较低的政治风险是企业安全投资的先决条件之一，也是项目成功的稳定保障因素之一。政治因素包含 4 个子指标：政府稳定性（GovStab），评价政府政策执行能力和稳住政局能力，得分越低表明政府稳定性越差和更高水平的政治风险；军队参与政治程度（MiliPol），即军队存在接管政府的可能性，军队接管政府的威胁会使得政府不能有效运转，得分越低表明军队参与政府程度越高和更高水平的政治风险；民主责任制（DemAcc），衡量政府对民众诉求的反应程度，反应程度越低，政府越可能衰落，则存在的政治风险水平更高；官僚体系质量（BureaQua），即官僚的制度力量和质量，得分越低表明官僚管理能力越弱，具有更高水平的政治风险。政府执行所宣布政策的能力以及军队参与政治程度两个子指标反映了一国政府的稳定性；政府对民众诉求的回应和行政部门的质量反映了一国政府的治理质量。一国政府的稳定性和治理质量越高、法制环境越健全、外部冲突越小，项目在其投资的风险越低。

（2）法律因素

法律因素考察了一个国家的法律健全程度以及民众法律意识程度。本章使用法律和秩序（LawOrder）来衡量一个国家的法律因素。法制水平是契约和产权保护的重要保证。一国法律体系是否健全，执法是否严谨且高效，这对项目是否在该国能获得强有力的法律保障具有重要意义。该指标得分越高，表明一国正式制度越完善，法律风险越低。

（3）技术因素

技术因素指的是技术的使用，包括设计、工程化、采购、建造、设备安装和操作，以及与项目目标完成的兼容性。国际发展项目通常位于发展中国家，而这些国家往往缺乏足够的人力资源、技术和管理技能，并且人力资源生产率往往较低。这些人力资源的缺乏往往会增加项目失败的可能性。

本章依据快克（2002）的定义，选取了自然资源丰富度（Ntrs）和资本密集度（Fxcpt）作为技术因素的衡量指标。借鉴杨娇辉和王伟（2016）的做法，本章使用燃料出口与矿石金属出口之和占总出口的比重来衡量东道国自然资源的丰富程度（Ntrs）。此外，我们使用固定资产形成总值来衡量资本密集度。由于资本密集度数值较大且不同国家之间的差异极大，因而从消除异方差角度考虑，本章对资本密集度进行对数化处理，从而得到较为平稳的资本密集度指标（lnFxcpt）。

（4）经济因素

经济因素指的是影响项目可行性的经济因素，包括受援国国内经济条件的变化或者由于不可预测的经济条件导致项目发展计划不明确。本章使用一国的人均 GDP 增长率（GDP per capita growth）作为经济因素的衡量指标。当一国的人均 GDP 增长率越大时，一国的经济水平往往更为稳健，项目成功的可能性越大。

（5）腐败因素

世界银行将腐败因素定义为"滥用公共机关的公权来为自己谋取私利"。项目受援国的政治若缺乏透明度和监管机构，这容易导致贿赂和腐败在国际发展项目中滋生。当腐败程度越高，发展项目的失败程度往往越高。该指标得分越高，表明一国腐败程度越低。

（三）数据来源

项目层面数据源于世界银行 API 数据库和 IEG 评估结果。在世界银行 API 数据表里，我们可以获得从 1947 年至今的所有世界银行项目贷款的基本信息，包括项目名称、项目 ID、借款日期、借款金额等指标。IEG 评估结果方面，IEG 在每个项目完成后的几年里（约 3.4 年）对每年 25% 的项目进行详细的事后评估。通常 IEG 会给评估的项目进行打分，1993 年以前，使用二元评价指标（满意、不满意）来评估项目执行结果；而 1993 年以后，使用六元评价指标。通过合并 API 数据和 IEG 评估结果，我们能得到包含项目层面解释变量和被解释变量的数据。

关于受援国宏观层面变量，政治因素、法律因素和腐败因素的数据来源为国际国家风险指南（International Country Risk Guide，ICRG)[1]；经济因素和技术因素的数据来源为世界发展指标（World Development Indicators，WDI)。宏观层面指标的数据区间为1984—2016年。

通过世界银行项目数据和宏观指标数据匹配，我们得到了一张完整的数据分析表，数据区间为1984—2016年，涉及78个项目受助国，共计3876条数据。需要说明的是，本章的因变量使用的是六元评估指标，并且六元评估指标是在1993年以后才出现的，因而本章只选择评估最终年份为1993年以后的数据。

### 四、实证结果分析

（一）基准回归结果分析

由于不同影响因素存在多个衡量指标，因而本章将所有可能的指标组合都进行回归，以期得到更为稳健、更具有说服力的结果。具体地，本章的每一次回归都选取一个宏观层面指标和一个项目层面指标进行回归，如表10-1回归结果（1）—（6）所示。需要说明的是，由于部分回归结果并不显著，故而不列示在表格中，如政治因素中的MiliPol、DemAcc、BureaQua，技术因素中的lnfxcpt、ntrs以及腐败因素中的Corruption。此外，在每次的回归中我们都加入了类似面板数据模型中的时间、区域和行业固定效应的虚拟变量。为了使得回归结果更为精简，本章省略了这些固定效应和常数项的系数结果。

基准回归分析结果表明，首先是宏观层面因素对项目满意度的影响。政治因素中，GovStab对应的系数部分在90%的置信水平下显著为正。这说明政治因素中政治稳定性对项目的满意度有正面影响。当政府执行所宣布政策的能力以及保持政权的能力越强，项目的满意度往往越高。法律因素（Laworder）对应的系数均在90%的置信水平下显著为正。这表明法律因素对项目满意度起到促进作用。受援国法律越健全以及民众对法律的意识程度对项目的成功率及满意度有正向的影响。经济因素中，gdp_pg（人均GDP增长率）对应的系数在95%

---

[1] ICRG由政治风险服务（Political Risk Services，PRS）集团发布。

的置信水平下显著为正。当一国的人均 GDP 增长率越高，代表一国经济发展水平越好，这往往对项目满意度起到促进作用。这表明受援国较高的经济水平能提升项目满意度。其次是项目层面因素对项目满意度的影响。贷款期限（lny）对应的系数在99%的置信水平下显著为负。这说明项目的贷款期限越短，项目的成功率或满意度越高。贷款期限越短，项目本身规模和建设难度越小，并且受援国在项目建设时就更加注重建设效率，这避免了在长期建设中存在懈怠和腐败的可能性，因而贷款期限和项目满意度呈现负相关。项目贷款金额（lnamt）对应的系数在95%的置信水平下显著为正，这表明当项目贷款金额越高，受援国在项目建设时拥有更充足的资金来源，这大大提高了项目的满意度。以上回归结果与德尼泽尔等人（2013）、布尔曼等人（2017）的实证分析结果一致，说明基准回归模型设定恰当，可以引入多边发展银行相关变量做进一步的实证检验。

据此，本章将显著的变量汇总为一个回归，如表 10 - 1 回归（7）、（8）所示。我们知道，$Pseudo\ R^2$ 是评价回归拟合效果较好的指标。类似于 OLS 回归的 $R^2$，$Pseudo\ R^2$ 是评价 logistic 和 probit 模型回归的评价指标。当数值越大，拟合效果越好。由于回归（7）对应的 $Pseudo\ R^2$ 更大，因而我们将回归（7）作为基准回归。在回归（7）的基础上，本章后续加入世界银行贷款操作相关变量，以探讨世界银行贷款操作相关变量对项目成功率或满意度的影响。

表 10 -1  基准回归结果

| | (1)<br>sts6 | (2)<br>sts6 | (3)<br>sts6 | (4)<br>sts6 | (5)<br>sts6 | (6)<br>sts6 | (7)<br>sts6 | (8)<br>sts6 |
|---|---|---|---|---|---|---|---|---|
| govstab | 0. 028 *<br>(0. 015) | | | 0. 023<br>(0. 016) | | | 0. 012<br>(0. 017) | |
| laworder | | 0. 059 * *<br>(0. 026) | | | 0. 050 *<br>(0. 027) | | 0. 050 *<br>(0. 027) | 0. 054 * *<br>(0. 025) |
| gdp_ pg | | | 0. 016 * *<br>(0. 007) | | | 0. 015 * *<br>(0. 007) | 0. 016 * *<br>(0. 007) | 0. 016 * *<br>(0. 006) |
| lny | − 0. 044 * * *<br>(0. 009) | − 0. 045 * * *<br>(0. 009) | − 0. 045 * * *<br>(0. 009) | | | | − 0. 043 * * *<br>(0. 009) | − 0. 043 * * *<br>(0. 009) |

| | (1)<br>sts6 | (2)<br>sts6 | (3)<br>sts6 | (4)<br>sts6 | (5)<br>sts6 | (6)<br>sts6 | (7)<br>sts6 | (8)<br>sts6 |
|---|---|---|---|---|---|---|---|---|
| lnamt | | | | 0.042 * *<br>(0.019) | 0.040 * * *<br>(0.018) | 0.044 * *<br>(0.019) | 0.029<br>(0.018) | 0.029<br>(0.018) |
| Obs. | 3876 | 3876 | 3876 | 3876 | 3876 | 3876 | 3876 | 3876 |
| R - squared | 0.0282 | 0.0288 | 0.0288 | 0.0257 | 0.0261 | 0.0263 | 0.0302 | 0.0301 |

括号中数值为标准差。 $* * * p < 0.01, * * p < 0.05, * p < 0.1$ 。

## (二) 世界银行贷款政策调整对项目满意度的影响

根据世界银行贷款政策的变化和重大事项的发生，本章选取了具有代表性的三个时间点：1987 年、1997 年和 2010 年。我们以此构建了三个时间虚拟变量，并依次回归。需要说明的是，本部分回归在基准回归的基础上删去时间固定效应。回归结果如表 10 - 2 所示。

从回归结果可知，yr1987 对应的系数不显著，说明 1987 年前后世界银行发展项目的总体满意度没有差异。yr1997 对应的系数在 99% 的置信水平下显著为负，这表明 1997 年以后的项目的整体满意度低于 1997 年以前项目的整体满意度。而 yr2010 对应的系数在 95% 的置信水平下同样显著为负，这也表明 2010 年以后的项目的整体满意度低于 2010 年以前项目的整体满意度。1997 年之后，世界银行贷款政策转向提高结构调整贷款和政策性贷款的比重，而这一贷款政策调整和政策取向在当时均受到了理论界和贷款接受国的广泛质疑，实践上看也是失败的。2010 年以来，世界银行发展政策逐渐明确为"减贫和促进共同繁荣"，这意味着世界银行的资金更多地流向存在市场失灵、项目社会整体收益大于个体收益的项目，这也使得世界银行的发展项目在 2010 年之后的满意度普遍偏低。

这一结果表明：第一，世界银行的贷款政策取向显著影响了发展项目的有效性；第二，世界银行在样本期间里的历次贷款政策调整并不有效，这一期间世界银行发展项目的总体满意度不断下降。总体上看，由西方发达国家主导的、包括世界银行在内的传统多边发展银行强调发展援助"过程"中的公平、透明、问责、参与等原则，强调人权、民主及自由市场经济秩序，往往以此为贷款附加条件。这些价值观以西方发达国家的实践经验为基础，忽略了发展中国家复杂的历史和现实环境，因而往往导致发展项目的有效性不足（陈燕鸿和杨权，2015）。

表 10 - 2 世界银行贷款政策调整对项目满意度的影响

| | （1）<br>sts6 | （2）<br>sts6 | （3）<br>sts6 |
|---|---|---|---|
| govstab | - 0. 018<br>(0. 014) | 0. 032 *<br>(0. 018) | - 0. 023 *<br>(0. 014) |
| laworder | 0. 067 * * *<br>(0. 024) | 0. 047 *<br>(0. 028) | 0. 062 * *<br>(0. 025) |
| gdp_ pg | 0. 002<br>(0. 008) | 0. 004<br>(0. 007) | 0. 003<br>(0. 007) |
| lny | - 0. 027 * * *<br>(0. 008) | - 0. 037 * * *<br>(0. 009) | - 0. 032 * * *<br>(0. 009) |
| lnamt | 0. 026<br>(0. 019) | 0. 021<br>(0. 019) | 0. 028<br>(0. 020) |
| yr1987 | - 0. 190<br>(0. 119) | | |
| yr1997 | | - 0. 335 * * *<br>(0. 065) | |
| yr2010 | | | - 0. 190 * *<br>(0. 083) |
| Obs. | 3876 | 3876 | 3876 |
| R - squared | 0. 0191 | 0. 0224 | 0. 0194 |

括号中数值为标准差。* * * p < 0. 01，* * p < 0. 05，* p < 0. 1。

（三）世界银行集团内部贷款来源对项目满意度的影响

由于本章涉及的数据区间仅包括 1984 年到 2016 年的数据，并且部分指标数据缺失，因而本次回归的数据并不都包含上文所提及的世界银行集团内部全部13 类贷款来源。根据所拥有的数据，本章包含的贷款来源有 GEF、IDA、IBRD、MONT、RETF 和 SPF。

依据六个贷款来源，我们分别构建虚拟变量，并分别引入到基准回归，回归结果如表 10 -3 所示。IBRD 对应的系数并不显著，这表明作为世界银行集团内部商业化程度最高的贷款来源，国际复兴与开发银行（IBRD）的贷款项目并不具有更高的满意度；IDA 对应的系数在 90% 的置信水平下显著为负，这表明国际开发协会（IDA）提供贷款的项目成功率和满意度较低。相比较而言，IBRD 是以银行的商业模式进行贷款发放，因而贷款的审批流程和日后管理更为严格，而 IDA 的组织架构较为松散，并且因其优惠贷款而更不具有商业银行贷款的特征，因而在审批流程以及日后管理等方面相对来说会弱于银行。这使得IDA 的项目成功率或满意度会较低。而 retf_ at 和 mont_ at 对应的系数在 90% 的置信水平下显著为正，这表明了贷款来源为接收人执行信托基金（RETF）和蒙特利尔协议（Montreal Protocol）的项目整体表现会优于其他项目，即项目的成功率或满意度更高。由接收人执行信托基金（RETF）和蒙特利尔协议（Montreal Protocol）投资的项目是针对特定的投资领域，这使得它们有更为专业的贷款使用情况的监督体系，这使得执行信托基金（RETF）和蒙特利尔协议（Montreal Protocol）的项目目标完成情况更好。

表 10 -3  世界银行集团内部贷款来源对项目满意度的影响

|  | (1) | (2) | (3) | (4) | (5) | (6) | (7) |
|---|---|---|---|---|---|---|---|
|  | sts6 | sts6 | sts6 | sts6 | sts6 | sts6 | sts6 |
| govstab | -0.016 | -0.015 | -0.019 | -0.018 | -0.019 | -0.019 | -0.019 |
|  | (0.020) | (0.021) | (0.020) | (0.020) | (0.019) | (0.020) | (0.020) |
| laworder | 0.033 | 0.030 | 0.038 | 0.039 | 0.036 | 0.039 | 0.038 |
|  | (0.029) | (0.029) | (0.028) | (0.028) | (0.028) | (0.028) | (0.028) |
| gdp_ pg | 0.025 *** | 0.025 *** | 0.024 *** | 0.024 *** | 0.025 *** | 0.024 *** | 0.024 *** |
|  | (0.007) | (0.007) | (0.007) | (0.007) | (0.007) | (0.007) | (0.007) |

| | （1） | （2） | （3） | （4） | （5） | （6） | （7） |
|---|---|---|---|---|---|---|---|
| | sts6 | sts6 | sts6 | sts6 | sts6 | sts6 | sts6 |
| lny | -0.039*** | -0.039*** | -0.039*** | -0.039*** | -0.045*** | -0.039*** | -0.039*** |
| | (0.010) | (0.010) | (0.010) | (0.010) | (0.009) | (0.010) | (0.010) |
| lnamt | 0.040* | 0.044** | 0.051** | 0.051** | 0.063*** | 0.048** | 0.049** |
| | (0.023) | (0.021) | (0.022) | (0.022) | (0.020) | (0.021) | (0.021) |
| ibrd_at | 0.082 | | | | | | |
| | (0.074) | | | | | | |
| ida_at | | -0.123* | | | | | |
| | | (0.069) | | | | | |
| gef_at | | | 0.048 | | | | |
| | | | (0.111) | | | | |
| retf_at | | | | 0.212* | | | |
| | | | | (0.112) | | | |
| mont_at | | | | | 1.363*** | | |
| | | | | | (0.212) | | |
| spf_at | | | | | | -0.470** | |
| | | | | | | (0.202) | |
| carb_at | | | | | | | 0.211 |
| | | | | | | | (0.129) |
| Obs. | 3876 | 3876 | 3876 | 3876 | 3876 | 3876 | 3876 |
| R-squared | 0.0217 | 0.0222 | 0.0213 | 0.0214 | 0.0235 | 0.0213 | 0.0212 |

括号中数值为标准差。*** p<0.01，** p<0.05，* p<0.1。

（四）世界银行贷款项目行业选择对项目满意度的影响

为了研究不同行业项目对满意度的影响，我们分别构建11个行业虚拟变量并依次加入基准回归中。回归结果如表10-4和表10-5所示。

回归结果表明：金融部门（FX）对应的系数在90%的置信水平下显著为正，交通（TX）对应的系数在95%的置信水平下显著为正，这表明世界银行在对金融、交通行业的发展性投资往往比其他部门有更高的满意度。通常，这两个部门对地方经济的带动作用大，往往容易得到当地政府和组织的支持，并且项目结果也易于衡量。而健康（HX）对应的系数在90%的置信水平下显著为负，水卫生系统和污染管理（WX）对应的系数在99%的置信水平下显著为负，这表明对健康行业、水卫生系统的投资表现比其他部门较差。健康行业和水卫生系统行业往往在短期内难以产生经济效益，并且对于投入效果也难以衡量。因此这两个行业的表现相对于其他行业表现较差。

表 10 - 4　项目行业选择对项目满意度的影响（1）

|  | （1）<br>sts6 | （2）<br>sts6 | （3）<br>sts6 | （4）<br>sts6 | （5）<br>sts6 | （6）<br>sts6 |
|---|---|---|---|---|---|---|
| govstab | 0.012<br>(0.016) | 0.012<br>(0.016) | 0.012<br>(0.016) | 0.011<br>(0.017) | 0.012<br>(0.016) | 0.013<br>(0.016) |
| laworder | 0.050*<br>(0.027) | 0.050 *<br>(0.027) | 0.051*<br>(0.027) | 0.052*<br>(0.027) | 0.050*<br>(0.027) | 0.050*<br>(0.027) |
| gdp_ pg | 0.014**<br>(0.006) | 0.015**<br>(0.006) | 0.014**<br>(0.006) | 0.015**<br>(0.006) | 0.015**<br>(0.006) | 0.014**<br>(0.006) |
| lny | -0.045***<br>(0.008) | -0.045***<br>(0.008) | -0.044***<br>(0.008) | -0.043***<br>(0.008) | -0.044***<br>(0.008) | -0.044***<br>(0.008) |
| lnamt | 0.034*<br>(0.018) | 0.033*<br>(0.018) | 0.035*<br>(0.018) | 0.033*<br>(0.018) | 0.034*<br>(0.018) | 0.034*<br>(0.018) |
| ax | 0.005<br>(0.051) |  |  |  |  |  |
| ex |  | 0.118<br>(0.078) |  |  |  |  |
| lx |  |  | -0.050<br>(0.097) |  |  |  |
| fx |  |  |  | 0.128*<br>(0.076) |  |  |

续表

| | （1）<br>sts6 | （2）<br>sts6 | （3）<br>sts6 | （4）<br>sts6 | （5）<br>sts6 | （6）<br>sts6 |
|---|---|---|---|---|---|---|
| hx | | | | | $-0.151^{*}$<br>（0.083） | |
| sx | | | | | | 0.023<br>（0.092） |
| Obs. | 3876 | 3876 | 3876 | 3876 | 3876 | 3876 |
| R - squared | 0.0277 | 0.0281 | 0.0278 | 0.0280 | 0.0282 | 0.0277 |

括号中数值为标准差。$^{***}p<0.01$，$^{**}p<0.05$，$^{*}p<0.1$。

表 10 - 5　项目行业选择对项目满意度的影响（2）

| | （7）<br>sts6 | （8）<br>sts6 | （9）<br>sts6 | （10）<br>sts6 | （11）<br>sts6 |
|---|---|---|---|---|---|
| govstab | 0.012<br>（0.016） | 0.012<br>（0.016） | 0.013<br>（0.016） | 0.012<br>（0.016） | 0.013<br>（0.016） |
| laworder | $0.050^{*}$<br>（0.027） | $0.050^{*}$<br>（0.027） | $0.051^{*}$<br>（0.027） | $0.050^{*}$<br>（0.027） | $0.050^{*}$<br>（0.027） |
| gdp_ pg | $0.014^{**}$<br>（0.006） | $0.014^{**}$<br>（0.006） | $0.014^{**}$<br>（0.006） | $0.015^{**}$<br>（0.006） | $0.014^{**}$<br>（0.006） |
| lny | $-0.044^{***}$<br>（0.008） | $-0.045^{***}$<br>（0.008） | $-0.046^{***}$<br>（0.008） | $-0.041^{***}$<br>（0.008） | $-0.048^{***}$<br>（0.009） |
| lnamt | $0.034^{*}$<br>（0.018） | $0.034^{*}$<br>（0.018） | $0.033^{*}$<br>（0.018） | $0.034^{*}$<br>（0.018） | $0.029^{*}$<br>（0.018） |
| yx | 0.021<br>（0.109） | | | | |
| cx | | 0.015<br>（0.189） | | | |

|  | (7) | (8) | (9) | (10) | (11) |
|---|---|---|---|---|---|
|  | sts6 | sts6 | sts6 | sts6 | sts6 |
| bx |  |  | $-0.039$<br>(0.042) |  |  |
| wx |  |  |  | $-0.191^{***}$<br>(0.062) |  |
| tx |  |  |  |  | $0.155^{**}$<br>(0.070) |
| Obs. | 3876 | 3876 | 3876 | 3876 | 3876 |
| R – squared | 0.0277 | 0.0277 | 0.0278 | 0.0285 | 0.0284 |

括号中数值为标准差。$^{***}p<0.01$，$^{**}p<0.05$，$^{*}p<0.1$。

### (五) 世界银行贷款项目区位选择分析

为了分析世界银行贷款项目区位选择对项目满意度是否存在差别。我们在基准回归 (7) 的基础上，先去掉区域固定效应，再分别加入六个地理位置虚拟变量 MNA (中东和北非)、SAR (南亚)、LCR (拉丁美洲和加勒比)、AFR (非洲)、ECA (欧洲和中亚) 和 EAP (东亚和太平洋地区)，回归结果如表 10 –6所示。

从回归结果可知，MNA 和 AFR 对应的系数在90%置信水平下显著为负，这表明中东、北非和非洲地区的项目平均成功率或满意度显著低于其他地区。LCR 和 ECA 对应的系数在90%的置信水平下显著为正，这表明拉丁美洲、加勒比、欧洲和中亚地区的项目平均成功率要显著高于其他地区。以上结果表明，世界银行贷款项目区位选择显著影响项目的成功率和满意度。我们认为，中东、北非和非洲地区整体的经济水平不发达，并且中东地区的频繁爆发冲突，这一定程度影响了项目的成功率和满意度。而拉丁美洲、加勒比、欧洲和中亚地区的政治、经济环境相对较为稳定。

**表 10 - 6 世界银行贷款项目区位选择对项目满意度的影响**

| | （1）sts6 | （2）sts6 | （3）sts6 | （4）sts6 | （5）sts6 | （6）sts6 |
|---|---|---|---|---|---|---|
| govstab | -0.006 (0.017) | -0.015 (0.020) | -0.020 (0.019) | -0.007 (0.020) | -0.015 (0.019) | -0.015 (0.021) |
| laworder | 0.049* (0.029) | 0.054* (0.029) | 0.038 (0.028) | 0.033 (0.025) | 0.042 (0.029) | 0.025 (0.030) |
| gdp_ pg | 0.023*** (0.007) | 0.027*** (0.007) | 0.024*** (0.007) | 0.017** (0.007) | 0.023*** (0.007) | 0.022*** (0.008) |
| lny | -0.041*** (0.010) | -0.040*** (0.010) | -0.040*** (0.010) | -0.041*** (0.009) | -0.040*** (0.009) | -0.038*** (0.010) |
| lnamt | 0.046** (0.021) | 0.049** (0.022) | 0.047** (0.022) | 0.033* (0.019) | 0.044** (0.019) | 0.051** (0.022) |
| mna | -0.326** (0.143) | | | | | |
| lcr | | 0.191*** (0.069) | | | | |
| eap | | | 0.076 (0.106) | | | |
| afr | | | | -0.359*** (0.077) | | |
| sar | | | | | 0.102 (0.064) | |
| eca | | | | | | 0.129* (0.076) |
| Obs. | 3876 | 3876 | 3876 | 3876 | 3876 | 3876 |
| R - squared | 0.0231 | 0.0233 | 0.0214 | 0.0269 | 0.0216 | 0.0218 |

括号中数值为标准差。$^{***}p<0.01$，$^{**}p<0.05$，$^{*}p<0.1$。

## 五、结论及启示

本章在已有文献关于"好的受援国"与"好的项目"对多边发展银行的发展项目执行效果的影响关系研究的基础上，提出新的研究视角，即进一步探讨是否存在"好的多边发展银行"对发展项目成功与否的影响效应。在匹配了世界银行API 数据库和 IEG 对世界银行发展项目的评价结果之后，结合世界银行 WDI 宏观数据和 ICRG 国家风险数据，本章采用有序 Probit 模型实证检验了世界银行 1984年—2016 年间发展项目执行效果的影响因素。在控制住"好的东道国"和"好的项目"因素的基础上，表示"好的多边发展银行"的因素，包括世界银行贷款政策调整、世界银行贷款项目来源、世界银行贷款项目类型和世界银行贷款项目区位选择等在内的世界银行贷款操作相关因素均会对发展项目的执行效果产生显著影响。本章实证检验表明，确实存在"好的多边发展银行"效应。这意味着多边发展银行好的贷款政策取向与贷款业务操作对发展项目执行效果至关重要。

世界银行作为传统的多边发展融资机构，拥有丰富的发展项目业务操作方面的实践经验。本章的实证分析对世界银行的实践进行了以项目执行效果为导向的检验。这些经验分析对亚洲基础设施投资银行（Asia Infrastructure Investment Bank，AIIB）这一新型多边发展银行的运营和发展具有重要的借鉴意义。在经验借鉴方面，AIIB在项目管理、项目识别及项目选择等方面仍需吸收传统多边发展银行的先进做法和经验，包括加强与世界银行、亚洲开发银行等传统多边发展银行的合作，不断提升运营管理水平，以提高发展融资项目的有效性。项目评估也应借鉴 IEG 的评估框架，再根据 AIIB 的项目特点和实际情况进行调整，以更好地服务于 AIIB 的项目建设。在吸取教训方面，本章实证检验表明世界银行贷款政策取向存在对项目执行效果的负面影响，因而，AIIB 应更加坚定"共商、共建、共享、共赢"的理念，尊重借款国对发展道路的选择，不借发展项目附加政治经济条件干涉借款国内部事务，并采取更具灵活性和针对性的贷款方案；在贷款操作上，本章的实证检验表明 IDA 赠款、低息的贷款项目，投资于健康、水卫生系统的贷款项目等的执行效果往往较差，因而，AIIB 在运营模式的选择方面应更坚定地走市场化、商业化道路，项目选择上强调经济效益和注重引入私人部门参与，确保 AIIB 资金的良性循环和可持续发展。

第十一章

# "一带一路"国家债务可持续性分析——以柬埔寨、老挝、缅甸三国为对象

## 一、引言

自 2013 年"一带一路"倡议提出以来，这一倡议得到越来越多国家的支持，"一带一路"合作项目蓬勃开展。但随之而来的是，有些许噪音称中国借助"一带一路"项目让沿线合作国家陷入债务陷阱，曾就有 CNN 记者追问肯尼亚总统"中国债务陷阱"问题，称肯尼亚已经处于北京的债务包围之中。但是质疑和抹黑不能阻止"一带一路"建设的发展和壮大。肯尼亚总统乌胡鲁·肯雅塔回应称，肯尼亚不仅向中国借钱，也向美国借钱，肯尼亚愿意与任何有意愿帮助其发展的国家展开合作，而且称他们的债务组合是非常健康的，不仅有来自世界银行和非洲开发银行的多边贷款，也有来自中国、日本、法国等国家的双边贷款，这些贷款均被用于促进经济发展、提高就业率的基础设施建设中。"一带一路"建设背景下，我国通过债务方式支持国外的基础设施建设和经济发展，对各合作国家的债务问题进行科学合理的研究，不仅能够证伪不良言论，而且能够在实际上有利于"一带一路"建设项目更加顺利地开展。

在"一带一路"沿线国家中，我国与东南亚国家开展了尤为广泛的合作，有很多互利共赢的合作项目，也难以避免存在债务往来。研究东南亚国家的债务结构特征和债务可持续性，有利于实现我国企业在海外更好的投资与发展，有利于东南亚国家改善债务结构，也为"一带一路"沿线的其他国家提供参考。

低收入国家往往面临巨额外债，国际货币基金组织和世界银行制定了一个

框架——LIC – DSF（Debt Sustainability Framework for Low – Income Countries）来指导各国和捐赠者调动资金来满足低收入国家的发展需要，同时减少未来过度积累债务的可能性。该框架于 2005 年 4 月推出，并定期审查。目前的框架已于 2017 年 9 月获得国际货币基金组织和世界银行执行董事会的批准，并于 2018 年 7 月开始实施。该框架不仅鼓励低收入国家将此或者类似的框架作为制作中期债务方略的第一步，并且鼓励债权人将债务可持续性评估纳入其贷款决定中。

　　另一提供债务安排和国际协调的重要的国际组织——巴黎俱乐部自 1956 年成立至今，在处理国际债务中积累了大量经验，非常注重与 IMF（International Monetary Fund）的合作，注重对债务国实施差别化救助，实施分阶段动态的救助方案，以求帮助债务国恢复债务可持续性，建立起强有力的主权债务风险事后处置机制（胥爱欢，2019；胥爱欢和李红燕，2018）。但是在事前预防机制建设上存在较大的不足，激励约束机制扭曲、受大国政治博弈影响等问题也逐渐显露。我国在共建"一带一路"过程中应吸取经验教训，建立事前预防和事后化解的主权债务风险防控机制。因此，在"一带一路"进程中，科学评估债务方的债务可持续性具有极其重要的含义，能够有效防范债务和金融风险，同时加强与合作国家的国际协作。

## 二、文献综述

　　现有关于外债管理方面的研究较多。在我国身为债权大国应如何作为方面，较多文献提出应该调整债权结构，调整对外投资方式，多是提倡一种"事后化解风险"的机制，而对主要债务国事先进行科学合理评估方面涉及较少。周宇（2007）较早提到，随着我国成为世界债权大国，传统的重视债务管理而忽视债权管理的金融开放策略负面效应上升，无法实现国民财富收益最大化目标。张纯威和石巧荣（2010）提出通过加快经济发展方式和对外投资模式转型来摆脱债权国国民财富流失、内外失衡加剧的困境。我国作为典型的"官方债权大国"，存在着对外金融资产与负债结构严重不对称而引发重大资产损失的风险，进一步扩大主权财富基金规模，调整债权结构，能够有效巩固债权国基础，提高国民财富效应（张茉楠，2010）。

现有的关于债务可持续性方法介绍的文献较少。熊婉婷（2019）分析了 IMF 债务可持续性分析框架存在的问题、改进方向及启示，但只讨论了 LIC - DSF，没有介绍和讨论市场准入国家的债务可持续性框架（MAC - DSF）。韦德晖（2019）年也针对 LIC - DSF 进行了介绍，将 LIC - DSF 和中国财政部提出的 "一带一路" 债务可持续性分析框架进行了比较。总体上，对于国际货币基金组织 - 世界银行债务可持续性框架进行介绍和应用的中文文献较少，一些对于该方法的具体介绍也主要参考 IMF 官网上的资料①。因此，虽然国际货币基金组织和世界银行设计的 DSA 方法已经在主要国际组织和国际协作中被广泛运用，但是我国利用该方法分析主要受援国的债务实际情况的实践仍然较少。

在评价指标上，已有很多研究围绕着外债风险展开，他们多是围绕着构建外债风险评级指标体系来进行，传统使用的指标主要有负债率、债务率、偿债率和短期债务比率等，并将这些比率与国际警戒线进行比较②。

在评价对象的选取上，莫亚琳和徐鹏程（2016）对东盟国家政府债务现状进行了梳理，对东盟国家政府债务风险进行了简要分析。周丽华（2019）分析了塔吉克斯坦外债规模、外债结构、外债负担及外债还本付息能力，并对塔吉克斯坦的外债风险状况进行分析。

中国作为债权大国也逐渐意识到应该在满足投融资发展需求和实现债务可持续性之间实现平衡。2019 年 4 月 25 日，在第二届 "一带一路" 国际合作高峰论坛资金融通分论坛期间，财政部正式发布《"一带一路" 债务可持续性分析框架》，该框架在 IMF 和世界银行 LIC - DSF 基础上，结合 "一带一路" 沿线国家的实际情况制定，本框架与 LIC - DSF 的主要区别在于，LIC - DSF 的贴现率统一为 5%，而该框架使用合理确定的贴现率计算债务现值，并新增了压力测试项，进行了反向压力测试，来测算借款国能够承担外部冲击的大小。

针对外界人士对肯尼亚债务危机和 "中国债务陷阱" 的言论，陈甬军等人（2019）基于中国财政部《"一带一路" 债务可持续性分析框架》对肯尼亚的债

---

① guidance note on the bank - fund debt sustainability framework for low income countries ［EB/ OL］. imf, 2018 - 02 - 14.

② 例如胡颖和刘营营（2020）。

务可持续性情况进行了深入研究，研究表明肯尼亚并未陷入债务危机，总体而言债务具有可持续性，主要的债务风险源于财政赤字规模过大和资本预算执行率低等，并提倡国际机构、肯尼亚本国及中国应该为有效防控债务风险做出更多努力，推动"一带一路"更好的发展。

本章对东盟国家中经济发展实力较弱适用 LIC – DSA 方法的柬老缅三国进行了经济基本面分析和债务现状分析，包括了人均收入水平、外债规模、外债结构等，在方法上也采用了国际货币基金组织 – 世界银行债务可持续分析框架进行分析，将在该框架下得出的结果与三国的基本债务现状进行了分析和比较，得出较为综合的结果。本章余下部分将按照以下结构展开：第三部分根据相关数据和债务指标分析东南亚国家的债务现状，第四部分详细介绍 DSF 的主要内容，第五部分展示主要评级过程，第六部分展示评级结果，第七部分进行总结并得出一定的政策建议。

### 三、柬老缅三国债务现状分析

#### （一）外债规模

根据世界银行的定义，外债总额包括了公共外债、公共担保债务和私人无担保长期债务、使用国际货币基金组织贷款和短期债务的总和。其中短期债务包括所有原定偿还期一年（含）以下的所有债务和长期债务的拖欠利息。

在衡量东南亚国家中是否会发生偿债危机时，我们也参考传统的衡量标准，即负债率、债务率、偿债率和短期债务比率①得出的结论。为了便于在观察东盟地区各国外债总体情况的视角下分析柬老缅三国，我们把数据可得的东盟其余国家的数据也一并列示，如表 11 – 1、11 – 2、11 – 3 和图 11 – 1 所示。

印度尼西亚的外债存量最多，2018 年达到了 3796.6 亿美元，且呈现逐年上

---

① 负债率：一国年末外债余额与当年国内生产总值的比率，国际警戒线为 20%。债务率：一国年末外债余额与当年国际收支统计口径的货物与服务出口收入的比率，国际警戒线为 100%。偿债率：一国当年外债还本付息额与当年国际收支统计口径的货物与服务贸易出口收入的比率，国际警戒线为 20%；短期债务比率是一国短期外债总额与外债总额的比率，国际警戒线为 25%。

升的趋势。柬埔寨、缅甸、老挝三个国家的外债存量较少，但这是由于这三个国家的经济体量最小，并不代表偿还债务的压力最小。

负债率的国际警戒线为20%，我们可以看到除了缅甸，所有国家的负债率都已经超过了20%，其中新加坡的负债率更是高达400%以上，柬埔寨、老挝、缅甸三国的负债率也高达40%以上，老挝的负债率在2018年达到54.31%，显现出较大的债务压力。

在债务率方面，也就是将外债总额和出口总额进行比较时，我们发现印度尼西亚、老挝、菲律宾三国远超了国际警戒线，出口带来的收入能够消化的外债远远小于现有总额。

表11-1 东盟国家外债总存量      单位：百万美元

|  | 2014 | 2015 | 2016 | 2017 | 2018 |
|---|---|---|---|---|---|
| 柬埔寨 | 8130.22 | 9249.22 | 9874.77 | 11238.06 | 13346.67 |
| 印度尼西亚 | 292570.27 | 307753.59 | 319006.92 | 353662.84 | 379663.96 |
| 老挝 | 9640.19 | 11641.64 | 13535.20 | 14651.38 | 15587.69 |
| 越南 | 72449.35 | 77828.62 | 85662.60 | 104090.50 | 108096.28 |
| 缅甸 | 14349.03 | 14291.36 | 14148.53 | 15011.66 | 14935.77 |
| 菲律宾 | 77170.15 | 76494.55 | 72930.89 | 74381.90 | 78824.36 |
| 泰国 | 146056.99 | 131819.35 | 137571.21 | 157582.94 | 169240.67 |

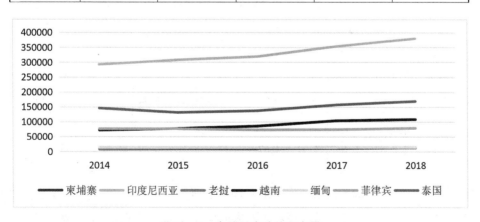

图11-1 东盟国家外债总存量

表 11-2 东盟国家负债率、债务率                                           单位:%

| | 偿债率 | | | | | 短期外债率 | | | | |
|---|---|---|---|---|---|---|---|---|---|---|
| | 2014 | 2015 | 2016 | 2017 | 2018 | 2014 | 2015 | 2016 | 2017 | 2018 |
| 柬埔寨 | 43.1 | 47.21 | 46.34 | 46.01 | 48.06 | 99.52 | 99.07 | 96.13 | 99.99 | 102.87 |
| 印度尼西亚 | 32.85 | 32.95 | 32.52 | 34.31 | 35.02 | 166.25 | 204.67 | 219.72 | 209.48 | 210.91 |
| 老挝 | 43.12 | 45.29 | 48.51 | 50.03 | 54.31 | 362.14 | 420.43 | 403.78 | 303.81 | 294.4 |
| 越南 | 38.91 | 39.18 | 40.6 | 46.19 | 44.8 | 48.23 | 48.04 | 48.51 | 48.39 | 44.36 |
| 马来西亚 | 67.58 | 71.12 | 73.17 | 64.51 | 63.9 | - | - | - | - | - |
| 缅甸 | 21.88 | 20.36 | 19.04 | 18.93 | - | 125.3 | 125.01 | 119.54 | 108.17 | 89.59 |
| 菲律宾 | 26.11 | 25.28 | 23.46 | 22.25 | 22.77 | 124.26 | 130.03 | 127.04 | 108.25 | 113.73 |
| 新加坡 | 446.06 | 429.14 | 436.55 | 419.79 | 413.55 | - | - | - | - | - |
| 泰国 | 34.69 | 31.98 | 32.46 | 36.67 | 35.47 | 97.23 | 81.36 | 77.91 | 73.25 | 69.45 |

表 11-3 东盟国家偿债率、短债债务率                                       单位:%

| | 偿债率 | | | | | 短期外债率 | | | | |
|---|---|---|---|---|---|---|---|---|---|---|
| | 2014 | 2015 | 2016 | 2017 | 2018 | 2014 | 2015 | 2016 | 2017 | 2018 |
| 柬埔寨 | 5.37 | 5.06 | 5.14 | 6.23 | 6.73 | 13.37 | 14.27 | 17.49 | 15.82 | 17.73 |
| 印度尼西亚 | 29.92 | 34.61 | 37.48 | 29.44 | 26 | 15.71 | 12.49 | 12.75 | 13.21 | 12.63 |
| 老挝 | 9.43 | 9.09 | 10.69 | 13.52 | 14.58 | 8.54 | 6 | 5.33 | 5.08 | 2.59 |
| 越南 | 4.17 | 3.82 | 3.87 | 5.93 | 7.09 | 18.78 | 15.41 | 14.85 | 21.04 | 18.12 |
| 马来西亚 | - | - | - | - | - | - | - | - | - | - |
| 缅甸 | 4.61 | 3.58 | 5.7 | 4.59 | 4.92 | 5.81 | 5.74 | 5.8 | 5.81 | 5.89 |
| 菲律宾 | 8.96 | 12.93 | 13.12 | 11.45 | 8.66 | 21.05 | 19.74 | 19.92 | 19.19 | 20.38 |
| 新加坡 | - | - | - | - | - | - | - | - | - | - |
| 泰国 | 8.84 | 6.63 | 4.99 | 4.67 | 5.37 | 38.37 | 39.59 | 38.37 | 41.03 | 35.63 |

表 11-3 显示的各国偿债比率除了印度尼西亚均不超过 20%,当年还本付息额与出口总额的比率较低,说明短期内的偿债危机并不存在。柬埔寨、缅甸、

老挝三国的短期外债率均不超过25%的警戒值,目前仅有泰国可能面临着较大的短期债务压力。

（二）PPG 外债

按照世界银行的定义,公共外债和公共担保的外债存量（Public and Public Guaranteed External Debt,简称 PPG 外债）是指:公共债务和公共担保的债务,包括国家政府、政府分支机构、公共自治机构等政府债务人的长期对外债务,及由公共实体提供偿还担保的私人债务人的对外债务。PPG 外债占总外债的水平越高,主权信用保障的程度就越高。PPG 外债是低收入国家重要的债务风险来源。在之后章节关于债务风险评级的内容,PPG 外债也是重要指标。

从世界银行数据库中我们能够得出东盟7个国家的 PPG 外债存量指标（现价美元）,并得出各国 PPG 外债趋势线,如图 11-2 所示。可以看出大多数东盟国家的 PPG 外债仍然呈上升的趋势。其中印度尼西亚的 PPG 外债总量最大,上升趋势最为明显。

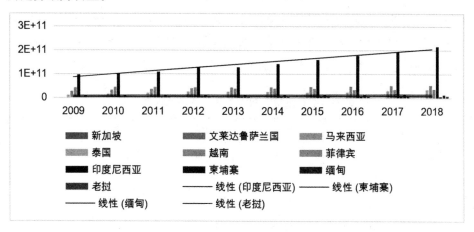

**图 11-2 东盟十国十年 PPG 外债增长情况**

注:其中新加坡、文莱、马来西亚三国的 PPG 数据在世界银行数据库中不可得,不过仍然能够在各国的统计网站上找到相对应的准公共外债存量。

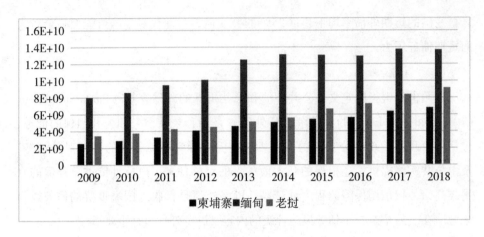

图 11 – 3 柬埔寨、缅甸、老挝三国 PPG 外债

（三）多边贷款在 PPG 中的占比

通过观察 PPG 外债占外债总额的比例，我们可以得到，一个国家的主权信用保障的程度。东盟国家 PPG 外债占外债总量的比重如表 11 – 4 所示。其中缅甸的 PPG 外债占比最高，外债结构中的主权信用保障程度最高。除了泰国，其他几个国家的主权信用保障程度也较高。

表 11 – 4 东盟国家 PPG 外债占外债总存量比率　　　　　　　　单位：%

|  | 2014 | 2015 | 2016 | 2017 | 2018 |
|---|---|---|---|---|---|
| 泰国 | 17. 27 | 17. 01 | 16. 86 | 18. 75 | 21. 04 |
| 越南 | 61. 88 | 59. 57 | 56. 08 | 49. 76 | 49. 33 |
| 菲律宾 | 50. 47 | 51. 10 | 46. 55 | 47. 75 | 46. 11 |
| 印度尼西亚 | 48. 60 | 51. 85 | 55. 53 | 55. 15 | 56. 67 |
| 柬埔寨 | 62. 30 | 58. 94 | 57. 18 | 56. 86 | 51. 01 |
| 缅甸 | 91. 70 | 91. 41 | 91. 54 | 91. 67 | 91. 73 |
| 老挝 | 58. 10 | 57. 46 | 54. 03 | 57. 15 | 58. 77 |

一国的外债主要由私人外债和官方债权人外债构成。私人外债和官方债权人外债分别代表了商业贷款和优惠贷款及非优惠贷款的比例。私人外债一般来

自商业银行和企业，具有的特点是：贷款利率高，期限较长，没有赠款、费用多，债务国还本付息的压力较大。国际商业银行的利率一般为10%，还款期限为10~20年，收取高昂的管理费用、代理费、承担费和各种杂费。

但是来自各国际金融机构和外国政府的贷款具有贷款利率低、期限长、有赠款、无费用等特点，还本付息的压力较小。即使是非优惠贷款①，其利率也是低于商业贷款的。官方债权人外债或者优惠贷款占外债总额的比重越高，则还本付息的压力相对较小，存在偿债危机的可能性较小，债务的可持续性较高。

表11-5显示了来自世界银行集团IBRD和IDA的贷款在PPG外债中的比率。IBRD和IDA的贷款均属于多边贷款，因此，该指标一定程度反映了一国的外债结构。我们可以看出多边贷款所占的比重是比较小的，较多的比重可能在于与主权国家的双边贷款。

表 11-5 IBRD&IDA 信贷占 PPG 外债的比率 单位:%

| | 2014 | 2015 | 2016 | 2017 | 2018 |
|---|---|---|---|---|---|
| 泰国 | 4.15 | 4.63 | 4.45 | 3.47 | 2.86 |
| 菲律宾 | 10.18 | 11.93 | 13.76 | 14.45 | 16.07 |
| 印度尼西亚 | 9.88 | 10.05 | 9.72 | 9.20 | 8.60 |
| 越南 | 26.97 | 27.26 | 27.29 | 28.35 | 28.07 |
| 柬埔寨 | 11.40 | 9.93 | 9.18 | 8.60 | 7.98 |
| 缅甸 | 5.83 | 6.38 | 7.06 | 8.66 | 9.24 |
| 老挝 | 9.92 | 7.64 | 6.74 | 6.96 | 6.41 |

（四）柬老缅三国外债构成

表11-6给出了2018年柬埔寨的公共外债构成。截止到2018年年底，柬埔寨的外部公共债务（包括拖欠债务）达到了GDP的28.6%，约为70亿美元，

---

① 非优惠性借贷政策是IDA帮助各国提升债务可持续性的政策工具中的重要部分。即使利率要高于优惠性借贷利率，但是其提升低收入国家债务可持续性的目标设定，仍然使得其利率要低于国际商业贷款利率。在某种情况下，非优惠性借贷，能够成为一个资助低收入国家发展需要的融资组合的重要部分。来源：世界银行网站。

外债占GDP比重较2017年还下降了1.4个百分点。债务的组成大约是70%的双边债务，剩下30%为多边外债，大约一半的外部公共债务来自中国。其中外部债务多是优惠性条款，平均赠款部分也达到28%，优惠贷款的比重较大，赠款多表明未来还本付息的压力较小。

表11-6　2018年柬埔寨公共外债

|  | 总额<br>（单位百万美元） | 占GDP的比重<br>（%） | 占外部债务的比重<br>（%） |
|---|---|---|---|
| 总额 | 7021.5 | 28.6 | 100 |
| 多边贷款 | 1981.0 | 8.1 | 28.2 |
| 双边贷款 | 5040.5 | 20.6 | 71.8 |
| 来自中国的双边贷款 | 3418.9 | 14 | 48.7 |

来源：根据IMF发布的柬埔寨年度报告整理。

由于老挝国内借债的高额成本，国内PPG的份额相对较小。现存的大部分PPG债务都是PPG外债。截止到2018年，老挝的公共债务占到了GDP的57.2%。按照债务可持续性分析（DSA）中定义的公共债务包括了公共国内债务（约占GDP的5.8%）和公共以及公共担保的外部债务（PPG外债，占到GDP的51.4%）。表11-7给出了2018年老挝的公共外债构成。其中65%的PPG外债都是基于优惠性或者半优惠性条款的。PPG外债的最大份额就是来自中国的双边贷款，这其中主要是优惠性的，占到了PPG外债的58.1%。多边贷款约占PPG外债的21.6%，其中IDA和ADB是两个最大的多边贷款方，约占到了多边PPG外债的87.5%。

表11-7　2018年老挝公共外债

|  | 总额<br>（单位百万美元） | 占GDP的比重<br>（%） | 占外部债务的比重<br>（%） |
|---|---|---|---|
| 总额 | 7950.2 | 51.4 | 100 |
| 多边贷款 | 1716.9 | 11.1 | 21.6 |

续表

|  | 总额<br>（单位百万美元） | 占 GDP 的比重<br>（%） | 占外部债务的比重<br>（%） |
|---|---|---|---|
| 双边贷款（除中国外） | 1593.1 | 10.4 | 20.3 |
| 来自中国的双边贷款 | 4624.7 | 29.9 | 58.1 |

来源：根据 IMF 发布的老挝年度报告整理。

在 2018 年 10 月到 2019 年 9 月期间，缅甸总的公共债务占到了 GDP 的 38.1%。其中内部公共债务占比较大，约为整个公共债务的 61.8%，PPG 外债比重约为 38.2%。PPG 外债中，最大的双边债权国分别是中国和日本，IDA 和 ADB 是最大的多边债权机构（参加表 11 – 8）。

**表 11 – 8 缅甸 PPG 外债构成**

|  | 美元总额（百万美元） | 占 PPG 外债的比重（%） |
|---|---|---|
| 双边债权方 | 8.1 | 30.6 |
| 来自巴黎俱乐部成员国总额 | 4.2 | 16.0 |
| 来自成员国日本 | 2.9 | 10.9 |
| 非巴黎俱乐部成员国 | 3.9 | 14.6 |
| 来自非成员国中国 | 3.4 | 13.0 |
| 多边债权方 | 2.0 | 7.5 |
| 来自 ADB | 0.6 | 2.2 |
| 来自 IDA | 1.4 | 5.2 |

来源：根据 IMF 发布的缅甸年度报告整理。

综上，东南亚国家中柬埔寨、老挝、缅甸三国的外债总量最小，但并不意味着还债压力最小。根据常见债务指标的分析，东南亚国家的负债率都超过了国际警戒线，外债总额超过了服务、货物出口和收入总额，显示出较大的债务压力，但是在偿债率和短期债务比率两个指标上表现较好，距离国际警戒线较远，说明短期内不存在偿债压力，发生债务危机的可能性较小。在债务结构方面，近年来中国已经成为三个国家主要的双边贷款国，IDA 和 ADB 则是主要的多边贷款来源。而不论是来自中国的双边贷款还是来自国际组织的多边贷款，优惠和半优惠性贷款都占主要的部分，相比国际商业贷款来说，有更小的还本付息压力。但是双边贷款比重大，且国家结构较为单一还是显示出债务结构的不平衡性，仍有优化的空间。

### 四、基于低收入国家债务可持续性框架的债务风险评价

本章采用国际货币基金组织和世界银行联合设计的低收入国家债务可持续性框架（LIC－DSF）进行分析①。根据 IMF 关于成员国使用优惠贷款资格的条件，东南亚国家中，柬埔寨、缅甸、老挝三个国家都符合扶贫与增长信托（PRGT）资格，其中老挝满足了脱离 PRGT 列表的人均 GNI 标准和市场准入标准，表现相对另外两个国家都要好，但是仍然被评估为高的债务压力或者处于债务困境中，而且没有超过收入警戒线 50% 或者更多的水平，严重的短期债务脆弱性评估仍然适用于老挝。综合考虑，尽管老挝的债务脆弱性有所增强，但是仍没有被批准脱离 PGRT 资格国家行列。根据 IMF2020 年的评估，东南亚三国，柬埔寨、缅甸、老挝也仍在接受着 IDA 的贷款援助。因此本章对该三国的债务可持续性评估采用 LIC－DSF 进行评估。

（一）LIC－DSA 方法

LIC－DSA 引入了四种外部公共债务负担指标，分别为 PPG 外债现值/GDP、PPG 外债现值/商品与服务出口、PPG 外债还本付息额/商品与服务出口以及PPG 外债还本付息额/财政收入。

DSF 下债务负担指标有相应的警示性阈值和基准，并根据综合指标（CI，composite Indicator）值的大小，分为弱、中、强三种。CI 又是根据国家的制度和政策水平（CPIA）、经济增长率（g）、海外汇款、外汇储备、全球经济增长（gw）等指标制定。计算公式如下：

---

① 国际货币基金组合和世界银行联合设计了两套分析框架，其中 LIC－DSF 适用于低收入国家，市场准入国家债务可持续性框架（MAC－DSF）适用于新兴市场和先进经济体。

$$CI = \beta_1 CPIA + \beta_2 g + \beta_3 \frac{Remittance}{GDP} + \beta_4 \frac{Reserves}{Imports} + \beta_5 \left(\frac{Reserves}{Imports}\right)^2 + \beta_6 g_w$$

$$(11-1)$$

其中，$\beta_1 = 0.385$，$\beta_2 = 2.719$，$\beta_3 = 2.022$，$\beta_4 = 4.052$，$\beta_5 = -3.990$，$\beta_6 = 13.520$。根据相应的 CI 值，能够得出一个国家的债务承载能力属于弱、中或强，进一步得出四个债务负担指标的警示性阈值，具体 CI 值、债务承载能力及警示性阈值的对应关系如表 11 - 9 所示。

表 11 - 9　2017 年版 LIC - DSF 中债务负担指标的警示性阈值

| CI 值 | 债务承载能力 | PPG 外债现值/GDP | PPG 外债现值/出口 | PPG 外债还本付息额/出口 | PG 外债还本付息额/财政收入 |
|---|---|---|---|---|---|
| CI < 2.69 | 低 | 30 | 140 | 10 | 14 |
| 2.69 ≤ CI ≤ 3.05 | 中 | 40 | 180 | 15 | 18 |
| CI > 3.05 | 高 | 180 | 240 | 21 | 23 |

压力测试是在基础经济场景的假设之上给予特定变量暂时性冲击，以此评估债务负担指标对于不同经济场景下的敏感度。通过比较基础场景和压力测试场景下的债务负担指标的变动轨迹和相应警戒线的差异进行外部债务风险评级。外部债务风险分为低、中、高及危机中四个级别，具体评级标准参见表 11 - 10 及表 11 - 11。

表 11 - 10　外部公共债务风险评级标准

| 外部债务风险 | 基础场景 | 压力测试中最为极端的场景* |
|---|---|---|
| 低 | 所有 PPG 外债负担指标均低于警戒线 | 所有 PPG 外部债务负担指标均低于警戒线 |
| 中 | 所有 PPG 外债负担指标均低于警戒线 | 至少一个 PPG 外部债务负担指标超过了警戒线 |
| 高 | 任一 PPG 外债负担指标超过了警戒线 | |
| 危机中 | 正在进行债务重组谈判或者存在外部债务拖欠 | |

表 11 - 11　中等外部债务风险评级的进一步细分

| 中等债务风险的类别 | 判断标准 |
|---|---|
| 吸收冲击的空间很大 | 在基础场景中，所有债务负担指标均远低于警戒线，只有大规模的冲击＊会导致风险评级由中等降至高 |
| 吸收冲击的空间有限 | 在基础场景中，至少一种债务负担指标低于但接近于警戒线，且中等规模的冲击会导致风险评级由中至高 |
| 吸收冲击的空间中等 | 其他所有评级为中的场景 |

## （二）债务承载能力

LIC - DSA 用 CI 指标来反映一国的债务承载能力。本章在计算 CI 时采用的数据均来自世界银行和 CEIC 全球经济数据库。其中，国家政策和制度评估（CPIA）债务政策评级（1 = 低至 6 = 高），债务政策用于评估债务管理策略是否有助于最大限度降低预算风险和确保长期的债务可持续性，取值为 10 年平均值，包括了过去 5 年和未来 5 年的预测数据，CPIA 的未来 5 年预测数据取当期值。其他指标取 2014—2018 年五年历史平均值进行计算。计算结果如表 11 - 12 所示。柬埔寨、老挝、缅甸三国的 CI 指标都远大于 3.5，显现出较强的债务承载能力。

表 11 - 12　柬埔寨、老挝、缅甸三国的债务承载能力

| | 柬埔寨 | 老挝 | 缅甸 |
|---|---|---|---|
| CPIA | 4.750 | 2.600 | 4.000 |
| g | 7.508 | 6.208 | 6.183 |
| re/GDP | 6.160 | 1.340 | 3.554 |
| res/imports | 0.594 | 0.175 | 0.269 |
| （res/imports）^2 | 0.353 | 0.031 | 0.072 |
| gw | 2.903 | 2.903 | 2.903 |
| CI | 4.052 | 2.174 | 2.975 |

柬埔寨、老挝、缅甸三国的 CI 值分别落入债务承载能力高、低、中，由此可得三个国家的公共外债指标阈值（对照表 11 - 10）。

（三）IMF 关于三国的外债风险评级

在计算 CI 指标得出各国债务承载能力和外债风险警示性阈值的基础上，进一步进行压力测试，根据不同场景下外债风险指标是否突破警示性阈值，可获得风险评级。鉴于压力测试需要不同场景下的经济、金融、财政等各方面指标以及四个债务指标的预测数据，这些场景设定和数据预测具有相当程度的主观性，并且高度依赖于过去的经验，本章引用 IMF 关于三国的评级结果。

1. 柬埔寨

IMF 在 2017 年对柬埔寨的债务可持续性分析表明柬埔寨仍然保持在外部债务危机的低风险水平，所有的债务负担指标仍然低于各自的警示性阈值。然而，这个结果还表明面对不利的宏观经济冲击，债务可持续性正变得越来越脆弱，包括出口下降、汇率的无序调整、财政收益冲击和或有负债的实现。尽管债务对 GDP 警示性阈值在两次压力测试中均被打破，但是由于柬埔寨经济具有独特的特点，IMF 仍然评估柬埔寨的外部风险为低。尤其是在面临较大的汇率冲击和出口减少冲击时，警示性阈值被打破。但是该国具有较高程度的美元化，汇率变动对于债务可持续性不可能成为有效的风险。此外，2011 年的出口增长的结构性突变也证实了低水平的外部债务风险评级。总之，柬埔寨的外债风险评级虽然为低水平，但是也在面临不断增长的风险，需要进行持续的改革来增加经济抵御冲击的能力，更大程度地提高财政收益。

2. 老挝

IMF 在 2016 年对于老挝的国别报告（Article IV）中的债务可持续性分析结果显示，老挝面临外债危机的风险从中等级提升到了高等级。外债危机指标高于 2014 年债务评估，这是因为初始外债（按购买力平价计算的债务存量）和支持公共投资的预计债务流量较高。一些外债指标在若干年内超过了各自的政策依赖性指示性阈值，表明在出现不利冲击时的缓冲能力有限。而且，公共部门债务现值与国内生产总值的比率在一些年份也超过了基准。尽管从长期来看，大型资源项目的收入有望降低风险，但是仍尽可能多地依赖于优惠性条款来减轻债务负担。债务危机风险评级的恶化表明，迫切需要重新调整财政政策来重建财政缓冲，为主权债务和担保的发行制定明确的指导方针以帮助控制或者检测或有债务，以及加强债务管理能力，包括制定全面的中期债务管理战略，定期进行债务可持续性分析来为借款决策提供信息。

### 3. 缅甸

缅甸的外债风险评级在 2017 年的评估中仍然保持在低风险水平。在基准场景下，PPG 外债负担指标预计低于他们的警示性阈值。类似的，整个的公共外债水平也预计低于基准场景的警示性阈值，只是在压力测试中发生极端冲击和财政下滑导致了警示性阈值被突破。要保持缅甸的债务风险处于低水平仍然需要审慎的财政政策和健全的公共财政和债务管理。非优惠性贷款的使用应该限于具有高经济和社会收益的项目中。

### 六、总结和政策建议

综合以上债务承载能力和外债风险评级结果，我们可以得出以下的结论：

——柬埔寨外部债务风险评级虽然为低水平，但是其经济总量小，长期贸易逆差和财政赤字导致外债危机风险仍然存在，需要不断进行改革，有效利用财政收入，改善财政支出状况；

——老挝外部债务风险等级在 2016 年为高水平，相比 2014 年的评估结果恶化了，但是 IDA 在 2020 年度对于老挝的收入水平和市场准入水平评估中，老挝均已经符合成为市场准入国家的标准，债务情况有所好转，仍然需要不断调整财政政策、债务管理政策，制定合理的中长期债务管理战略；

——缅甸外部债务风险评级在多次的评估中都处于低水平，但是该国的债务管理情况并未出现好转，在 IMF 和 IDA 的共同评价中，认为仍然需要接受优惠性贷款。该国应该坚持审慎的财政政策和债务管理政策，合理利用优惠性和非优惠性贷款。

从外部环境看，在全球经济增长缓慢、贸易保护主义肆虐和全球抗击疫情的大背景之下，各种压力测试场景都有可能成为今年以及今后几年的现实场景，为各国的经济发展带来极大的不确定性，为债务偿还带来巨大压力。中国是柬、老、缅三国双边贷款的主要来源国,是东南亚国家的第三大对外直接投资来源国,若是我国的 GDP 增长低于预期,也会通过 FDI、银行业、旅游等为各国带来显著的负面溢出效应。同时,随着其他发达经济体增长放缓,各国出口会进一步减少。

从内部环境看,第一,财政收支管理不合理、财政收支不平衡已经成为三个国家债务偿还的隐患,加之 2019 年年底以来的新冠疫情,各国的财政支出都在不断增加,财政赤字规模均在扩大,对于财政赤字长期存在的国家来说,无疑是雪上加霜。第二,贸易保护主义持续不断,以及在 2020 年各国为了防控疫情,谨防境外疫情输入,各国的外贸企业均受到一定程度打击,在依靠初级产品出口的东南亚国家来说,这一冲击更是巨大的。出口受阻使得原本就存在的贸易差额进一步扩大。第三,多边贷款占比较小,双边贷款较大,且双边贷款的货币构成和国家来源较为单一,这样的债务结构增加了债务脆弱性。

为此我们提出了以下政策建议。

第一,过去两年的全球经济形势本就不容乐观,2020 年全球经历新冠肺炎疫情的袭掠,当全球精力集中于抗疫时,全球经济必然受到影响,压力测试的各种场景可能都将成为 2020 年度考验各国外债风险水平的现实场景,三个国家,甚至更多国家的外债风险水平都将经历考验。我国以及各国政府都应该做好相应心理准备、政策准备,合理规划财政收益,与各国际组织积极合作,进行合理的债务管理。

第二,目前我国已经与东南亚国家在"一带一路"建设方面有了很多的合作,其中一些合作必然会受到一定的冲击,但是面对国际疫情形势,我国和东南亚一些国家在疫情防控方面取得一些进步,这方面合作不能停,而是应该更加守望相助,创新性地持续开展合作,为全球抗击疫情和经济回暖贡献亚洲力量。

第三,中国应该更多地采用国际标准的债务可持续性预测指标,对我国及与我国有密切经贸往来和经济合作的国家进行科学的评估与预测,以期取得更加科学可持续的互利共赢结果。

# 第十二章

# "一带一路"沿线国家债务可持续性分析——IMF 框架及其修正

"一带一路"共建项目始终坚持习近平主席倡导的"共商、共建、共享"的全球治理理念，努力推动"一带一路"沿线国家走向"共赢"的未来。自"一带一路"倡议提出以来，中国为"一带一路"沿线国家提供了大量资金支持，成为除了国际货币基金组织和巴黎俱乐部之外的债权方之一。但自该倡议提出以来，西方某些发达国家提出了"债务陷阱"的谬论，因此，必须用事实和实践进程本身回应这一问题。与此同时，债务可持续性问题是"一带一路"建设中面临的现实且紧迫的问题，为了高质量推进"一带一路"建设，必须降低共建"一带一路"中的债务违约风险、提升债务可持续性，促进"一带一路"沿线国家的可持续发展。

而在国际上最为广泛应用的债务评估方法便是国际货币基金组织与世界银行提出的债务可持续分析方法（DSA）。债务可持续方法在 2002 年提出之后，经历了多次改进，成功评估了许多国家的潜在的债务风险。该方法对于债务方和债权方都有着非常好的指示性作用，债务国可以通过脆弱性指标来调整自己的财政政策，债权方也可以通过这些脆弱性指标来评估是否提供资金援助。但由于该分析方法在评估低收入国家的风险时，采用的是世界银行对于低收入国家的定义及数据，若沿用其最终模型对于"一带一路"国家评判，必定会存在一些不适用、不准确的情况。而该分析方法的核心部分是通过一个和经济增长、政策好坏程度、侨汇收入等相关的复合性指标（CI）来对应不同等级的债务门槛进行评估。本章将对该模型中的 CI 复合性指标中的系数以及变量进行调整，采用 probit 回归拟合更适合"一带一路"国家实际情况和发展需要的模型，为共建"一带一路"中的项目投融资提供一个更准确的评估框架，防止债务危机的遗漏识别或没有发生债务危机的过度识别。

## 一、相关研究进展

债务可持续性即在市场融资成本给定，且无须对收支平衡做大幅调整的前提下，一个经济体的债务可在预算约束内得到偿付（王家春，2017）。在债务可持续性分析方法方面，熊婉婷（2019）指出，DSF在分析债务风险方面的优缺点，其优点即能识别不同类型的债务风险并且具有前瞻性，但缺点在于实际应用需要大量历史数据，流程复杂，并会忽略债权方影响，因此，应增加政策有效性测试和债权方对风险的影响分析。

中国财政部（2019）发布了《"一带一路"债务可持续性分析框架》，该分析框架是在借鉴国际货币基金组织（IMF）和世界银行LIC - DSF的基础上，结合"一带一路"国家实际情况制定的债务可持续性分析工具。《"一带一路"债务可持续性分析框架》虽然基本沿用了LIC - DSF的主体框架，相较于后者，前者主要有如下区别：一是使用合理确定的贴现率计算债务现值，而LIC - DSF统一使用5%作为贴现率；二是在压力测试环节新增加了一项举借新债的测试项，并增加了反向压力测试；三是更着眼未来的发展，更加强调用发展的眼光看待债务可持续性。

在"一带一路"国家的债务风险方面，胥爱欢（2018）通过对巴黎俱乐部的研究与类比分析，提出我国在"一带一路"国家的债务风险防范应采取事前防范和事后化解相结合的防范机制。韦德晖（2019）指出，合理使用债务可持续性分析框架可以让我国在处理"一带一路"债务问题上获得更好的声誉和有效平衡债务风险与经济发展的关系。许伟（2019）指出，我国在利用DSF方法进行"一带一路"国家的债务风险评估时，不应死板地利用IMF惯用的5%利率，应适当调整。张晓晶（2017）指出贴现率是计算债务优惠度的核心因素，贴现率与债务优惠度呈正向相关关系。熊婉婷（2019）指出，在对"一带一路"国家进行投资时，不仅要考虑项目本身的风险，还应考虑主权债的系统性风险。赵旸（2016）通过实证研究指出，DSF方法未考虑债权方提供融资的优惠度，存在一定的不足。

国际货币基金组织（2017）详细介绍了债务可持续分析框架（Debt Sustainability Framework，DSF）的发展历程和多次改良，并详细讲述了模型中对债务危机的评判标准与改进，以及基于 probit 回归和信噪比预警法，说明了综合指标中的系数是通过四项债务指标做 probit 回归取平均数获得的系数，以及通过降低第一类第二类错误的损失来获得该模型对四项债务指标警戒性阈值的流程。

现在大多数关于 DSF 和"一带一路"的文献均讲述了 DSF 方法对债务定义和该方法在实际操作中的步骤，IMF 和世界银行也讲了该模型的推导方法、理论依据与数据来源，而国内文献更多是评判该方法在"一带一路"国家中所存在的优势和问题。但基于这些问题，并没有提出理论上、定量的关于模型的改进，因此结合"一带一路"国家实际情况与实际经济指标，按照 DSF 的理论方法对模型进行系数上定量的改良将成为一个潜在的课题。

## 二、IMF 的债务可持续分析框架

IMF 债务可持续框架分析的主要对象是负有比较重的债务同时获得了 IMF 减贫与增长贷款的经济体。

### （一）该方法的基本流程

该方法包括以下 5 个基本流程。

1. 明确债务范围：该框架所定义的债务范围为一个国家广义公共部门现在和未来需要向债权人支付的本金和利息。该框架以外部公共债务为核心，而外部公共债务在实践中特指政府和政府担保的外债（PPG），这种债务是"一带一路"沿线低收入国家的主要债务来源，也是违约风险最高的债务。

2. 确定国家分组：国际货币基金组织和世界银行制定了一个与国家政策、经济走势等一系列指标相关的复合指标（CI），并通过该指标对国家进行分组，计算公式如式 12 - 1：

$$CI = \beta_1 CPIA + \beta_2 g + \beta_3 \frac{Remittance}{GDP} + \beta_4 \frac{Reserves}{Imports} + \beta_5 \left(\frac{Reserves}{Imports}\right)^2 + \beta_6 g_w$$

$$(12 - 1)$$

其中CPIA为国家政策和制度指标，这些变量均取被评估国家前五年的历史值与未来五年的预测值的平均值进行计算。通过式12－1计算CI值，然后对应表12－1将每个国家依据其CI值归入债务风险弱、中、强三组。表12－1中CI值的分组依据为样本国家2005年到2014年这十年间CI值的平均值的25%分位与75%分位。

表 12－1　CI 指标与国家分组阈值

| CI 值 | 分组 |
| --- | --- |
| CI < 2.69 | 弱 |
| 2.69 < CI < 3.05 | 中 |
| CI > 3.05 | 强 |

数据来源：IMF。

3. 根据国家分组，对应不同债务指标的警戒性阈值。公共外债负债比率阈值如表12－2所示。

表12－2债务指标阈值均以百分比的形式表示，表示每一项比率的上限，这四项指标的定义及依据如表12－3所示。

表 12－2　公共外债负债率阈值

| 依据 CI 的分组 | PPG/GDP | PPG/出口 | PPG<br>还本付息额/出口 | PPG<br>还本付息额/财政收入 |
| --- | --- | --- | --- | --- |
| 弱 | 30 | 140 | 10 | 14 |
| 中 | 40 | 180 | 15 | 18 |
| 强 | 180 | 240 | 21 | 23 |

数据来源：IMF。

表 12 – 3  公共外债负债率阈值指标

| 债务指标 | 指标意义 |
|---|---|
| PPG/GDP | 比较债务负担和财力基础 |
| PPG/出口 | 比较国家债务负担与创造外汇收益的能力。如果给定利率,债务/出口比率持续上升,则意味着外部公共债务增长的速度超过了外部收入的速度。这个指标更加准确,但波动性更大(考虑到出口的价格波动性),也不全面(因为有的国家可能有其他重要外部收入来源,比如移民汇款)。 |
| PPG 还本付息额/出口 | 显示了一国的出口收入中有多少用于偿债,并反映了债务偿还额在多大程度上受出口收入意外下降的影响。该指标能够反映出拥有大量短期债务的国家所面临的债务脆弱性。短期负债占总负债的比重越大,每年偿债额的受影响程度就越大。 |
| PPG 还本付息额/财政收入 | 反映了一国的财政收入中有多少用于偿债,以及债务偿还多大程度上受财政收入波动的影响 |

数据来源:IMF。

4. 进行压力测试,判断风险信号:通过六种不同类型的压力测试,看测试结果与警戒性阈值的比较,对国家债务可持续状况进行评估分组,对不同组别采取不同的支援政策。对于公共外债风险依据评级如表 12 – 4 所示。

表 12 – 4  风险信号表

| 风险评级 | 评判标准 |
|---|---|
| 低 | 在基准情形和极端压力测试中所有指标均未超过阈值 |
| 中 | 在基准情形中所有指标均未超过阈值,但在压力测试中有指标超过阈值 |
| 高 | 在基准情形和压力测试中均有指标超过阈值 |

数据来源:IMF。

5. 最终评判:根据上述标准化的流程进行评估后,对评测国家的实际政策、经济周期等进行人为的最终评判,确定给予该国的外债数额与优惠程度。

（二）综合指标计算方法

DSF 主要分成两部分，第一部分为综合指标 CI 计算公式中 β 系数的确定，另一部分为根据 CI 值并控制债务危机预测中的第一类错误与第二类错误至最小值，以确定四项债务指标的警戒性阈值。而这两个过程又可以拆分成如下几个步骤。

1. probit 回归：

$$P(distress) = \varphi(\alpha_j + \gamma_j d_j + \sum_{k=1}^{6} \beta_{j,k} X_k) \qquad (12-2)$$

其中回归方程左边为发生外债危机的概率，在实际操作中用虚拟变量 1 或 0 表示是否发生了债务危机，右边 $d_j$ 表示前文所提的四项债务指标之一，$X_k$ 分别指本国经济增速、世界经济增速、侨汇收入/GDP、储蓄/GDP 和其平方、国家政策与制度评估指标 CPIA 这六个指标。通过这些数据得到四个因债务指标不同而不同的 probit 回归方程。

2. 令综合指标

$$CI = \sum_{k=1}^{6} \overline{\beta_k} \overline{X_k} \qquad (12-3)$$

其中 $\beta_k$ 为四个回归方程系数的平均值，$X_k$ 为每个国家的前五年与未来五年指标的平均值。通过各国实际经济指标便可计算出各国 CI 具体的值。其中 CI 强、中、弱的临界值分别取其 25% 分位与 75% 分位值。

3. 分别对四个债务指标选择最优的概率界限 $p^*$，其理论依据为要尽可能地减少第一类错误（未发生债务危机但被判定发生了债务危机）和第二类错误（发生债务危机但未识别）的损失：

$$Loss\ function = \omega Type\mathrm{I}Error + (1 - \omega)Type\mathrm{II}Error \qquad (12-4)$$

4. 最小化四个债务指标分别对应的 $p^*$，即可确定每项债务指标在不同债务脆弱性国家分组下的警戒性阈值。

## 三、基于"一带一路"沿线国家的修正

本章研究对象为低收入国家债务可持续分析模型中的综合指标 CI 部分，着重探讨"一带一路"国家 CI 方程的系数与 IMF 的 DSF 方法中 CI 方程的差异。

该模型 probit 回归方程部分数据均来自世界银行数据库与国际货币基金组织官网数据库，主要源于国际货币基金组织一年一度发布的世界经济展望报告。本章所用数据涵盖 1980—2018 年"一带一路"国家中收入较低的发展中国家，并对部分缺失值进行了处理。

（一）变量解释及 CI 系数计算

外债危机虚拟变量：根据 IMF 对一个国家设定的债务危机信号，一共五种债务危机信号，其中当任意至少一个危机信号观测到，该时段便被定义为债务危机时期，取值为 1，而若连续三年均未观测到任意一项危机信号，则定义该时间段为无债务危机时间段，记为 0。

经济发展与政策指标：IMF 的 DSF 方法中计算 CI 所用的六个指标，具体变量解释如表 12-5 所示。

表 12-5 经济发展与政策制度指标（非债务指标）

| 变量 | 说明 |
| --- | --- |
| gd | 国家经济增速，采用名义 GDP 增长率 |
| gw | 世界经济增速，采用名义 GDP 增长率，该变量主要作用是说明世界经济发展周期，削弱个体国家发展效应的影响，从一定程度削弱 gd 的影响 |
| 侨汇收入（Remittances） | 该项指标为侨汇收入/GDP |
| 国际储备（Reserves） | 该项指标为国际储备/进口量，储备即所有外汇均结算为美元计算 |
| (Reserves/Imports)$^2$ | 该项指标主要说明模型的非线性 |
| CPIA | 该变量为政策与制度指标，来源为世界银行数据库，由于该数据从 2005 年开始统计，存在较多缺失值。考虑到该数据在各国不同时期不存在剧烈变动，故对"一带一路"国家的 CPIA 值缺失部分采用取平均值的方式进行填充 |

对 1980—2018 年部分"一带一路"国家的宏观经济指标、政策指标的描述性统计如表 12 - 6 所示，其中包含了它们的平均值、方差、中位数以及观测数。

**表 12 - 6 描述性统计**

| 变量名 | 均值 | 中位数 | 标准差 | 最小值 | 最大值 |
|---|---|---|---|---|---|
| gw | 0.029 | 0.030 | 0.013 | - 0.017 | 0.046 |
| gd | 0.048 | 0.051 | 0.044 | - 0.167 | 0.345 |
| remittance | 0.065 | 0.035 | 0.078 | 0.000 | 0.493 |
| reserves | 0.397 | 0.345 | 0.266 | 0.000 | 1.668 |
| reservesqu ~ e | 0.228 | 0.119 | 0.343 | 0.000 | 2.782 |
| CPIA | 3.602 | 4.000 | 1.100 | 0.000 | 6.000 |

表 12 - 7 为基于历史数据的面板 probit 回归结果，其中 indicator1、indicator2、indicator3 和 indicator4 分别为上述四项债务指标，由于数据存在异方差性，这里均采用稳健标准误来避免异方差问题对结果造成的影响。

整体来看，该回归的系数较为显著，并且国家发生债务违约风险的概率与各项指标回归系数和 IMF 基于 80 个低收入国家所得的回归系数的正负号一致，即违约风险与经济增速、外汇储备和侨汇收入呈负相关，与外汇收入的平方呈正相关，与政策和制度指标呈现负相关关系。

同时，CPIA 的回归系数并不都显著，且系数的绝对值较小，这可能是由于这项指标并未涵盖大多数"一带一路"国家，造成数据里缺失值过多，而我们对缺失值处理用的是取平均值插入的方式，导致该数据横向、纵向的变化波动不大，甚至可以归入常数项进行讨论。这也说明我们在评判"一带一路"国家债务风险时，不能过度依赖 CPIA 指标，因为缺乏大量历史数据的支撑，并且该指标受评判组织的主观性影响比较大。

最终由于 CI 中的系数为四个 probit 回归方程中系数的平均值，我们可以得到"一带一路"国家系数与 IMF - DSF 系数的对比，（如表 12 - 8 所示）。从该表可以看出，基于现有数据，"一带一路"国家的债务违约风险概率受世界经济发展周期的影响较小，更多的受本国自身的经济增速影响，而其他的比如外汇储备的影响也低于 IMF 计算公式的平均值，这可能是由于"一带一路"国家虽很多属于低收入国家，但整体发展水平高于非洲贫穷重债国，相对来说受世界经济影响程度较小。

表 12 - 7　回归结果

| | (1) PV/GDP | (2) PV/export | (3) service/export | (4) service/revenue |
|---|---|---|---|---|
| indicator1 | 1.3389*** | | | |
| | (0.007) | | | |
| gw | -12.1071** | -9.6974* | -8.3666 | -7.1176 |
| | (6.061) | (6.260) | (6.609) | (6.613) |
| gd | -6.3261*** | -6.5632*** | -6.7581*** | -6.9678*** |
| | (0.002) | (2.215) | (2.251) | (2.229) |
| remittance | -2.5817 | -1.9916* | -1.8148 | -1.8793 |
| | (2.492) | (0.486) | (2.413) | (2.439) |
| reserves | -3.7350*** | -3.3755*** | -3.3266** | -3.4747*** |
| | (1.221) | (1.155) | (1.151) | (1.168) |
| Reserve square | 2.1449** | 1.9294** | 1.8772** | 1.9834** |
| | (0.0940) | (0.853) | (0.837) | (0.830) |
| CPIA | -0.2812** | -0.2488** | -0.1920* | -0.1723 |
| | (0.1428) | (0.123) | (0.101) | (0.114) |
| indicator2 | | 0.2907** | | |
| | | (0.014) | | |
| indicator3 | | | 0.0004 | |
| | | | (0.291) | |
| indicator4 | | | | 0.1109 |
| | | | | (0.948) |
| N | 840 | 840 | 840 | 840 |

$p-values\ in\ parentheses$

$^*p < 0.1$, $^{**}p < 0.05$, $^{***}p < 0.01$

**表 12 - 8　结果对比表**

| 变量名称 | "一带一路"国家 CI 系数 | LIC - DSF 的 CI 系数 |
|---|---|---|
| gw | - 9. 32 | - 13. 52 |
| gd | - 6. 65 | - 2. 72 |
| remittance | - 2. 06 | - 2. 02 |
| reserves | - 3. 47 | - 4. 05 |
| $(\text{reserves})^2$ | 1. 98 | 3. 99 |
| CPIA | - 0. 224 | - 0. 385 |

（二）两个模型 CI 系数差异分析

首先，由于 IMF - DSF 分析方法的模型基于长时间多维度的宏观数据，对于许多国家尤其"一带一路"国家来说，会有许多数据的缺失。比如"一带一路"沿线国家一共包含了 65 个国家，但能够从世界发展展望报告和世界银行数据库中获得的数据存在大量的缺失值，比如 CPIA 这项指标，由于其他数据我们采用的是 1980 年开始的数据，但这项数据统计开始的年份比较晚，在 2005 年之前的数据均缺失，我们采用的是取平均值的方式进行处理。同时我们可以看出在"一带一路"国家数据的回归中，CPIA 这项指标系数并没有都呈现显著的状态，一定程度上说明不能过度依赖这项数据去进行债务违约风险的等级判断。

其次，在数据方面，IMF 采用了 80 个低收入国家的 1970 年—2014 年的数据，数据样本更大，并且涵盖大多数非洲国家，但对于本章"一带一路"国家而言，"一带一路"国家有许多并不被定义为低收入国家。而这类市场准入类国家如果采用 IMF 对于低收入国家债务门槛的判定方式进行数据分析，必定会造成回归结果模型系数的差异。

最后，由于"一带一路"部分国家受政治风险、宗教因素的影响较大，尤其部分中东国家，汇率的变动比较大，导致每年各项债务指标与宏观经济指标均按照美元进行结算可能并不合理。同时政策方面，许多政策并未公开以及 IMF 对于政策评估的主观性，导致了 CPIA 这一项评估准则在这类型国家可能并不适用。

因此，我国应理性看待评判一带一路国家的债务风险，CI 方程改进之后，其系数明显地发生了变化，但是其实际的参考价值，还有待进一步验证。

（三）修正后模型测试

基于历史数据，本章将对历史上发生债务危机较多的国家用修正后的模型进行回测，验证模型是否能识别潜在的债务危机。这里选取印度尼西亚和菲律宾在发生债务危机的年份进行回测。回测流程遵循 DSF 流程，本章压力测试是基于标准化压力测试（暂时性冲击）中的 B1——实际经济增长率下降进行测试，其结果如表 12 –9 所示。由结果可以看出，该修正后的 CI 模型的在单一压力测试下回测表现虽然大多时候能识别出债务违约高风险国家，但并不完美，部分最终判定为中或低的年份最后都发生了债务危机。因此，本章的修正只是一个探索性尝试，在实际应用中还应进一步深入详细地开展模型修正工作并考虑更为全面的因素。

表 12 –9　压力测试结果

| 国家 | 年份 | CI | 压力测试结果评级 |
| --- | --- | --- | --- |
| Indonesia | 1997 | 2.29 | 中 |
| Indonesia | 1998 | 1.41 | 高 |
| Indonesia | 1999 | 2.52 | 低 |
| Indonesia | 2000 | 2.79 | 低 |
| Indonesia | 2001 | 2.53 | 中 |
| Philippines | 1983 | 1.45 | 高 |
| Philippines | 1984 | 1.05 | 高 |
| Philippines | 1985 | 1.12 | 高 |
| Philippines | 1986 | 2.30 | 中 |
| Philippines | 1997 | 2.16 | 中 |
| Philippines | 1998 | 1.89 | 高 |

### 四、总结与展望

本章依据国际货币基金组织的低收入国家债务可持续方法（IMF-DSF），对其核心部分——CI 的 $\beta$ 系数，从原先 IMF-DSF 依据 80 个低收入国家的数据得到的回归结果，到将数据替换成与中国息息相关的部分低收入"一带一路"国家重新得到的回归模型。其中 $\beta$ 系数与原方程有着显著的差异，使得在实际评判中因有更强的针对性而具有更进一步的参考价值。但同时该模型本身也存在对"一带一路"国家的不适用性，这些不适用性不仅仅是通过换成"一带一路"国家的数据重新计算模型的 $\beta$ 系数就能够避免的。当然，这是后续研究的方向。

就本章的研究结论而言，首先从模型所选取的变量看，该模型侧重对警戒性阈值的评判，但忽略了在债务问题中很重要的一环，也就是对债务本身优惠程度，包括利率或者还款期限的评估。本章债务折现的利率依旧是沿用美元的长期贷款利率，通过这个利率折现会高估"一带一路"沿线国家历史债务的现值。基于此，进一步的改良模型或许可以用中国自身的人民币长期贷款利率进行替代。并且，IMF-DSF 的数据大多来自 IMF 的统计，但统计口径不一致，数据质量不高。尤其是，其中政策与制度指标很依赖对一个国家政策和制度的主观评估，特别是对于"一带一路"部分国家，其有着许多复杂政治因素、宗教因素，对其政策评估显得更加困难。并且数据方面由于采用了历史值与未来值相结合的手段，对未来值的预测值有很强主观性，如对于很多依靠公共投资刺激经济的发展中国家，IMF 经常低估其经济增长水平。

其次，跳出模型本身而论，由于该分析方法可能会左右受援方依照 IMF-DSF 的分析结论来制定政策，警戒性阈值成为政策天花板，但这样做有时造成的结果并不都是有利的。比如，发生在"一带一路"沿线国家之一的印度尼西亚，1988 年印尼按照国际货币基金组织标准推行了私有化改革，削减财政支出，并保持印尼流通的卢比遵循浮动利率的政策。然而最终造成的结果却是印尼国内货币大幅度贬值，国内失业率猛然上升。这说明我国在贷款给"一带一路"国家时，应结合实际情况，而不是仅仅依靠模型提供的数值进行判断。举个实际的例子，到 2017 年 6 月底，巴基斯坦的债务中来自中国的部分为 72 亿美元，这在巴基斯坦所有的公共债务中仅仅占有很小的份额，在双边债务也就占了 10.4%，而巴基斯坦接受除中国之外的 284 亿美元双边贷款占 41.2%，这之中有来自巴黎俱乐部的 120 亿美元贷款占 17.3%。从这里的数据可以得出，中国即使是双边债权人之一，来自中国的资金并没有改变巴基斯坦的债务模式，所以来自中国的债务不是巴基斯坦主要的违约风险的来源。同时，因为国际货币基金组织对巴基斯坦财政部设置了"不含赠款的财政总预算赤字上限"的指标限制，所以巴基斯坦政府将尽量缩减财政赤字占 GDP 的比例，这个举措一定程度会给主权借款中的一部分产生影响。针对这种情况，我国的相关机构应该事前沟通并且做好预防，并且要给各种合同条款里加上规定，尽量规避类似国际货币基金组织的限制性债务政策和宏观经济政策带来的潜在的政策风险。除了上述情况之外，债权方对给定资金的用途的检查、干预和监管同样能一定程度上消除政治腐败等因素的影响。最后，外债危机对债务国宏观经济的影响还会与债权方对债务期限、债务减免的政策和态度有较大关联。

再次，利用 IMF - DSF 进行债务违约风险的判断时，损失函数中第一类错误（发生债务违约未被识别）和第二类错误（未发生债务风险但被识别）的相对权重被定为 2:1，也就是说该模型宁愿过度识别来防止债务违约风险。而实际评判过程中，我们不应仅仅将目光停留在各项宏观指标上，也应注重具体项目的实际情况，比如项目贷款用在了什么地方，如果用于对长期经济发展有利的产业上，则可适当降低门槛。以安哥拉为例，中国自从 2004 年起，给安哥拉提供了巨大的资金支持，这些资金主要用于该国的基础设施建设。安哥拉大量的石油储备的利用和出口的发展得益于这些设施的建设完善，安哥拉经济的腾飞也因此有了坚实的基础。与之形成鲜明对比的是，国际货币基金组织为出现债务危机的受援国提供的特殊贷款大部分被用来偿还已经或快要到期的贷款。这种缓解一个国家流动性为目的的贷款即使保证了流动性，却并没有对宏观经济增长产生积极作用。这说明即使同样是放贷，债务目的及监管的不同会对结果产生显著的差异。由此可见，即使存在两个贷款总量、规模期限均相同的经济体，差异仅仅是贷款的用途不一样，这两个国家所面临的债务风险也会大不相同,发展轨迹也天差地别。

总体来讲,依照 IMF－DSF 方法,根据"一带一路"国家实际情况进行改良的模型是更具有参考价值的。改良后的模型与 IMF－DSF 框架存在显著的差异。依照 DSF 方法进行援助可以让中国给予的贷款显得更负责任,这对于那些说我国是在通过放贷损害其他国家利益的质疑是非常有力的回击,可以稳固我们友好的国际声誉。从另一个方面来说,IMF－DSF 方法中,受援国存在的违约风险脆弱性来源可以在压力测试中被检测出来,我国在进行贷款决策时可以对相关因素进行规避。

在实际应用中,我国应当对世界银行和国际货币基金组织每年发布的债务可持续性分析报告给予足够的重视。因为这些报告影响着我国对受援国情况的评估与受援国本身对于债务的态度。同时,我们应利用基于"一带一路"国家的模型及数据,提供在这些报告基础上的进一步参考。

# 参考文献

[1] AGHION P, BACCHETTA P, ABHIJIT B. Financial development and the instability of open economies [J]. Journal of Monetary Economics, 2004, 51: 1077 - 1106.

[2] AGUSTIN S, BéNéTRIX, PHILIP R, et al. International currency exposures, valuation effects and the global financial crisis [J]. Journal of International Economics, 2015, 96: S98 - S109.

[3] AHSAN K, GUNAWAN I. Analysis of cost and schedule performance of international development project [J]. International Journal of Project Management 28 (1): 68 - 78.

[4] AIZENMAN J. International Reserves and Swap Lines in Times of Financial Distress: Overview and Interpretations [J]. ADBI Working Paper, 2010.

[5] AIZENMAN J, LEE J. International Reserves: Precautionary Versus Mercantilist Views, Theory and Evidence [J]. Open Economies Review, 2007, 12 (2): 191 - 214.

[6] AIZENMAN J, JINJARAK Y, PARK D. International Reserves and Swap Lines: Substitutes or Complements? [J]. International Review of Economics and Finance, 2011, 20 (1): 5 - 18.

[7] AIZENMAN J, PASRICHA G K. Selective Swap Arrangements and the Global Financial Crisis: Analysis and Interpretation [J]. International Review of E-

conomics and Finance, 2010, 19 (3): 353 – 365.

[8] AIZENMAN J, SUN Y. The Financial Crisis and Sizable International Reserves Depletion: from "Fear of Floating" to the "Fear of Losing International Reserves"? [J]. International Review of Economics and Finance, 2009, 24 (38): 250 – 269.

[9] AIZENMAN J, PASRICHA G. Selective Swap Arrangements and the Global Financial Crisis: Analysis and Interpretation [J]. NBER Working Paper, 2009 (3).

[10] ALLEN, WILLIAM A, MOESSNER, RICHHILD. Central Bank Cooperation and International Liquidity in the Financial Crisis of 2008 – 9 [J]. BIS Working Paper, 2010 (5).

[11] ALTER A, YONTCHEVA B. Financial Inclusion and Development in the CEMAC [J]. IMF Staff Papers, 2015, 15 (235).

[12] ANDRADE G, KAPLAN S N. How Costly is Financial (not economic) Distress: Evidence from Highly Leveraged Transactions that Became Distressed [J]. The Journal of Finance, 1998, 53 (5): 1443 – 1493.

[13] ANDREWS D M. Monetary power and Monetary Statecraft [M] //David M. Andrews D M. International Monetary Power. Ithaca: Cornell University Press, 2006.

[14] ARTIS M J, HOFFMANN M. The Home Bias, Capital Income Flows and Improved Long – Term Consumption Risk Sharing between Industrialized Countries [J]. International Finance, 2011, 14 (3): 481 – 505.

[15] ARTIS M J, HOFFMANN M. The Home Bias and Capital Income Flows between Countries and Regions [C]. CEPR Discussion Paper No. 5691, Centre for Economic Policy Research, London, 2006.

[16] ASDRUBALI P, BENT E, RENSEN S, YOSHA O. Channels of International Risk Sharing: United States 1963 – 1990 [J]. Quarterly Journal of Economics,

1996, 111 (4): 1081 – 1110.

[17] BACCARINI D. The logical framework method for defining project success", Project Management Journal, 1999, 30 (4): 25 – 32.

[18] BAILIN, ALISON. From Traditional to Group Hegemony [M] . Ashgate Publishing Limited, 2005.

[19] BECKLEY M. China's Century? [J] . Why America's Edge Will Endure, International Security, 2011, 36 (3): 41 – 78.

[20] BELASSI W , TUKEL O I. A new framework for determining critical success/failure factors in projects [J] . International Journal of Project Management, 1996, 14 (3): 141 – 151.

[21] BIANCHI J , HATCHONDO J C, Martinez L. International Reserves and Rollover Risk [J] . Working Paper, 2013 (1) .

[22] BULMAN D, KOLKMA W, KRAAY A. Good countries or good projects? Comparing macro and micro correlates of World Bank and Asian Development Bank project performance [J] . Review of International Organization, 2017, 12: 335 – 363.

[23] BECK T, DEMIRGUC – KUNT A, PERIA M S M. Reaching out: Access to and use of banking services across countries [J] . Journal of Financial Economics, 2007, 85 (1): 234 – 266.

[24] BACKUS D K, KEHOE P J, KYDLAND F E . International Ral Business Cycles [J] . Journal of Political Economy, 1992, 100 (4): 745 – 775.

[25] BAI Y, ZHANG J. Financial integration and international risk sharing [J] . Journal of International Economics, 2011, 86 (1): 17 – 32.

[26] BRACKE T, SCHMITZ M. Channels of international risk – sharing: capital gains versus income flows [J] . International Economics and Economic Policy, 2011, 8 (1): 45 – 78.

[27] BANIK A, CHATTERJEE R, NAG, T. Asian Infrastructure Investment Bank: Role and Implications for Emerging Asian Economies [M] //BANIK A, BA-

RAI M, SUZUKI Y, eds. Singapore: Towards A Common Future, Palgrave Macmillan, 2017.

[28] BORDON I, SCHMITZ B. Financial stability as a precondition for the financing of sustainable development in emerging and developing countries [J]. Briefing Paper, 2015.

[29] CALLAGHAN M, HUBBARD P. The Asian Infrastructure Investment Bank: Multilateralism on the Silk Road [J]. China Economic Journal, 2016, 9 (2): 1 - 24.

[30] CAVALLO M, TILLE C. Could Capital Gains Smooth a Current Account Rebalancing? [R]. Federal Reserve Bank of New York, Staff Reports, No. 237, January, 2006.

[31] CALVO G, IZQUIERDO A, LOO - KUNG R. Optimal Holdings of International Reserves: Self - insurance Against Sudden Stop [J]. NBER Working Paper, No. 18219, 2012.

[32] CAMPBELL J Y, MANKIW N G. Are Output Fluctuations Transitory? [J]. The Quarterly Journal of Economics, 1987, 102 (4): 857 - 880.

[33] TILLE C. Composition of International Assets and the Long - run Current Account [J]. Economic Notes, 2008, 37 (3): 283 - 313.

[34] CHARI M D, CHANG K. Determinants of the share of equity sought in cross - border acquisitions [J]. Journal of International Business Studies, 2009, 40 (8): 1277 - 1297.

[35] CHIEN Y, NAKNOI K. The Risk Premium and Long - Run Global Imbalances [J]. Purdue University, 2012.

[36] CHINN M D, ITO H. A New Measure of Financial Openness [J]. Journal of Comparative Policy Analysis: Research and Practice, 2008, 10 (3): 309 - 322.

[37] CHRISTEV A, MELITZ J. EMU, EU, Market Integration and Consumption Smoothing [J]. Open Economies Review, 2013, 24 (5): 789 - 818.

[38] COLE H L, OBSTFELD M. Commodity trade and international risk sharing [J]. Journal of Monetary Economics, 1989, 28 (1): 3 –24.

[39] CRUCINI M J. On International and National Dimensions of Risk Sharing [J]. Review of Economics & Statistics, 1999, 81 (1): 73 –84.

[40] DENIZER C, KAUFMANN D, KRAAY A. Good countries or good projects? Macro and micro correlates of World Bank project performance [J]. Journal of Development Economics, 2013, 105 (Complete): 288 –302.

[41] DEVEREUX M B, SUTHERLAND A. Valuation effects and the dynamics of net external assets [J]. Journal of International Economics, 2010, 80 (1): 129 –143.

[42] DIALLO A, THUILLIER D. The success dimensions of international development projects: the perceptions of African project coordinators [J]. International Journal of Project Management, 2004, 22 (1): 19 –31.

[43] DIALLO A, THUILLIER D. The success of international development projects, trust and communication: an African perspective [J]. International Journal of Project Management, 2005, 23 (3): 237 –252.

[44] DIAMOND D W, DYBVIG P H, BANK RUNS. Deposit Insurance, and Liquidity. Journal of Political Economy, 1983, 91 (3): 401 –419.

[45] DOLLAR D, SVENSSON J. What Explains the Success and Failure of Structural Adjustment Programs? The Economic Journal, 2000, 110, 894 – 917.

[46] DOMINGUEZ K M E, HASHIMOTO Y, ITO T. International Reserves and the Global Financial Crisis [J]. Journal of International Economics, 2012, 88 (2): 388 –406.

[47] DOOLEY M. A Survey of Academic Literature on Controls over International Capital Transactions [J]. IMF Staff Paper 43, 1999.

[48] EASTERLY W R. The White Man's Burden——Why the West's Efforts to Aid the Rest Have Done So Much Ill and So Little Good? [M]. Oxford University Press, 2009.

[49] EASTERLY W, Islam R, Stiglitz J. Shaken and Stirred: Explaining Growth Volatility [C]. Annual World Bank Conference on Development Economics, 2001.

[50] ECB. Strengthening the Global Financial Safety Net [J]. Occasional Paper Series, 2018 (207).

[51] EPSTEIN B, MUKHERJEE R, RAMNATH S. Taxes and international risk sharing [J]. Journal of International Economics, 2016, 102: 310 – 326.

[52] VAN WINCOOP E. Welfare gains from international risk – sharing [J]. Journal of Monetary Economics, 1994, 34 (2): 175 – 200.

[53] VAN WINCOOPE. How Big Are Potential Welfare Gains from International Risk Sharing? [J]. Journal of International Economics, 1999, 47 (1): 109 – 135.

[54] ECB. Strengthening the Global Financial Safety Net [J]. Occasional Paper Series, 2018 (207).

[55] GABUSI G. The Asian Infrastructure Investment Bank and the Financial Support to the Belt and Road Initiative [J]. China &Word Economy, 2017, 25 (5): 23 – 45.

[56] GROS D, MAYER T. How to deal with sovereign default in Europe: Create the European Monetary Fund now! [J]. Center for European Policy Studies (CEPS): Policy Studies, 2010 (202).

[57] BALLI F, BASHER S A, LOUIS R J. Channels of Risk – Sharing among Canadian provinces: 1961 – 2006 [J]. Empirical Economics, 2012a, 43 (2): 763 – 787.

[58] BALLI F, KALEMLI – OZCAN S, BENT E, ed. Risk sharing through capital gains [J]. Canadian Journal of Economics, 2012b, 45 (2): 472 – 492.

[59] FRATZSCHER M, IMBS J. Risk sharing, finance, and institutions in international portfolios [J]. Journal of Financial Economics, 2008, 94 (3): 428 – 447.

[60] GOLDSMITH W R. Financial Structure and Development [M]. New

York: Yale University Press, 1969.

[61] GOURINCHAS P O. Valuation effects and external adjustment: a review [R]. Central Banking, Analysis, and Economic Policies Book Series, in: Kevin Cowan et. al. (ed.): Current Account and External Financing, edition 1, Central Bank of Chile, 2008, 12: 195 – 236.

[62] GOURINCHAS P O, Rey H. From World Banker to World Venture Capitalist: US External Adjustment and the Exorbitant Privilege [C]. CEPR Discussion Papers, 5520, Center for Economic Policy Research, 2005.

[63] GOURINCHAS P O, Rey H. International Financial Adjustment [J]. Journal of Political Economy, 2007, 115 (4): 665 – 703.

[64] GOURINCHAS P O, REY H N, GOVILLOT. Exorbitant privilege and exorbitant duty [R]. Institute for Monetary and Economic Studies, Bank of Japan, 2010.

[65] GALATI AND P, WOOLDRIDGE. The euro as a reserve currency: a challenge to the pre – eminence of the US dollar? [J]. International Journal of Finance & Economics, 2009 (1).

[66] GOLDBERG L S, KENNEDY C, MIU J. Central Bank Dollar Swap Lines and Overseas Dollar Funding Costs [J]. Ssrn Electronic Journal, 2010, 17 (15763): 3 – 20.

[67] HELLER H R. Optimal International Reserves [J]. Economic Journal, 1966, 76 (302): 296 – 311.

[68] HUR S, KONDO I O. A Theory of Rollover Risk, Sudden Stops, and Foreign Reserves [J]. Journal of International Economics, 2016, 103 (1073): 44 – 63.

[69] HIGGINS M, KLITGAARD T, TILLE C. Borrowing Without Debt? Understanding the U. S. International Investment Position [J]. Business Economics, 2007, 42 (1): 17 – 27.

[70] HOLINSKI N, CLEMENS J M, KOOL, MUYSKEN J. The impact of in-

ternational portfolio composition on consumption risk sharing [J] . Journal of International Money and Finance, 2012, 31 (6): 1715 – 1728.

[71] IMF. Adequacy of The Global Financial Safety Nets [R] . IMF Policy Papers, March, 2016.

[72] IMF. Global Financial Stability Report, April 2017: Getting the Policy Mix Right [R] . International Monetary Fund, April, 2017.

[73] IMF. Review of the Debt Sustainability Framework In Low – Income Countries: Proposed Reforms [EB/OL] . IMF, 2017 – 10 – 02.

[74] IMF. Guidance Note On The Bank – Fund Debt Sustainability Framework For Low – Income Countries [EB/OL] . IMF, 2018 – 02 – 14.

[75] IKA L A, DIALLO A, THUILLIER D. Project management in the international development industry: the project coordinator's perspective [J] . International Journal of Managing Projects in Business, 2010, 3 (1): 61 – 93.

[76] IKA L A, DIALLO A, THUILLIER D. Critical success factors for World Bank projects: An empirical investigation [J] . International Journal of Project Management, 2012, 30 (2012) 105 – 116.

[77] IKA L A, DONNELLY J. Success conditions for international development capacity building projects [J] . International Journal of Project Management, 2017, 35 (1): 44 – 63.

[78] ISHAM J, KAUFMANN D D. The Forgotten Rationale For Policy Reform: The Productivity of Investment Projects [J] . The Quarterly Journal of Economics, 1999, 114 (1): 149 – 184.

[79] ISHAM J, KAUFMANN D, PRITCHETT L. Civil Liberties, Democracy, and the Performance of Government Projects [J] . World Bank Economic Review, 1997, 11 (2): 219 – 242.

[80] IMF. Adequacy of The Global Financial Safety Nets [R] . IMF Policy Papers, March, 2016.

[81] JIANG J. Beating Earnings Benchmarks and the Cost of Debt [J]. The Accounting Review, 2008, 83 (2): 377 -416.

[82] MÉLITZ J, ZUMER F. Interregional and International Risk Sharing and lessons for EMU [C]. CEPR Discussion Papers, No. 2154, Center for Economic Policy Research, 1999.

[83] HEATHCOTE J, PERRI F. Financial autarky and international business cycles [J]. Journal of Monetary Economics, 2002, 49 (3): 601 -627.

[84] FLETCHER J. An empirical examination of the diversification benefits of U. K. international equity closed - end funds [J]. International Review of Financial Analysis, 2018, 55: 23 -34.

[85] KAREN K, LEWIS, EDITH X, ed. Evaluating international consumption risk sharing gains: An asset return view [J]. Journal of Monetary Economics, 2015, 71: 84 -98.

[86] KAREN K, LEWIS. Why do stocks and consumption imply such different gains from international risk sharing? [J]. Journal of International Economics, 2000, 52 (1): 1 -35.

[87] KIM S, SUNGHYUN H, KIM, ed. Financial integration and consumption risk sharing in East Asia [J]. Japan & The World Economy, 2004, 18 (2): 143 -157.

[88] KING R G, LEVINE R. Finance and growth: Schumpeter might be right. The Quarterly Journal of Economics, 1993a, 108 (3): 717 -37.

[89] KING R G, LEVINE R. Finance, Entrepreneurship, and Growth: Theory and Evidence. Journal of Monetary Economics, 1993b, 32 (3): 513 -542.

[90] KONSTANTINOU P T. Adjustment of US external imbalances: At what horizon? [J]. Economics Letters, 2010, 106 (3): 166 -168.

[91] KOSE M A, ESWAR S, PRASAD, ed. How Does Financial Globalization Affect Risk Sharing? Patterns and Channels [J]. Social Science Electronic Publish-

ing, 2007, 7 (200): 1 –41.

[92] KOSE M. A, ESWAR S, PRASAD, ed. Does financial globalization promote risk sharing? [J] . Journal of Development Economics, 2008, 89 (2): 258 –270.

[93] KHAN Z A, THORNTON N, FRAZER M. Experience of a financial reforms project in Bangladesh [J] . Public Administration and Development, 2003, 20, 33 – 42.

[94] KHANG D B, MOE T L. Success criteria and factors for international development projects: a life – cycle – based framework [J] . Project Management Journal , 2008, 39 (1): 72 – 84.

[95] KILBY C. The Political Economy of Project Preparation: An Empirical Analysis of World Bank Projects [J] . Journal of Development Economics, 2013, 105, 211 –225.

[96] KILBY C. The Impact of World Bank Preparation on Project Outcomes [J] . Journal of Development Economics, 2015, 115, 111 – 123.

[97] KIM E H, SINGAL V. The fear of globalizing capital markets [J] . Emerging Markets Review, 2000, 1 (3): 183 – 198.

[98] KOSE M, ESWAR S, PRASAD S, ed. Financial Integration and Macroeconomic Volatility [R] . IMF Working Papers, 2003.

[99] KOSE M, ESWAR S, PRASAD S, ed. Thresholds in the process of international financial integration [R] . IMF Working Papers, 2009.

[100] KWAK Y H. Critical success factors in international development project management [M] . Cincinnati: CIB 10th International Symposium Construction Innovation& Global Competitiveness, 2002: 9 – 13 .

[101] KINDLEBERGER C P. The World in Depression: 1929 – 1939 [M] . Los Angeles: University of California Press, 1973.

[102] KINDLEBERGER C P. Dominance and Leadership in the International Economy: Exploitation, Public Goods, and Free Rides [M] //International Studies

Quarterly, 1981: 242 – 254.

[103] KITCHEN N. Still the American System: Structural Power and the Durability of Hegemony [C] . British International Studies Association, 2011.

[104] KRASNER S D. State Power and the Structure of International Trade [J] . World Politics, 1976, 28 (3): 317 – 347.

[105] HAIM L, SARNAT M. International Diversification of Investment Portfolios [J] . American Economic Review, 1970, 60 (4): 668 – 675.

[106] LANE P R. MILESI – FERRETTI G M. The external wealth of nations mark II: Revised and extended estimates of foreign assets and liabilities, 1970 – 2004 [J] . Journal of international Economics, 2007, 73 (2): 223 – 250.

[107] LANE P R, MILESI – FERRETTI G M. International Investment Patterns [R] . IMF Working Papers, No. 04/134, 2004.

[108] LANE, PHILIP R, JAY C, ed. Financial Exchange Rates and International Currency Exposures [J] . American Economic Review, 2010, 100 (1): 518 – 540.

[109] LANE, PHILIP R, JAY C, ed. International Currency Exposures, Valuation Effects and the Global Financial crisis [R] . Working paper, Institute for International Economics Policy, 2015.

[110] LEVINE R. Financial Development and Economic Growth: Views and Agenda [J] . Journal of Economic Literature, 1997, 35 (2): 688 – 726.

[111] LEVINE R. Finance and Growth: Theory and Evidence [J] . Elsevier Science, 2005, 1 (2): 865 – 934.

[112] LEVINE R, LOAYZA N. Finance and the sources of growth [J] . Journal of Financial Economics, 1999, 58 (1 – 2): 261 – 300.

[113] LEWIS K K. What Can Explain the Apparent Lack of International Consumption Risk Sharing? [J] . Journal of Political Economy, 1996, 104 (2): 267 – 297.

[114] LIAO S, MCDOWELL D. Redback Rising: China's Bilateral Swap Agreements and Renminbi Internationalization [J] . International Studies Quarterly,

2015, 59 (3): 401 - 422.

[115] LIAO S, MCDOWELL D. Redback Rising: China's Bilateral Swap A-greements and Renminbi Internationalization [J]. International Studies Quarterly, 2015, 59 (3): 401 - 422.

[116] FRATZSCHER M, IMBS J. Risk sharing, finance, and institutions in international portfolios [J]. Journal of Financial Economics, 2008, 94 (3): 428 - 447.

[117] SCHRDER M. Valuation effects, risk sharing, and consumption smoothing [R]. Arndt - Corden Departmental Working Papers, Australian National University, February, 2015.

[118] OBSTFELD M. Financial flows, financial crises, and global imbalances [J]. Journal of International Money and Finance, 2012, 31 (3): 469 - 480.

[119] MCKINNON I R. Money and Capital in Economic Development [M]. Washington DC: Brookings Institution, 1973.

[120] MCDOWELL D. The US As 'Sovereign International Last - resort Lender': The Fed's Currency Swap Programme During the Great Panic of 2007 - 09 [J]. New Political Economy, 2012, 17 (2): 157 - 178.

[121] MCGUIRE P, PETER G V. The US Dollar Shortage in Global Banking [J]. BIS Quarterly Review, 2009.

[122] MCGUIRE P, PETER G V. The Dollar Shortage in Global Banking and the International Policy Response. International Finance, 2012, 15 (2): 155 - 178.

[123] MICHAEL B. DEVEREUX, SUTHERLAND A. Valuation effects and the dynamics of net external assets [J]. Journal of International Economics, 2009, 80 (1): 129 - 143.

[124] OBSTFELD M, SHAMBAUGH J C, TAYLOR A M. Financial Instability, Reserves, and Central Bank Swap Lines in the Panic of 2008 [J]. American Economic Review, 2009, 99 (2): 480 - 486.

[125] OBSTFELD M, SHAMBAUGH J C, TAYLOR A M. Financial Stability, the Trilemma, and International Reserves [J]. American Economic Journal Macro-economics, 2010, 2 (2): 57 - 94.

[126] OBSTFELD M, ROGOFF K. Perspectives on OECD Economic Integration: implications for U. S. current account adjustment [R]. Global Economic Integration: Opportunities and Challenges, 2000: 169 - 208.

[127] OBSTFELD M, ROGOFF K. The Unsustainable U. S. Current Account Position Revisited [R]. G7 Current Account Imbalances: Sustainability and Adjustment, NBER Chapters, 2007: 339 - 376.

[128] OBSTFELD, MAURICE, SHAMBAUGH, ed. Financial Instability, Reserves, and Central Bank Swap Lines in the Panic of 2008 [J]. NBER Working Paper, 2009 (3).

[129] PRASAD S, ROGOFF K, WEI S J, ed. Effects of Financial Globalization on Developing Countries: Some Empirical Evidence [R]. Working Paper of IMF, No. 220, 2004.

[130] PHILIP R, LANE, MILESI - FERRETTI G M. The external wealth of nations: measures of foreign assets and liabilities for industrial and developing countries [J]. Journal of International Economics, 2001, 55 (2): 263 - 294.

[131] PHILIP R, LANE, MILESI - FERRETTI G M. The external wealth of nations mark II: Revised and extended estimates of foreign assets and liabilities, 1970 - 2004 [J]. Journal of International Economics, 2007, 73 (2): 223 - 250.

[132] PHILIP R. LANE, MILESI - FERRETTI G M. Where did all the borrowing go? A forensic analysis of the U. S. external position [J]. Journal of The Japanese and International Economies, 2008, 23 (2): 177 - 199.

[133] PAVLOVA A, RIGOBON R. An asset - pricing view of external adjustment [J]. Journal of International Economics, 2009, 80 (1): 144 - 156.

[134] RANGVID J, SANTA - CLARA P, SCHMELING M. Capital market in-

tegration and consumption risk sharing over the long run [J]. Journal of International Economics, 2016, 103: 27 –43.

[135] RAJAN R S, SIREGAR R, BIRD G. Examining the Case for Reserve Pooling in East Asia: Empirical Analysis [R]. IPS working papers. No. 15, November 2003.

[136] ROGERS J, FIOTT D, SIMÓN L. European Geostrategy's 'Audit of Major Powers: the world's fifteen most powerful countries in 2014 [M]. Long Posts on Tuesday, 2014.

[137] ROSE A K, SPIEGEL M M. Dollar Illiquidity and Central Bank Swap Arrangements During the Global Financial Crisis [J]. Journal of International Economics, 2012, 88 (2): 326 –340.

[138] RAZIN A, ROSE A. Business Cycle Volatility and Openness: An Exploratory Cross – Section Analysis [R]. NBER Working Papers , No. 4208, 1994.

[139] SINGER J, DAVID, BREMER S, ed. Capability Distribution, Uncertainty, and Major Power War, 1820 – 1965. [M] // Bruce Russett (eds). Peace, War, and Numbers. Beverly Hills: Sage, 1972: 19 –48.

[140] SINGER J, DAVID. Reconstructing the Correlates of War Dataset on Material Capabilities of States, 1816 – 1985 [J]. International Interactions, 1987, 14: 115 – 32.

[141] STIGLITZ, JOSEPH E. Capital Market Liberalization, Economic Growth, and  Instability [J]. World Development, 2000 (28): 1075 – 1086.

[142] SORENSEN B E, WU Y T, YOSHA O, ed. Home Bias and International Risk Sharing: Twin Puzzles Separated at Birth [J]. Journal of International Money and Finance, 2007, 26 (4): 587 –605.

[143] SORENSEN B E, YOSHA O. International risk sharing and European monetary unification [J]. Journal of International Economics, 1998, 45 (2): 211 –238.

[144] STEPHANIE E, URCURU T, DVORAK F, ed. Decomposing the U. S.

external returns differential [J]. Journal of International Economics, 2009, 80 (1): 22 – 32.

[145] TAYLOR J B. The Rules – discretion Cycle in Monetary and Fiscal Policy [J]. Finnish Economic Papers, 2011, 25 (2): 78 – 86.

[146] TILLE C. Financial integration and the wealth effect of exchange rate fluctuations [J]. Journal of International Economics, 2008, 75 (2): 283 – 294.

[147] The Asian Bond Markets Initiative: Policy maker achievements and challenges [EB/OL]. Asian Development Bank, 2017 – 07 – 01.

[148] VOLZ U. Toward the Development of a Global Financial Safety Net or a Segmentation of the Global Financial Architecture? [J]. Emerging Markets Finance & Trade, 2016, 52 (10).

[149] 陈叠. 货币互换协议对中韩双边贸易的影响——基于贸易引力模型的实证分析 [J]. 知识经济, 2016 (7).

[150] 陈宏. 中韩货币互换对双边贸易及人民币国际化的推动作用 [J]. 北京工商大学学报 (社会科学版): 2010 (2).

[151] 陈燕鸿, 杨权. AIIB 在国际发展融资体系中的定位: 互补性与竞争性分析 [J]. 广东社会科学, 2015 (3).

[152] 陈甬军, 李雅洁, 佘天诚. "一带一路" 建设中合作国家债务可持续性研究——基于对肯尼亚债务风险的评估风险 [J]. 价格理论与实践, 2019 (7): 30 – 34.

[153] 陈志刚. 发展中国家金融开放的合理次序与渐进安排: 理论及其在中国的应用 [J]. 江西社会科学, 2005 (1).

[154] 敦志刚. 世界银行的贷款管理机制及其对亚投行的借鉴 [J]. 国际金融, 2015 (8).

[155] 范志勇, 沈俊杰. 估值效应与中国外汇储备损益评估 [J]. 学习与探索, 2009 (4): 138 – 141.

[156] 冯维江. 美国全球权力的分布与消长: 不对称依赖视角 [J]. 国际

关系学院学报，2012（4）.

［157］管涛. 进一步加强亚洲地区金融安全网［EB/OL］. 中国金融四十人论坛，2017 - 09 - 02.

［158］高蓓，郑联盛，张明. 亚投行如何获得 AAA 评级——基于超主权信用评级方法的分析［J］. 国际金融研究，2016（2）：26 - 35.

［159］亨瑞克·普拉斯切凯. 欧元挑战美元：失去的机会［J］. 经济理论与经济管理，2011（7）.

［160］贺力平，林娟. 论外汇投资中的估值效应及其经济影响［J］. 金融评论，2011，3（6）：33 - 48，123.

［161］洪勇. 中国省级消费风险分担：测度、影响因素与福利效应［J］. 财贸研究，2016，27（5）：10 - 18.

［162］胡华峰. 中国货币互换协议的动因分析［J］. 国际金融研究，2012（6）.

［163］胡颖，刘营营. “一带一路”沿线国家外债风险评价及启示——基于 31 个沿线国家的数据分析［J］. 新疆财经，2020（1）：62 - 71.

［164］黄嬿，丁剑平. 亚洲外汇储备普遍增长原因分析——基于空间计量杜宾模型的实证研究［J］. 国际金融研究，2017（11）.

［165］贾健，葛正灿. 关于我国签订货币互换协议的思考［J］. 西南金融，2009（4）.

［166］乔万尼·阿瑞吉，贝弗里·J. 西尔弗等. 现代世界体系的混沌与治理［M］. 王宇洁，译. 北京：生活·读书·新知三联书店，2003：43.

［167］约瑟夫·奈. 中国崛起终结美国世纪？［EB/OL］金融时报中文网，2015 - 03 - 31.

［168］贾秋然. 金融开放测度方法与指标体系述评［J］. 经济评论，2011（3）.

［169］金成晓，姜旭，张东敏. 中国政府债务可持续性和债务风险动态评估研究［J］. 金融监管研究，2017（5）：84 - 96.

[170] 李冬青. "一带一路" 视阈下中国 – 东盟货币互换法律机制研究 [J]. 上海商学院学报, 2016 (3).

[171] 李巍, 朱艺泓. 货币盟友与人民币的国际化——解释中国央行的货币互换外交 [J]. 世界经济与政治, 2014 (2).

[172] 罗凌, 黄薇. 美元互换使用的驱动因素: 国际贸易、投资抑或金融活动? [J]. 南方金融, 2016 (8).

[173] 李仁真, 杨心怡. 中欧货币互换协议的法律分析与政策思考 [J]. 武汉大学学报 (哲学社会科学版): 2014 (4).

[174] 李巍, 张志超. 一个基于金融稳定的外汇储备分析框架——兼论中国外汇储备的适度规模 [J]. 经济研究, 2009 (8).

[175] 李扬, 张晓晶. 失衡与再平衡: 塑造全球治理新框架 [M]. 北京: 中国社会科学出版社, 2013.

[176] 粟勤, 朱晶晶, 刘晓莹. 金融包容、金融深化与经济增长——来自65 个发展中国家银行业的证据 [J]. 云南财经大学学报, 2015 (1): 99 – 109.

[177] 刘东明, 李远芳, 熊爱宗, 等. 亚投行的战略定位与业务创新模式 [J]. 国际经济评论, 2017 (5): 149 – 166.

[178] 刘国斌. 论亚投行在推进 "一带一路" 建设中的金融支撑作用 [J]. 东北亚论坛, 2016 (2): 58 – 66.

[179] 刘琨. 估值效应的规模及结构的测算理论与方法研究——基于中、美、日及欧元区的比较分析 [J]. 世界经济研究, 2016 (1): 57 – 136.

[180] 刘琨, 郭其友. 估值效应规模及结构对外部均衡调整的影响——基于中、美、日及欧元区的实证研究 [J]. 亚太经济, 2016 (1): 37 – 43.

[181] 廖泽芳, 詹新宇. 不成熟债权国、估值效应与中国的财富流失风险 [J]. 当代经济科学, 2012, 34 (1): 92 – 99, 127.

[182] 廖泽芳, 雷达. 全球经济失衡的利益考察——基于估值视角 [J]. 世界经济研究, 2012 (9): 3 – 10.

[183] 刘轶, 高劲. 基于货币互换协议和跨境贸易人民币结算的人民币国

际化研究 [J]. 对外经贸, 2014 (3).

[184] 牛凤君, 李明. "一带一路"背景下人民币周边区域化发展研究 [J]. 商业经济研究, 2016 (4).

[185] 马广奇, 姚燕. "一带一路"背景下人民币由"丝路货币"走向 "世界货币"的推进策略 [J]. 经济学家, 2018 (8): 60 - 66.

[186] 莫亚琳, 徐鹏程. 东盟国家政府债务现状及风险研究 [J]. 亚太经济, 2016 (3): 18 - 23.

[187] 那明, 戴振亚. 估值效应规模及结构对中国外部财富的影响 [J]. 首都经济贸易大学学报, 2017 (2): 3 - 11.

[188] 强力. 加强低收入国家债务可持续性管理保障一带一路融资安全 [N]. 中国社会科学报, 2019 - 06 - 11 (04).

[189] 宋芳秀, 冯天骄. 中国估值效应的规模及结构分析: 2000 - 2012 [J]. 学习与探索, 2014 (7): 114 - 120.

[190] 宋锦. 世界银行在全球发展进程中的角色、优势和主要挑战 [J]. 国际经济评论, 2017 (6).

[191] 宋微. 关于IMF对发展中国家融资支持的分析 [J]. 海外投资与出口信贷, 2017 (3): 26 - 30.

[192] 宋效军, 陈德兵, 任若恩. 我国外部均衡调节中的估值效应分析 [J]. 国际金融研究, 2006 (3): 57 - 61.

[193] 韦德晖. 低收入国家债务可持续性分析框架研究 [J]. 海外投资与出口信贷, 2019 (4): 5 - 9.

[194] 王加春. IMF债务可持续框架的影响与评价 [J]. 开发性金融研究, 2017, 16 (6): 71 - 80.

[195] 许伟. 债务可持续性争论与利率决定 [N]. 中国经济时报, 2019 - 05 - 20 (05).

[196] 王修华, 何梦, 关键. 金融包容理论与实践研究进展 [J]. 经济学动态, 2014 (11).

[197] 王恬，周建东. 亚洲金融危机与经济增长模式的选择 [J]. 国际金融研究，1999（7）: 69 - 72.

[198] 王勤. 东南亚国家产业结构的演进及其特征 [J]. 南洋问题研究，2014（3）: 1 - 9.

[199] 王秀兰，马涵彬. 货币互换与人民币国际化比较分析 [J]. 对外经贸，2010（3）.

[200] 汪洋，荣璟，万鹏. 货币互换协议是推进人民币国际化的利器吗 [J]. 国际金融，2015（8）.

[201] 王军杰，连金璐. 论亚洲基础设施投资银行的运行机制、风险及防范对策 [J]. 国际商务研究，2016（2）: 57 - 66.

[202] 王雄元，张春强. 声誉机制、信用评级与中期票据融资成本 [J]. 金融研究，2013（8）: 150 - 164.

[203] 韦德晖. 低收入国家债务可持续性分析框架研究 [J]. 海外投资与出口信贷，2019（4）: 5 - 9.

[204] 吴泽林. "一带一路"倡议的功能性逻辑——基于地缘经济学视角的阐释 [J]. 世界经济与政治，2018（9）: 128 - 153.

[205] 熊爱宗. 如何完善全球金融安全网 [J]. 金融评论. 2017（3）: 102 - 110.

[206] 星焱. 普惠金融：一个基本理论框架 [J]. 国际金融研究，2016，353（9）: 21 - 37.

[207] 熊婉婷，常殊昱，肖立晟. IMF债务可持续性框架：主要内容、问题及启示 [J]. 国际经济评论，2019（4）: 44 - 62，5.

[208] 胥爱欢. 巴黎俱乐部的国际债务处理——兼论"一带一路"建设中主权债务风险防范 [J]. 海外投资与出口信贷，2019（4）: 36 - 41.

[209] 胥爱欢，李红燕. "一带一路"建设中的主权信用风险防控——来自巴黎俱乐部的实践经验与教训 [J]. 西南金融，2018（11）: 45 - 49.

[210] 杨丽花，王喆. 私人资本参与PPP项目的影响因素分析——基于亚

投行背景下的经验分析 [J]. 亚太经济, 2018 (1): 53 –62.

[211] 杨娇辉, 王伟, 谭娜. 破解中国对外直接投资区位分布的"制度风险偏好"之谜 [J]. 世界经济, 2016, 39 (11): 3 –27.

[212] 杨权. 全球金融动荡背景下东亚地区双边货币互换的发展——东亚金融合作走向及人民币角色调整 [J]. 国际金融研究, 2010 (6).

[213] 杨权, 鲍楠. 金砖国家估值效应的规模及结构分析: 1970 ~ 2015 年 [J]. 世界经济研究, 2017 (10): 93 –110, 137.

[214] 杨权, 裴晓倩. 资本账户开放、金融风险与最优外汇储备 [J]. 国际金融研究, 2011 (7).

[215] 杨权, 杨秋菊. 外汇储备、双边货币互换与流动性冲击 [J]. 财贸经济, 2018 (11): 67 –82.

[216] 杨燕. 普惠金融水平的衡量及其对经济增长的影响——基于中国经济区域 2005 ~ 2013 年的面板数据 [J]. 金融与经济, 2015 (6): 38 –44.

[217] 张小波, 傅强. 金融开放对中国经济增长的效应分析及评价——基于中国 1979 –2009 年的实证分析 [J]. 经济科学, 2011 (3).

[218] 张玉鹏, 王茜. 金融开放视角下宏观经济波动问题研究——以东亚国家 (地区) 为例 [J]. 国际金融研究, 2011 (2): 14 –25.

[219] 中共中央宣传部. 习近平总书记系列重要讲话读本 [M]. 北京: 学习出版社, 2014.

[220] 钟飞腾, 张帅. 地区竞争、选举政治与"一带一路"债务可持续性——剖析所谓"债务陷阱外交"论 [J]. 外交评论 (外交学院学报): 2020, 37 (1): 5 –6, 20 –64.

[221] 钟阳. 亚洲市场中人民币国际化的影响因素——基于边贸结算和货币互换的实证分析 [J]. 当代亚太, 2011 (4).

[222] 周程. 东亚金融合作对消费风险分担的影响 [J]. 国际金融研究, 2015 (12): 75 –84.

[223] 周丽华. 塔吉克斯坦外债: 结构优化与风险隐患并存 [J]. 新疆财

经大学学报，2019（3）：12-20.

[224] 张晓晶，刘学良. 利息负担与债务可持续性 [J]. 中国经济报告，2017（5）：78-79.

[225] 赵旸. 债务可持续性框架的优点与不足 [J]. 经济研究参考，2016（66）：16.

[226] 张明. 全球货币互换：现状、功能及国际货币体系改革的潜在方向 [J]. 国际经济评论，2012（6）.

[227] 邹佳怡，莫小龙. 从世界银行政策变化看全球化的矛盾和发展援助的职能 [J]. 中国与国际组织，2002（1）.

[228] 钟阳. 亚洲市场中人民币国际化的影响因素——基于边贸结算和货币互换的实证分析 [J]. 当代亚太，2011（4）.

[229] 周宇. 中国作为债权大国的金融开放策略调整 [C] //上海社会科学界联合会. 上海市社会科学界第五届学术年会文集（2007年度）（世界经济·国际政治·国际关系学科卷）：2007：95-105.

[230] 张纯威，石巧荣. 金融债权大国崛起动因与效应分析 [J]. 财贸经济，2010（11）：13-19，145.

[231] 张茉楠. 全球财富分配失衡格局下的中国债权 [J]. 中国经贸，2010（9）：62-63.

[232] 杨权. 东亚经济体大规模外汇储备现象研究——以国际储备体系变革与区域金融合作为背景 [M]. 北京：经济科学出版社，2012.

# 后　记

当今世界正处于"百年未有之大变局",全球经济金融治理体系已然处于深刻的变革之中。"一带一路"倡议本质上是一个所有成员"共商共建"实现"互利共赢"的区域经济合作大平台。在我国的倡议下,亚洲基础设施投资银行随之成立并很快投入运营,"一带一路"区域发展融资设施逐渐发展起来。"一带一路"区域流动性救援机制和区域金融安全网也在拟议和不断推进之中。这些必将成为当今全球经济金融治理体系的有益补充,也必将为当今发达国家主导的不平衡、不公平的全球经济金融治理体系的演进和变革吹入一股清新之风。

本书是我承担国家社科基金项目《"一带一路"沿线国家金融合作研究》(项目号:16BJL091)部分阶段性成果的合集,每一章均由我与我的研究团队成员合作完成,各章主要合作者如下:第二章,杨秋菊;第三章,汪青;第四章,郭雅恒;第五章,吴梦云;第六章,杨秋菊;第七章,姚鸿敏;第八章,鲍楠;第九章,鲍楠;第十章,李宗耀、高瑶、杨琳;第十一章,李沅希;第十二章,韩喜。

本研究得到厦门大学经济学院同事们的大力支持和帮助,在此致以诚挚的谢意。

杨　权

2020 年 10 月 30 日于鼓浪屿寓所